MINISTÈRE DES TRAVAUX PUBLICS.

RECUEIL

DES

LOIS, DÉCRETS, CONVENTIONS

ET

CAHIERS DES CHARGES

CONCERNANT

LE RÉSEAU CONCÉDÉ À LA COMPAGNIE

DES CHEMINS DE FER DE L'OUEST.

PARIS.

IMPRIMERIE NATIONALE.

1883.

LOIS, DÉCRETS, CONVENTIONS

ET

CAHIERS DES CHARGES

RELATIFS

AU RÉSEAU DES CHEMINS DE FER

DE L'OUEST,

———

LOI DU 9 JUILLET 1835

qui autorise l'établissement d'un chemin de fer
de Paris à Saint-Germain.

LOUIS-PHILIPPE, Roi des Français, à tous présents et à venir, salut.

Nous avons proposé, les Chambres ont adopté, Nous avons ordonné et ordonnons ce qui suit :

Art. 1er. L'offre faite par le sieur *Émile Pereire* d'exécuter à ses frais, risques et périls, un chemin de fer de Paris à Saint-Germain, est acceptée.

Art. 2. Toutes les clauses et conditions, soit à la charge de l'État, soit à la charge du sieur *Émile Pereire*, arrêtées, sous les dates des 20 mars et 12 mai 1835, par le Ministre secrétaire d'État de l'intérieur, et acceptées, sous la date des mêmes jours, par ledit sieur *Émile Pereire*, recevront leur pleine et entière exécution.

Le cahier de ces clauses et conditions restera annexé à la présente loi.

1.

ART. 3. Si les travaux ne sont pas commencés dans le délai d'une année, à partir de la promulgation de la présente loi, le sieur *Émile Pereire*, par ce seul fait, et sans qu'il y ait lieu à aucune mise en demeure ni notification quelconque, sera déchu de plein droit de la concession du chemin de fer.

ART. 4. Si les travaux commencés ne sont pas achevés dans le délai de quatre ans, le concessionnaire, après avoir été mis en demeure, encourra la déchéance, et il sera pourvu à la continuation et à l'achèvement des travaux par le moyen d'une adjudication nouvelle, ainsi qu'il est réglé au cahier des charges.

ART. 5. Si le chemin de fer, une fois terminé, n'est pas constamment entretenu en bon état, il y sera pourvu d'office, à la diligence de l'administration et aux frais du concessionnaire. Le montant des avances faites sera recouvré par des rôles que le préfet du département rendra exécutoires.

La présente loi, discutée, délibérée et adoptée par la Chambre des pairs et par celle des députés, et sanctionnée par Nous cejourd'hui, sera exécutée comme loi de l'État.

DONNONS EN MANDEMENT à nos cours et tribunaux, préfets, corps administratifs et tous autres, que les présentes ils gardent et maintiennent, fassent garder, observer et maintenir, et, pour les rendre plus notoires à tous, ils les fassent publier et enregistrer partout où besoin sera; et, afin que ce soit chose ferme et stable à toujours, Nous y avons fait mettre notre sceau.

Fait au palais de Neuilly, le 9e jour du mois de juillet, l'an 1835.

Signé LOUIS-PHILIPPE.

Vu et scellé du grand sceau :

Le Garde des sceaux de France, Ministre secrétaire d'État au département de la justice et des cultes,

Signé C. PERSIL.

Par le Roi :

Le Ministre secrétaire d'État au département de l'intérieur,

Signé A. THIERS.

LOI DU 9 JUILLET 1836

qui autorise l'établissement de deux chemins de fer
de Paris à Versailles.

LOUIS-PHILIPPE, Roi des Français, à tous présents et à venir, SALUT.

Nous avons proposé, les Chambres ont adopté, Nous AVONS ORDONNÉ ET ORDONNONS ce qui suit :

ART. 1ᵉʳ. Le Gouvernement est autorisé à procéder, par la voie de la publicité et de la concurrence, le même jour et séparément, à la concession de deux chemins de fer de Paris à Versailles partant, l'un de la rive droite et l'autre de la rive gauche de la Seine.

ART. 2. Chaque chemin pourra pénétrer dans l'intérieur de Paris, de manière que la plus courte distance de son point de départ au mur d'enceinte n'excède pas quinze cents mètres.

ART. 3. La durée de la concession n'excédera pas quatre-vingt-dix-neuf ans ; le rabais de l'adjudication portera sur un prix maximum de un franc quatre-vingts centimes par tête, non compris l'impôt sur le prix des places, pour le transport des voyageurs sur la distance entière de Paris à Versailles.

Ce prix, tel qu'il sera définitivement déterminé par l'adjudication, sera divisé, après l'exécution des travaux, par le nombre de kilomètres dont se composera le chemin, et le tarif des prix à payer pour les distances intermédiaires sera réglé sur le résultat de cette division.

Si la compagnie adjudicataire ne se charge pas elle-même du transport des voyageurs, elle ne sera autorisée à percevoir que les deux tiers des prix fixés ainsi qu'il est dit ci-dessus ; l'autre tiers appartiendra à la compagnie qui se chargera des transports.

ART. 4. Le tarif des marchandises de première, deuxième et

troisième classes, sera réduit d'un centime pour le droit de péage, et d'un autre centime pour le prix de transport.

ART. 5. A dater du 15 août prochain, l'administration ne ne recevra plus aucun projet de chemin de fer de Paris à Versailles.

Immédiatement après l'expiration de ce délai, les projets présentés seront communiqués aux conseils municipaux de Paris et de Versailles; le Gouvernement statuera ensuite ce qu'il appartiendra, sur le vu des délibérations de ces conseils, et sur l'avis du conseil général des ponts et chaussées.

ART. 6. Si les travaux ne sont pas commencés dans le délai d'une année, à partir de l'homologation de l'adjudication, la compagnie, par ce seul fait, et sans qu'il y ait lieu à aucune mise en demeure ni notification quelconque, sera déchue de plein droit de la concession du chemin de fer.

ART. 7. Si les travaux commencés ne sont pas achevés dans le délai de trois ans, la compagnie, après avoir été mise en demeure, encourra la déchéance, et il sera pourvu à la continuation et à l'achèvement des travaux par le moyen d'une adjudication nouvelle, ainsi qu'il est réglé, d'ailleurs, au cahier des charges de l'entreprise.

ART. 8. Si le chemin de fer, une fois terminé, n'est pas constamment entretenu en bon état, il y sera pourvu d'office, à la diligence de l'administration et aux frais de la compagnie concessionnaire. Le montant des avances faites sera recouvré par des rôles que le préfet du département rendra exécutoires.

ART. 9. Des règlements d'administration publique, préparés de concert avec la compagnie, ou du moins après l'avoir entendue, détermineront les mesures et les dispositions nécessaires pour assurer la police, la sûreté, l'usage et la conservation du chemin de fer et des ouvrages qui en dépendent. Les dépenses qu'entraînera l'exécution de ces mesures et de ces dispositions resteront à la charge de la compagnie.

La compagnie sera autorisée à faire, sous l'approbation de

l'administration, les règlements qu'elle jugera utiles pour le service et l'exploitation du chemin de fer.

ART. 10. Le cahier des charges annexé à la présente loi sera modifié conformément aux dispositions ci-dessus.

ART. 11. Le taux des places dont le prix sera inférieur au maximum fixé par la présente loi sera réglé au 1ᵉʳ janvier de chaque année, et pour l'année entière, par un arrêté du préfet, sur la proposition de la compagnie, et conformément à cette proposition.

L'arrêté du préfet sera placardé et affiché dans tous les bureaux du chemin de fer.

La présente loi, discutée, délibérée et adoptée par la Chambre des pairs et par celle des députés, et sanctionnée par Nous ce jourd'hui, sera exécutée comme loi de l'État.

DONNONS EN MANDEMENT à nos cours et tribunaux, préfets, corps administratifs et tous autres, que les présentes ils gardent et maintiennent, fassent garder, observer et maintenir, et, pour les rendre plus notoires à tous, ils les fassent publier et enregistrer partout où besoin sera ; et, afin que ce soit chose ferme et stable à toujours, Nous y avons fait mettre notre sceau.

Fait au palais de Neuilly, le 9ᵉ jour du mois de juillet, l'an 1836.

Signé LOUIS-PHILIPPE.

Vu et scellé du grand sceau :

Par le Roi :

Le Garde des sceaux de France,
Ministre secrétaire d'État au dé-
partement de la justice et des
cultes,

Le Ministre secrétaire d'État au
département du commerce et des
travaux publics,

Signé P. SAUZET.

Signé PASSY.

ORDONNANCE DU 24 MAI 1837

qui approuve l'adjudication passée, le 26 avril 1837, pour l'établissement de deux chemins de fer de Paris à Versailles.

LOUIS-PHILIPPE, Roi des Français, à tous présents et à venir, salut.

Sur le rapport de notre Ministre secrétaire d'État des travaux publics, de l'agriculture et du commerce ;

Vu la loi du 9 juillet 1836, autorisant la mise en adjudication simultanée de deux chemins de fer de Paris à Versailles, partant, l'un, de la rive droite, l'autre, de la rive gauche de la Seine, et notamment les articles 1, 3 et 4 de ladite loi, fixant les conditions principales de cette adjudication ;

Vu les délibérations du conseil municipal de Versailles, en date des 7 septembre et 19 octobre 1836 ;

Vu la délibération du conseil municipal de Paris, en date du 27 janvier 1837 ;

Vu l'avis du conseil général des ponts et chaussées, en date du 11 mars 1837 ;

Vu le procès-verbal de l'adjudication passée, le 26 avril dernier, par le préfet de la Seine, au nom et par délégation de notre Ministre des travaux publics, de l'agriculture et du commerce, pour l'établissement de deux chemins de fer de Paris à Versailles ;

Vu l'opposition signifiée au préfet de la Seine par les sieurs *Anquetin* et *Philippe*,

NOUS AVONS ORDONNÉ et ORDONNONS ce qui suit :

ART. 1er. L'adjudication passée, le 26 avril dernier, pour l'établissement de deux chemins de fer de Paris à Versailles, partant, l'un, de la rive droite, l'autre de la rive gauche de la Seine, est approuvée.

En conséquence, MM. *de Rothschild* frères, *J.-C. Davilliers* et compagnie, *Thurneyssen* et compagnie, *Louis d'Eichthal* et fils, *Jacques Lefebvre* et compagnie sont et demeurent définitivement concessionnaires du chemin de fer de Paris à Versailles partant de la rive droite de la Seine, moyennant le rabais exprimé dans leur soumission et sous les clauses et conditions du cahier des charges relatif audit chemin ;

Et MM. *B.-L. Fould* et *Fould-Oppenheim* et *A. Léo* sont et demeurent définitivement concessionnaires du chemin de fer de Paris à Versailles partant de la rive gauche de la Seine, moyennant le rabais exprimé dans leur soumission et sous les clauses et conditions du cahier des charges relatif audit chemin.

Art. 2. Les cahiers des charges, le procès-verbal d'adjudication et les soumissions ci-dessus mentionnés resteront annexés à la présente ordonnance.

Art. 3. Notre Ministre secrétaire d'État au département des travaux publics, de l'agriculture et du commerce est chargé de l'exécution de la présente ordonnance.

Signé LOUIS-PHILIPPE.

Par le Roi :

Le Ministre secrétaire d'État au département des travaux publics, de l'agriculture et du commerce,

Signé N. Martin (du Nord).

PRÉFECTURE DU DÉPARTEMENT DE LA SEINE.

Procès-verbal de l'adjudication de deux chemins de fer à construire de Paris à Versailles.

Le mercredi vingt-six avril mil huit cent trente-sept, à une heure après midi, en vertu de la délégation que nous avons reçue de M. le Ministre des travaux publics, de l'agriculture et du commerce,

Nous, *Claude-Philibert Barthelot*, comte *de Rambuteau*, pair de France, préfet du département de la Seine,

Assisté de MM. *de la Morélie, Fain, Laffon de Ladébat, Maupas* et *Lucas Montigny*, conseillers de préfecture,

Nous sommes rendu dans la salle des criées de l'hôtel de ville de Paris, à l'effet d'y procéder, dans les formes prescrites par les règlements, à l'adjudication, avec concession de péage, de la construction de deux chemins de fer de Paris à Versailles, conformément aux dispositions de la loi du 9 juillet 1836, qui a autorisé l'établissement de ces deux chemins.

Le premier, ayant son point de départ sur la rive droite de la Seine, s'embranchant au delà du pont d'Asnières sur le chemin de fer de Paris à Saint-Germain, passant par derrière Courbevoie, Puteaux, Suresnes et Saint-Cloud, traversant le vallon de Ville-d'Avray et arrivant à Versailles au boulevard de la Reine ;

Le second, partant de la rive gauche de la Seine, du côté occidental de la rue d'Assas, sortant de Paris près la barrière du Maine, passant sur le territoire de Vanves, Bellevue, Porché-Fontaine, et aboutissant à Versailles près l'avenue de Sceaux ;

Ladite adjudication devant avoir lieu au rabais, sur le prix de un franc quatre-vingts centimes par tête pour le transport des voyageurs, non compris l'impôt sur le prix des places et pour la distance entière de Paris à Versailles.

A l'ouverture de la séance, nous avons fait connaître et déposé sur le bureau un acte extrajudiciaire qui nous avait été signifié, à la date d'hier, à la requête des sieurs *Anquetin* et *Philippe*, se disant copropriétaires d'un projet de chemin de fer présenté, antérieurement à la loi du 9 juillet 1836, tant par eux que par le sieur *Richard*,

Dans lequel acte lesdits sieurs *Anquetin* et *Philippe* déclarent protester contre l'adjudication qui va être tentée, en tant qu'elle pourrait porter atteinte à leurs droits comme auteurs et copropriétaires du projet de chemin de fer de Paris à Versailles, par Suresnes, Saint-Cloud et Ville-d'Avray ; faisant réserve d'intenter toutes actions devant les juges et tribunaux compétents, pour faire juger la question de propriété dudit projet.

Le conseil, considérant que l'adjudication pour laquelle il est assemblé est prescrite par la loi du 9 juillet 1836;

Que cette adjudication ne saurait porter préjudice aux droits des tiers, s'il en existe, en ce qui concerne la propriété du projet qui sera définitivement exécuté;

Que d'ailleurs les requérants déclarent eux-mêmes que leur objet est de conserver tous leurs droits, se réservant de les faire valoir devant les juges et tribunaux compétents;

Qu'enfin le conseil n'est point appelé à se prononcer sur ces droits;

Déclare que les opérations relatives à l'adjudication seront continuées séance tenante, nonobstant ladite protestation, dont il est seulement fait mention au présent procès-verbal, à telles fins que de droit.

En conséquence, nous avons annoncé au public qu'à partir de ce moment, jusqu'à l'heure de deux heures, les soumissions présentées pour les deux entreprises seront reçues conformément aux indications contenues dans les avis affichés et publiés.

Deux heures ayant sonné, nous avons déclaré qu'il ne serait plus reçu de soumissions pour aucune des deux entreprises; puis, ayant procédé à la reconnaissance des paquets déposés, il s'en est trouvé quatre pour le chemin de la rive droite et deux pour le chemin de la rive gauche.

Il a été procédé immédiatement à l'ouverture des quatre paquets relatifs au chemin de la rive droite, et il s'y est trouvé quatre soumissions accompagnées d'autant de récépissés, chacun de la somme de huit cent mille francs, versée à la Caisse des dépôts et consignations, à titre de garantie de l'exécution des conditions et engagements résultant des soumissions, lesquelles avaient été présentées par: 1° MM. *de Rothschild* frères et compagnie; 2° MM. *B.-L. Fould, Fould-Oppenheim et A. Léo;* 3° MM. *Michel* jeune, *Mellet, Henry* et compagnie; 4° et MM. *Bayard de la Vingtrie* et compagnie.

Le dépouillement et la lecture desdites soumissions ont donné les résultats suivants, savoir :

Soumissionnaires.

MM.	Rabais sur 1ᶠ 80ᶜ	Prix souscrit.
Nº 1. *Rothschild* et *compagnie*...	0ᶠ 82	0ᶠ 98ᵉ
2. *Fould* et *compagnie*......	0 47	1 33
3. *Michel* et *compagnie*.....	0 41	1 39
4. *Bayard de la Vingtrie* et *Cⁱᵉ*.	0 15 6/10	1 64 4/10

L'offre de MM. *Rothschild* frères et compagnie étant la plus avantageuse, nous préfet, audit nom, avons déclaré MM. *Rothschild* frères et compagnie, banquiers, demeurant à Paris, rue Laffitte, nº 15, *Jean-Charles Davilliers* et compagnie, *Jacques Lefèbvre*, *Louis d'Eichthal* et fils, *Thurneyssen* et compagnie, tous également banquiers à Paris, adjudicataires, à leurs frais, risques et périls, de la construction d'un chemin de fer de Paris à Versailles, ayant son point de départ sur la rive droite de la Seine, moyennant la concession, résultant de la loi du 9 juillet 1836, de la jouissance d'un péage fixé au prix maximum de quatre-vingt-dix-huit centimes par tête, non compris l'impôt sur le prix des places, pour le transport des voyageurs sur la distance entière de Paris à Versailles, aux conditions de leur soumission et encore aux conditions mentionnées tant dans la loi du 9 juillet 1836 et dans le cahier des charges qui y est annexé, que dans le cahier des charges spécial à l'entreprise et approuvé, le 22 mars 1837, par M. le Ministre des travaux publics, de l'agriculture et du commerce.

Les adjudicataires ont déclaré, en acceptant la présente adjudication, avoir pris connaissance de la protestation dont il est parlé ci-dessus et présentée à telles fins que de droit.

Ensuite il a été procédé à l'ouverture des deux paquets contenant les soumissions relatives au chemin de fer de la rive gauche de la Seine, lesquelles soumissions, présentées par, 1° MM. *Fould, Fould-Oppenheim* et *A. Léo;* 2° et MM. *Michel* jeune et compagnie, se sont trouvées accompagnées chacune d'un récépissé de la somme de huit cent mille francs, versée à la Caisse des dépôts et consignations, à titre de garantie des conditions et engagements souscrits par les soumissionnaires.

Le dépouillement et la lecture desdites soumissions ont donné les résultats suivants, savoir :

Soumissionnaires.

MM.	Rabais sur 1^f 80^c	Prix souscrit.
N° 1. *Fould et compagnie*..........	0^f 08^c	1^f 72^c
2. *Michel jeune et compagnie*.....	0 04	1 76

L'offre de MM. *Fould* et compagnie étant la plus avantageuse, nous préfet, audit nom, avons déclaré MM. *B.-L. Fould* et *Fould-Oppenheim*, banquiers, demeurant à Paris, rue Bergère, n° 10; et *A. Léo,* aussi banquier, demeurant à Paris, rue Louis-le-Grand, n° 11, adjudicataires, à leurs frais, risques et périls, de la construction d'un chemin de fer de Paris à Versailles, ayant son point de départ sur la rive gauche de la Seine, moyennant la concession, résultant de la loi du 9 juillet 1836, de la jouissance d'un péage fixé au prix maximum de un franc soixante-douze centimes par tête, non compris l'impôt sur le prix des places, pour le transport des voyageurs sur la distance entière de Paris à Versailles, aux conditions de leur soumission, et encore aux conditions exprimées, tant dans la loi du 9 juilllet 1836 et dans le cahier des charges qui y est annexé, que dans le cahier des charges spécial à l'entreprise, et approuvé, le 22 mars 1837, par M. le Ministre des travaux publics, de l'agriculture et du commerce.

Les adjudicataires ont déclaré accepter l'adjudication prononcée à leur profit.

De notre côté, nous avons déclaré que la présente adjudication ne sera définitive et exécutoire, en ce qui concerne l'administration, qu'après qu'elle aura été homologuée par M. le Ministre des travaux publics, de l'agriculture et du commerce.

Fait et clos à Paris, lesdits jour, mois et an, et signé par les adjudicataires et par les fonctionnaires présents :

> Signé *Jacques Lefebvre, de Rothschild* frères, *Louis d'Eichthal et fils, J.-C. Davilliers* et compagnie, *Thurneyssen* et compagnie, comte *de Rambuteau, de la Morélie, Fain, Laffon de Ladébat, Maupas, Lucas Montigny, B. L. Fould* et *Fould-Oppenheim, A. Léo.*
>
> Pour copie conforme :
>
> *Le Maître des requêtes, Secrétaire général,*
>
> Signé *de Jussieu.*

Vu pour être annexé à l'ordonnance royale du 24 mai 1837, enregistrée sous le n° 2755.

> *Le Ministre des travaux publics, de l'agriculture et du commerce,*
>
> Signé N. MARTIN (du Nord).

Nous soussignés, *de Rothschild* frères, demeurant à Paris, rue Laffitte, n° 15 ; *Jean-Charles Davilliers* et compagnie, rue Basse-du-Rempart, n° 16 ; *Jacques Lefebvre* et compagnie, rue du Faubourg-Poissonnière, n° 60 ; *Louis d'Eichthal* et fils, rue Lepelletier, n° 14 ; *Thurneyssen* et compagnie, rue de la Chaussée-d'Antin, n° 22.

Après avoir pris connaissance du cahier des charges approuvé, le 22 mars 1837, par M. le Ministre des travaux publics, de l'agriculture et du commerce, pour l'établissement d'un chemin de fer de Paris à Versailles, ayant son point de départ sur la rive droite de la Seine, nous engageons à exécuter ce chemin à nos frais, risques et périls, et à nous conformer à toutes les clauses et conditions exprimées audit cahier des charges, et consentons en outre que le maximum du prix fixé à un franc quatre-vingts centimes par tête, non compris l'impôt sur le prix des places, pour le transport des voyageurs, sur la distance entière de Paris à Versailles, soit réduit de quatre-vingt-deux centimes et fixé ainsi à quatre-vingt-dix-huit centimes.

Pour garantie de la présente soumission, l'un de nous a déposé à la Caisse des dépôts et consignations la somme de huit cent mille francs, suivant le récépissé inclus et dans les valeurs y détaillées.

Paris, le 26 avril 1837.

> Signé *de Rothschild* frères; *Louis d'Eichthal* et fils; *Thurneyssen* et compagnie; *C. Davilliers* et compagnie; *Jacques Lefebvre* et compagnie.

Vu pour être annexé à l'ordonnance royale du 24 mai 1837, enregistrée sous le n° 2755.

> *Le Ministre des travaux publics, de l'agriculture et du commerce,*

> Signé N. MARTIN (du Nord).

———

Nous soussignés, *B.-L. Fould* et *Fould-Oppenheim*, banquiers, demeurant rue Bergère, n° 10; *A. Léo*, banquier, demeurant rue Louis-le-Grand, n° 11, à Paris.

Après avoir pris connaissance du cahier des charges approuvé, le 22 mars 1837, par M. le Ministre des travaux publics, de l'agriculture et du commerce, pour l'établissement d'un chemin de fer de Paris à Versailles, ayant son point de départ sur la rive gauche de la Seine,

Nous engageons à exécuter ce chemin à nos frais, risques et périls, et à nous conformer à toutes les clauses et conditions exprimées audit cahier des charges, et consentons en outre que le maximum du prix fixé à un franc quatre-vingts centimes par tête, non compris l'impôt sur le prix des places, pour le transport des voyageurs, soit réduit de huit centimes et fixé ainsi à un franc soixante et douze centimes.

Pour garantie de la présente soumission, nous avons déposé

à la Caisse des dépôts et consignations la somme de huit cent mille francs, suivant le récépissé inclus et dans les valeurs y détaillées.

Paris, le 26 avril 1837.

Signé *Fould, Fould-Oppeinheim, Aug. Léo.*

Vu, pour être annexé à l'ordonnance royale du 24 mai 1837, enregistrée sous le n° 2755.

Le Ministre des travaux publics, de l'agriculture
et du commerce,

Signé N. Martin (du Nord).

LOI DU 15 JUILLET 1840

qui autorise l'établissement d'un Chemin de fer
de Paris à Rouen.

LOUIS-PHILIPPE, Roi des Français, à tous présents et à venir, salut.

Nous avons proposé, les Chambres ont adopté, Nous avons ordonné et ordonnons ce qui suit :

Art. 1er. L'offre faite par les sieurs *Charles Laffitte* et *Édouard Blount* et compagnie, d'exécuter à leurs frais, risques et périls, un chemin de fer de Paris à Rouen, est acceptée.

En conséquence, toutes les clauses et conditions du cahier des charges arrêté, le 22 mai 1840, par le Ministre secrétaire d'État des travaux publics, et accepté, le 23 mai, par lesdits sieurs *Charles Laffitte* et *Édouard Blount* et compagnie, recevront leur pleine et entière exécution.

Art. 2. Le Ministre des travaux publics est autorisé à consentir, au nom de l'État, à la compagnie du chemin de fer de Paris à Rouen, un prêt de quatorze millions (14,000,000f).

Cette somme sera exclusivement employée aux travaux du chemin de fer et à l'acquisition du matériel nécessaire à son exploitation.

Art. 3. Ladite somme de quatorze millions ne sera versée qu'après la réalisation et l'emploi d'une somme de trente-six millions au moins ; les versements auront lieu par septième et au fur et à mesure de l'exécution de nouveaux travaux et de nouvelles dépenses pour des sommes au moins égales à l'importance de chaque versement.

Art. 4. Le taux de l'intérêt sera réglé à raison de trois pour cent par an.

Le remboursement s'effectuera d'année en année par trentième : il ne commencera que trois ans après l'époque fixée pour l'achèvement du chemin de fer.

Art. 5. La compagnie affectera au payement des intérêts et au remboursement de la somme empruntée le chemin de fer et toutes ses dépendances, ainsi que le matériel d'exploitation, tels qu'ils se comporteront à toute époque de l'entreprise.

En cas de retard de la compagnie dans les payements stipulés, le Gouvernement, indépendamment du droit qui résulte pour lui de l'article précédent, pourra mettre saisie-arrêt sur les revenus du chemin de fer.

Art. 6. Dans le cas où ultérieurement une autre compagnie offrirait d'exécuter à ses frais le prolongement du chemin de fer de Paris à Rouen jusqu'au Havre, comme dans le cas où ce prolongement serait exécuté aux frais de l'État, la compagnie du chemin de fer de Paris à Rouen serait tenue d'exécuter à frais et profits communs la partie comprise entre le point d'embranchement sur la ligne de Paris à Rouen et la limite de la commune de Rouen vers Déville, de manière que les deux chemins n'en forment qu'un seul sans solution de continuité. Dans ce cas, le Ministre des travaux publics sera autorisé à consentir, au nom de l'État, à la compagnie un prêt supplémentaire de quatre millions.

Ce prêt aura lieu aux conditions stipulées par les articles 4 et 5 ci-dessus pour le prêt de quatorze millions.

Art. 7. Les conventions à passer entre l'État et la compagnie pour l'exécution de la présente loi seront réglées par ordonnances royales.

Ces conventions emporteront hypothèque de plein droit sur le chemin de fer, sur toutes ses dépendances et sur le matériel d'exploitation. Les inscriptions hypothécaires seront prises au nom de l'agent judiciaire du Trésor.

Art. 8. Les actes à passer en vertu de la présente loi ne seront passibles que du droit fixe de un franc.

Art. 9. Les concessionnaires ne pourront émettre d'actions ou promesses d'actions négociables, pour subvenir aux frais de construction du chemin de fer de Paris à Rouen, avant de s'être constitués en société anonyme, dûment autorisée conformément à l'article 37 du Code de commerce.

Art. 10. Des règlements d'administration publique, rendus après que les concessionnaires auront été entendus, détermineront les mesures et les dispositions nécessaires pour assurer la police, la sûreté, l'usage et la conservation du chemin de fer et des ouvrages qui en dépendent. Les dépenses qu'entraînera l'exécution de ces mesures et de ces dispositions resteront à la charge des concessionnaires.

Les concessionnaires seront autorisés à faire, sous l'approbation de l'administration, les règlements qu'ils jugeront utiles pour le service et l'exploitation du chemin de fer.

Art. 11. Il sera pourvu aux allocations autorisées par la présente loi sur les ressources extraordinaires destinées à faire face aux dépenses comprises dans la deuxième section du budget du ministère des travaux publics.

La présente loi, discutée, délibérée et adoptée par la Chambre des pairs et par celle des députés, et sanctionnée par Nous cejourd'hui, sera exécutée comme loi de l'État.

Donnons en mandement à nos cours et tribunaux, préfets, corps administratifs et tous autres, que les présentes ils gardent et maintiennent, fassent garder, observer et maintenir, et, pour les rendre plus notoires à tous, ils les fassent publier et enregistrer partout où besoin sera ; et, afin que ce soit chose ferme et stable à toujours, Nous y avons fait mettre notre sceau.

Fait au palais des Tuileries, le 15 juillet 1840.

Signé LOUIS-PHILIPPE.

Vu et scellé du grand sceau :

Le Garde des sceaux de France, Ministre secrétaire d'État au département de la justice et des cultes,

Signé Vivien.

Par le Roi :

Le Ministre secrétaire d'État des travaux publics,

Signé Comte Jaubert

LOI DU 11 JUIN 1842

sur le prolongement jusquau Havre du chemin de fer de Paris à Rouen.

LOUIS-PHILIPPE, Roi des Français, à tous présents et à venir, salut.

Nous avons proposé, les Chambres ont adopté, Nous avons ordonné et ordonnons ce qui suit :

Art. 1er. L'offre faite par les sieurs *Charles Laffitte* et compagnie, d'exécuter à leurs frais, risques et périls le prolongement jusqu'au Havre du chemin de fer de Paris à Rouen, est acceptée.

En conséquence, toutes les clauses et conditions du cahier des charges arrêté, le 28 avril 1842, par le Ministre secrétaire d'État des travaux publics, et accepté, le 29 avril 1842, par ledit sieur *Charles Laffitte* et compagnie, et modifié conformément au tableau annexé à la présente loi, recevront leur pleine et entière exécution.

2.

Art. 2. Le Ministre des travaux publics est autorisé à consentir, au nom de l'État, à la compagnie du chemin de fer de Rouen au Havre, un prêt de dix millions (10,000,000^f).

Cette somme sera exclusivement employée aux travaux du chemin de fer et à l'acquisition du matériel nécessaire à son exploitation.

Art. 3. Ladite somme de dix millions sera versée par dixièmes. Le premier versement n'aura lieu que lorsque la compagnie aura justifié de dépenses faites et payées pour une somme d'au moins quatre millions. Les versements suivants auront lieu au fur et à mesure de l'exécution de nouveaux travaux et de nouvelles dépenses, pour des sommes doubles, au moins, de chaque versement.

Art. 4. Le taux de l'intérêt du prêt ci-dessus fixé sera réglé à raison de trois pour cent par an.

L'intérêt ne commencera à courir que trois années après l'époque fixée pour l'achèvement du chemin de fer.

Le remboursement s'effectuera d'année en année par quarantièmes; il ne commencera que dix ans après l'époque fixée pour l'achèvement du chemin de fer.

Art. 5. L'agent judiciaire du Trésor requerra hypothèque, au nom de l'État, en vertu de la présente loi, sur le chemin de fer et toutes ses dépendances.

Le recouvrement du capital et des intérêts sera poursuivi d'après les formes administratives, comme en matière de deniers publics.

Art. 6. Indépendamment du prêt de dix millions stipulé aux articles précédents, il sera alloué à la compagnie, à titre de subvention gratuite, une somme de huit millions de francs (8,000,000^f).

Cette somme sera payée par quarts et proportionnellement à l'avancement des travaux. Le premier versement n'aura lieu que lorsque la compagnie aura justifié de dépenses faites et payées de ses propres deniers pour une somme d'au moins huit millions. Le dernier quart ne sera versé qu'après l'achèvement et la réception définitive du chemin de fer.

ART. 7. Les conventions à passer entre l'État et la compagnie, pour l'exécution de la présente loi, seront réglées par des ordonnances royales.

ART. 8. Les actes à passer en vertu de la présente loi ne seront passibles que du droit fixe de un franc.

ART. 9. Les concessionnaires ne pourront émettre d'actions ou promesses d'actions négociables pour subvenir aux frais de construction du chemin de fer de Rouen au Havre avant de s'être constitués en société anonyme dûment autorisée, conformément à l'article 37 du Code de commerce.

ART. 10. Des règlements d'administration publique, rendus après que les concessionnaires auront été entendus, détermineront les mesures et les dispositions nécessaires pour garantir la police, la sûreté, l'usage et la conservation du chemin de fer et des ouvrages qui en dépendent. Les dépenses qu'entraînera l'exécution de ces mesures et de ces dispositions resteront à la charge des concessionnaires.

Les concessionnaires seront autorisés à faire, sous l'approbation de l'administration, les règlements qu'ils jugeront utiles pour le service et l'exploitation du chemin de fer.

ART. 11. Une loi, rendue après une enquête d'utilité publique, pourra autoriser la compagnie concessionnaire du chemin de fer de Rouen au Havre à exécuter une entrée spéciale dans Paris.

La compagnie ne pourra d'ailleurs, à l'occasion de ces travaux, dont la dépense restera entièrement à sa charge, réclamer aucun supplément au prêt ou à la subvention ci-dessus stipulés.

ART. 12. Pour subvenir aux payements autorisés par la présente loi, il est ouvert au ministère des travaux publics,

Sur l'exercice 1842, un crédit de deux millions (2,000,000^f);

Et sur l'exercice 1843, un crédit de quatre millions (4,000,000^f);

Art. 13. Pour subvenir au payement du prêt de quatre millions autorisé par l'article 6 de la loi du 15 juillet 1840, il est ouvert au Ministre des travaux publics,

Sur l'exercice 1842, un crédit de cinq cent mille francs;

Sur l'exercice 1843, un crédit de un million.

Art. 14. Il sera pourvu provisoirement, au moyen des ressources de la dette flottante, à la portion des dépenses autorisées par la présente loi qui doivent demeurer à la charge de l'État; les avances du Trésor seront définitivement couvertes par la consolidation des fonds de réserve de l'amortissement qui deviendront libres après l'extinction des découverts des budgets des exercices 1840, 1841, 1842.

La présente loi, discutée, délibérée et adoptée par la Chambre des pairs et par celle des députés, et sanctionnée par Nous cejourd'hui, sera exécutée comme loi de l'État.

Donnons en mandement à nos cours et tribunaux, préfets, corps administratifs, et tous autres, que les présentes ils gardent et maintiennent, fassent garder, observer et maintenir, et, pour les rendre plus notoires à tous, ils les fassent publier et enregistrer partout où besoin sera; et, afin que ce soit chose ferme et stable à toujours, Nous y avons fait mettre notre sceau.

Fait au palais de Neuilly, le 11 juin 1842.

Signé LOUIS-PHILIPPE.

Vu et scellé du grand sceau :

Le Garde des sceaux de France, Ministre secrétaire d'État au département de la justice et des cultes,

Signé N. MARTIN (du Nord).

Par le Roi :

Le Ministre secrétaire d'État au département des travaux publics.

Signé J. B. TESTE.

LOI DU 19 JUILLET 1845

relative aux embranchements de Dieppe et de Fécamp sur le chemin de fer de Rouen au Havre ....

LOUIS-PHILIPPE, Roi des Français, à tous présents et à venir, SALUT.

Nous avons proposé, les Chambres ont adopté, Nous AVONS ORDONNÉ et ORDONNONS ce qui suit :

TITRE Ier.

EMBRANCHEMENTS DE DIEPPE ET DE FÉCAMP SUR LE CHEMIN DE FER DE ROUEN AU HAVRE.

ART. 1er. Le Ministre des travaux publics est autorisé à concéder les embranchements de Dieppe et de Fécamp sur le chemin de Rouen au Havre, conformément aux clauses et conditions du cahier des charges coté A, annexé à la présente loi.

Les deux embranchements seront compris dans une seule et même concession.

La durée de la concession n'excédera pas le terme assigné à la concession du chemin de fer de Rouen au Havre par la loi du 11 juin 1842.

....

TITRE III.

DISPOSITIONS GÉNÉRALES.

ART. 3. Les conventions qui seront passées en vertu de la présente loi ne deviendront définitives qu'après avoir été homologuées par des ordonnances royales.

La présente loi, discutée, délibérée et adoptée par la Chambre des pairs et par celle des députés, et sanctionnée par Nous cejourd'hui, sera exécutée comme loi de l'État.

Donnons en mandement à nos cours et tribunaux, préfets, Corps administratifs et tous autres, que les présentes ils gardent et maintiennent, fassent garder, observer et maintenir, et, pour les rendre plus notoires à tous, ils les fassent publier et enregistrer partout où besoin sera; et, afin que ce soit chose ferme et stable à toujours, Nous y avons fait mettre notre sceau.

Fait au palais des Tuilleries, le 19 juillet 1845.

Signé LOUIS-PHILIPPE.

Vu et scellé du grand sceau :

Le Garde des sceaux de France, Ministre secrétaire d'État au département de la justice et des cultes,

Signé N. Martin (du Nord).

Par le Roi :

Le Ministre secrétaire d'État au département des travaux publics,

Signé S. Dumon.

ORDONNANCE DU 18 SEPTEMBRE 1845

relative à la concession des chemins de fer d'embranchement de Dieppe et de Fécamp, sur le chemin de fer de Rouen au Havre.

LOUIS-PHILIPPE, Roi des Français, à tous présents et à venir, salut.

Sur le rapport de notre Ministre secrétaire d'État au département des travaux publics;

Vu la loi du 19 juillet 1845, autorisant notre Ministre des travaux publics à concéder les embranchements de Dieppe et de Fécamp, sur le chemin de fer de Rouen au Havre, conformément aux clauses et conditions du cahier des charges coté A, annexé à ladite loi;

Vu spécialement le paragraphe 2 de l'article 1er et l'article 3 de cette loi, lesdits paragraphe et article ainsi conçus :

« Art. 1er...
« Les deux embranchements seront compris dans une seule et « même concession.

« Art. 3. Les conventions qui seront passées en vertu de la « présente loi ne deviendront définitives qu'après avoir été homo- « loguées par des ordonnances royales ; »

Vu la convention provisoire passée, le 13 septembre 1845, entre notre Ministre secrétaire d'État des travaux publics, agissant au nom de l'État, et les sieurs comte *d'Alton-Shée, Blount, Osmont*, baron *de Saint-Albin* et *Barbet* pour la concession du chemin de fer susmentionné,

Nous avons ordonné et ordonnons ce qui suit :

Art. 1er. La convention provisoire passée, le 13 septembre 1845, entre notre Ministre des travaux publics et les sieurs comte *d'Alton-Shée, Blount, Osmont*, baron *de Saint-Albin* et *Barbet*, pour la concession des chemins de fer d'embranchement de Dieppe et de Fécamp, sur le chemin de fer de Rouen au Havre, est approuvée.

En conséquence, toutes les clauses et conditions stipulées dans ladite convention, tant à la charge de l'État qu'à la charge des sieurs comte *d'Alton-Shée, Blount, Osmont*, baron *de Saint-Albin* et *Barbet*, recevront leur pleine et entière exécution.

Art. 2. La convention ci-dessus mentionnée restera annexée à la présente ordonnance.

Art. 3. Notre Ministre secrétaire d'État au département des travaux publics est chargé de l'exécution de la présente ordonnance, qui sera insérée au *Bulletin des lois.*

Signé LOUIS-PHILIPPE.

Par le Roi :

*Le Ministre secrétaire d'État
au département des travaux publics.*

Signé S. Dumon.

Convention entre le Ministre secrétaire d'État des travaux publics et
MM. le comte d'Alton-Shée, Blount, Osmont, *baron* de Saint-
Albin, *agissant tant en son nom qu'au nom de M.* Henri Barbet,
pour lequel il se porte fort, pour la concession des chemins de fer
d'embranchement de Dieppe et de Fécamp, sur le chemin de fer
de Rouen au Havre.

L'an 1845, le 13 du mois de septembre,

Entre le Ministre secrétaire d'État des travaux publics, agissant au nom de l'État, en vertu des pouvoirs qui lui ont été
conférés par la loi du 19 juillet 1845, d'une part,

Et les sieurs
Comte *d'Alton-Shée* (*Edmond*), pair de France, demeurant à
Paris, rue Saint-Georges, n° 5 ;

Blount (*Édouard*), banquier, demeurant à Paris, rue Basse-
du-Rempart, n° 48 ;

Osmont (*Ferdinand*), banquier, membre du conseil municipal de Dieppe, présentement à Paris ;

Et le baron *de Saint-Albin* (*Michel*), ancien receveur général,
demeurant à Paris, rue Saint-Lazare, n° 95, agissant tant en
son nom qu'au nom de M. *Barbet* (*Henri*), maire de Rouen,
député, pour lequel il se porte fort ;

Agissant au nom d'une compagnie formée pour soumissionner la concession des chemins de fer d'embranchement de
Dieppe et de Fécamp, sur le chemin de fer de Rouen au Havre,
d'autre part,

Il a été convenu ce qui suit :

Art. 1er. Le Ministre des travaux publics concède, au nom
de l'État, aux sieurs comte *d'Alton-Shée, Blount, Osmont,* baron
de Saint-Albin et *Henri Barbet,* au nom de la compagnie qu'ils
représentent, les chemins de fer d'embranchement de Dieppe
et de Fécamp, sur le chemin de fer de Rouen au Havre, aux
clauses et conditions de la loi précitée du 19 juillet 1845, et
du cahier des charges coté A annexé à cette loi.

ART. 2. De leur côté, les sieurs comte *d'Alton-Shée, Blount, Osmont*, baron *de Saint-Albin* et *Barbet,* au nom comme ci-dessus, s'engagent à se soumettre aux susdites clauses et conditions de la loi du 19 juillet 1845 et du cahier des charges coté A y annexé.

ART. 3. La présente convention ne sera valable et définitive qu'après avoir été approuvée par une ordonnance royale.

Fait à Paris, les jour, mois et an susdits.

Signé S. DUMON.

Signé comte *d'Alton-Shée, Blount, Osmont,* baron *Michel de Saint-Albin,* tant en mon nom qu'en celui de M. *H. Barbet,* pour lequel je me porte fort.

ORDONNANCE DU 10 JANVIER 1846

qui autorise l'établissement d'un Chemin de fer d'Asnières à Argenteuil.

LOUIS-PHILIPPE, ROI DES FRANÇAIS, à tous présents et à venir, SALUT.

Sur le rapport de notre Ministre secrétaire d'État au département des travaux publics ;

Vu la demande formée, le 3 février 1845, par le sieur *Andraud,* et tendant à l'établissement d'un chemin de fer d'Asnières à Argenteuil ;

Vu les plans, profils, mémoires, devis et projet de tarif y annexés ;

Vu les registres d'enquête, ouverts le 28 février 1845, sur le projet ci-dessus, à la préfecture de la Seine et à la sous-préfecture de Saint-Denis, et clos le 19 mars suivant ;

Vu la délibération, en date du 16 mars 1845, du conseil municipal de Colombes, et la lettre de même date, du maire de la commune de Clichy ;

Vu la délibération, en date du 29 mars 1845, de la commission d'enquête;

Vu l'avis de la chambre de commerce, du 30 avril suivant;

Vu les rapports et avis des ingénieurs des ponts et chaussées du département de la Seine, en date des 3 et 13 mai 1845;

Vu l'avis du préfet de la Seine, en date du 23 mai suivant;

Vu la délibération, en date du 6 avril 1845, du conseil municipal d'Argenteuil, et l'avis du préfet de Seine-et-Oise, en date du 22 du même mois;

Vu les nouveaux plan et profil produits, le 28 mai 1845, par le sieur *Andraud*;

Vu l'avis, en date du 14 juillet 1845, du conseil général des ponts et chaussées;

Vu la lettre adressée, le 25 août 1845, par le sieur *Andraud*, à notre Ministre des travaux publics;

Vu l'article 3 de la loi du 3 mai 1841 et notre ordonnance du 18 février 1834;

Notre Conseil d'État entendu,

Nous avons ordonné et ordonnons ce qui suit:

Art. 1er. Le sieur *Andraud* est autorisé à établir un chemin de fer d'Asnières à Argenteuil, conformément aux clauses et conditions du cahier des charges approuvé, le 9 janvier 1846, par notre Ministre secrétaire d'État des travaux publics.

Ce cahier des charges restera annexé à la présente ordonnance.

Art. 2. Notre Ministre secrétaire d'État au département des travaux publics est chargé de l'exécution de la présente ordonnance.

Signé LOUIS-PHILIPPE.

Par le Roi:

*Le Ministre secrétaire d'État au département
des travaux publics,*

Signé S. Dumon.

LOI DU 21 JUIN 1846

relative aux chemins de fer de l'Ouest.

LOUIS-PHILIPPE, Roi des Français, à tous présents et à venir, SALUT.

Nous avons proposé, les Chambres ont adopté, Nous avons ordonné et ordonnons ce qui suit :

Art. 1er. Il sera établi un chemin de fer de Paris à Cherbourg par Évreux et Caen, avec embranchement sur Rouen.

Art. 2. Le Ministre des travaux publics est autorisé à concéder directement aux sieurs comte *de Breteuil*, duc *de Plaisance*, *Édouard Blount* et *Auguste Michelet*, au nom de la compagnie qu'ils représentent, conformément aux listes de répartition qui devront être déposées par eux au ministère des travaux publics, le chemin de fer de Caen sur Paris et sur Rouen, aux clauses et conditions du cahier des charges coté A, annexé à la présente loi.

Art. 3. Le Ministre des travaux publics est autorisé à concéder directement aux sieurs *Émile Pereire, Adolphe d'Eichthal* et *Tarbé des Sablons*, au nom de la compagnie qu'ils représentent, conformément aux listes de répartition qui devront être déposées par eux au ministère des travaux publics, le chemin de fer de Versailles à Rennes par Chartres, le Mans, Sillé-le-Guillaume et Laval, avec embranchements du Mans sur Caen et de Chartres sur Alençon, aux clauses et conditions du cahier des charges coté B, annexé à la présente loi.

Art. 4. La concession autorisée par l'article précédent ne pourra être accordée qu'après dissolution et liquidation des deux compagnies des chemins de fer de Paris à Versailles (rive droite et rive gauche), et qu'autant que la valeur relative de l'actif et du passif de chacune des deux compagnies, et le prix pour lequel leurs actions seront comptées dans la formation du fonds social de la compagnie du chemin de fer de l'Ouest, auront été déterminés, d'après les règles établies par le traité intervenu entre ces deux ompagnies, à la date du 4 février 1845, et par les deux traités du 15 avril 1846, lesquels resteront annexés à la présente loi.

Les formalités préliminaires prescrites par le paragraphe précédent devront être remplies dans le délai de six mois, à dater de la promulgation de la présente loi.

La convention qui sera passée et les statuts de la compagnie du chemin de fer de l'Ouest seront homologués en même temps par ordonnance royale.

Art. 5. Dans le cas où les formalités prescrites par l'article précédent n'auraient pas été accomplies dans le délai fixé au paragraphe 2 du même article, le Ministre des travaux publics est autorisé à procéder, par la voie de la publicité et de la concurrence, à l'adjudication du chemin de fer de Versailles à Rennes et de ses embranchements, conformément au cahier des charges coté C, annexé à la présente loi.

Art. 6. Le rabais de l'adjudication ne portera que sur la durée de la concession du chemin de Versailles à Rennes,

Le Ministre des travaux publics déterminera, dans un billet cacheté, le maximum de durée de jouissance au-dessus duquel l'adjudication ne pourra être tranchée.

Ce maximum de durée ne pourra, dans aucun cas, excéder soixante ans.

Le délai ci-dessus fixé courra à dater de l'époque déterminée par le cahier des charges pour l'achèvement des travaux.

Art. 7. Les travaux de raccordement des chemins de fer de Versailles avec celui de Versailles à Chartres seront exécutés conformément aux lois du 11 juin 1842 et du 19 juillet 1845.

Un crédit de deux millions de francs (2,000,000f) est ouvert au Ministre des travaux publics, sur l'exercice 1846, en sus du crédit déjà alloué par la loi du 26 juillet 1844.

Art. 8. Une somme de cinquante millions de francs (50,000,000ᶠ) est affectée à l'établissement du chemin de fer de Chartres à Rennes.

Art. 9. Sur l'allocation mentionnée en l'article précédent, il est ouvert au ministère des travaux publics, sur l'exercice 1846, un crédit de trois millions de francs (3,000,000ᶠ), et, sur l'exercice 1847, un crédit de six millions de francs (6,000,000ᶠ).

Art. 10. Il sera pourvu aux dépenses autorisées par la présente loi, conformément à l'article 18 de la loi du 11 juin 1842.

La présente loi, discutée, délibérée et adoptée par la Chambre des pairs et par celle des députés, et sanctionnée par nous cejourd'hui, sera exécutée comme loi de l'État.

Donnons en mandement à nos cours et tribunaux, préfets, corps administratifs et tous autres, que les présentes ils gardent et maintiennent, fassent garder, observer et maintenir, et, pour les rendre plus notoires à tous, ils les fassent publier et enregistrer partout où besoin sera ; et, afin que ce soit chose ferme et stable à toujours, Nous y avons fait mettre notre sceau.

Fait au palais de Neuilly, le 21 juin 1846.

Signé LOUIS-PHILIPPE.

Vu et scellé du grand sceau :

Le Garde des sceaux de France, Ministre secrétaire d'État au département de la justice et des cultes,

Signé N. Martin (du Nord).

Par le Roi :

Le Ministre secrétaire d'État au département des travaux publics,

Signé S. Dumon.

LOI DES 24 AVRIL, 3 ET 13 MAI 1851

relative au chemin de fer de l'Ouest.

L'ASSEMBLÉE NATIONALE A ADOPTÉ D'URGENCE LA LOI dont la teneur suit :

ART. 1er. Le Ministre des travaux publics est autorisé à concéder directement aux sieurs *Peto, Betts, Brassey, Geach, Fox, Henderson* et *Stokes*, le chemin de fer de l'Ouest, de Versailles à Rennes, aux clauses et conditions du cahier des charges annexé à la présenté loi.

ART. 2. MM. *Peto, Betts, Brassey, Geach, Fox, Henderson* et *Stokes* seront chargés de l'exploitation du chemin de fer de Paris à Versailles (rive gauche), en exécution du traité intervenu entre eux et la compagnie concessionnaire de ce chemin, le 12 novembre 1850, et conformément aux clauses et conditions du cahier des charges ci-annexé.

ART. 3. Le Ministre des travaux publics est autorisé à concéder directement et sans subvention de l'État, aux sieurs *Peto, Betts, Brassey, Geach, Fox, Henderson* et *Stokes*, l'embranchément destiné à raccorder les deux chemins de Versailles (rive gauche et rive droite), aux clauses qui seront déterminées par l'acte de concession, et, notamment, sous les conditions portées à l'article 53 du cahier des charges ci-annexé.

ART. 4. La compagnie concessionnaire s'engage à avancer au Trésor public, conformément à l'article 48 du cahier des charges, la somme de douze millions de francs (12,000,000ᶠ), qui sera répartie, savoir :

Sur l'exercice 1851 . . . . 4,000,000ᶠ
Sur l'exercice 1852 4,000,000
Sur l'exercice 1853 4,000,000

ART. 5. La compagnie concessionnaire s'engage à verser au Trésor public, conformément à l'article 47 du cahier des charges, la somme de trois millions de francs (3,000,000^f), affectée à l'exécution des travaux à la charge de l'État entre le Mans et Laval.

Délibéré en séance publique, à Paris, les 24 avril, 3 et 13 mai 1851.

Le Président et les Secrétaires,

Signé Général BEDEAU, vice-président; LACAZE, CHAPOT, PEUPIN, BÉRARD, DE HEECKEREN, YVAN.

La présente loi sera promulguée et scellée du sceau de l'État.

Le Président de la République,

Signé LOUIS-NAPOLÉON BONAPARTE.

Le Garde des sceaux, Ministre de la justice,

Signé E. ROUHER.

———

Cahier des charges pour la concession du chemin de fer de l'Ouest

———

TITRE 1er.

LIVRAISON ET ACHÈVEMENT DU CHEMIN DE FER DE PARIS À CHARTRES.

ART. 1er. Le Ministre des travaux publics, au nom de l'État, s'engage à livrer à la compagnie, dans les trois mois qui suivront le décret de concession, le chemin de fer de Versailles à Chartres, actuellement ouvert à la circulation, ainsi que les travaux en cours d'exécution pour la gare du boulevard du Mont-Parnasse à Paris, et la gare des marchandises à Vaugirard.

Le matériel fixe et mobile existant sur la ligne, à cette époque, lui sera également remis. La compagnie prendra livraison des ouvrages et du matériel dans l'état où ils se trouveront, et sans pouvoir élever aucun réclamation au sujet des défectuosités qu'ils lui paraîtraient présenter.

Pendant le temps qui s'écoulera entre la concession et la prise de possession, la compagnie devra être entendue sur les questions de tarifs, de traités et de marchés intéressant l'exploitation et sur le choix du personnel.

En cas de suppression ou de réduction du personnel pour cause autre que des fautes de service, dans l'année qui suivra la promulgation de la présente loi, les employés, gardes, conducteurs et les agents de la perception, existant actuellement sur le chemin de fer de Versailles à Chartres, recevront une indemnité qui ne pourra être moindre de trois mois de solde.

Art. 2. Procès-verbal contradictoire sera dressé de la prise de possession indiquée à l'article ci-dessus, et, à dater de ce procès-verbal, la compagnie restera chargée de pourvoir, par ses propres moyens, tant à l'achèvement des gares du boulevard du Mont-Parnasse et de Vaugirard, qu'au complément du matériel nécessaire à l'exploitation.

Les dépenses déjà faites pour la construction des deux gares, et constatées par les états de situation dressés par les ingénieurs, à l'époque du 31 octobre 1850, resteront à la charge de l'État. La compagnie terminera ses stations, conformément aux projets approuvés par l'administration.

Il sera fait inventaire des approvisionnements de coke, charbon, métaux et matières de toute nature destinées au service de l'exploitation. Le montant, réglé au prix d'achat, sera remboursé au Trésor, par la compagnie, avant la prise de possession.

La compagnie sera substituée dans tous les marchés passés par l'État avec des tiers, et se rapportant, soit à la construction des gares du boulevard du Mont-Parnasse et de Vaugirard, soit à l'exploitation du chemin de fer.

Les produits et les charges de l'exploitation, jusqu'au jour de la prise de possession par la compagnie, demeureront au compte de l'État.

Art. 3. La compagnie s'engage à exécuter, à ses frais, les travaux de toute nature à faire pour l'établissement, s'il y a lieu, de nouvelles gares, ou pour l'agrandissement des gares actuelles sur la section de Versailles à Chartres.

TITRE II.

Art. 4. Le Ministre des travaux publics, au nom de l'État, s'engage à livrer à la compagnie les terrassements, les ouvrages d'art et les maisons de gardes du chemin de fer de Chartres à Rennes, sous les conditions ci-après déterminées.

Art. 5. 1° La compagnie sera tenue de prendre livraison des terrassements et des ouvrages d'art, à mesure qu'ils seront achevés entre deux stations principales, par sections contiguës, et sur la notification qui lui sera faite de leur achèvement. Il sera dressé procès-verbal de cette livraison, et la compagnie devra commencer immédiatement les travaux à sa charge.

2° Un an après la date du procès-verbal, il sera procédé à une reconnaissance définitive des travaux qui auront été livrés en vertu du paragraphe précédent, et cette reconnaissance sera constatée par un nouveau procès-verbal contradictoire, qui aura pour effet d'affranchir l'État de toute garantie pour les terrassements.

3° La garantie pour les ouvrages d'art et les maisons de gardes ne cessera qu'un an après le procès-verbal de reconnaissance définitive.

4° En aucun cas, la responsabilité de l'État, telle qu'elle est réglée par le présent article, et pour les diverses natures d'ouvrages, ne pourra s'étendre au delà de la garantie matérielle des travaux.

Art. 6. A dater de l'entrée en possession, définie au paragraphe 1er de l'article précédent, la compagnie restera seule chargée de l'entretien des parties du chemin dont elle aura pris livraison, sans préjudice de la garantie stipulée au même article.

Art. 7. Immédiatement après la prise de possession définitive par la compagnie de tout ou partie des travaux à la charge de l'État, il sera dressé contradictoirement, entre l'administration et ladite compagnie, un état des lieux.

3.

Cet état comprendra :

1° La description de tous les terrains qui serviront d'emplacement au chemin de fer et à ses dépendances ;

2° L'état des travaux d'art et de terrassement, comprenant les ponts, ponceaux, acqueducs, maisons de gardes, et tous autres ouvrages, construits en vertu des projets approuvés par l'administration supérieure.

Art. 8. Les plans et profils de toute sorte seront communiqués à la compagnie, sur sa demande, et elle sera admise à présenter ses observations.

Elle sera autorisée à faire, à ses frais, des copies desdits plans et profils.

Art. 9. La compagnie s'engage à exécuter, à ses frais, les travaux de toute nature à faire pour l'établissement des gares, stations et ateliers sur toute la ligne de Chartres à Rennes.

Ces travaux seront exécutés d'après des plans dressés par la compagnie et approuvés par l'administration supérieure. Pour les achever la compagnie aura un délai de dix ans, à dater de la livraison à faire par l'État des travaux d'art et de terrassement de la section correspondante ; jusqu'à leur achèvement elle devra y suppléer par des bâtiments provisoires exécutés à ses frais, et dont les dispositions et l'étendue seront également soumises à l'approbation de l'administration.

Art. 10. Des stations principales seront établies à Chartres, la Loupe, Nogent, le Mans, Laval, Vitré et Rennes.

A l'égard des stations autres que celles qui sont ci-dessus désignées, le Ministre se réserve d'en déterminer le nombre, l'emplacement et la surface, après les enquêtes d'usage.

Art. 11. La compagnie s'engage en outre,

1° A fournir et poser, à ses frais, la voie de fer et tous ses accessoires, y compris les croisements et changements de voie, les gares d'évitement, les plates-formes tournantes et le sable de fondations ;

2° A fournir les machines locomotives, les voitures de voya-

geurs, les wagons de marchandises, les grues et engins nécessaires pour le mouvement des marchandises, les pompes et réservoirs d'eau pour l'alimentation des machines, l'outillage des
ateliers de réparation, et, en général, tout le matériel de transport, de chargement et de déchargement nécessaire à l'exploitation ;

3° A établir, à ses frais, les clôtures nécessaires pour séparer
le chemin de fer des propriétés riveraines, et pour assurer la
sûreté de la circulation.

Ne sont pas comprises dans les clôtures mises à la charge de
la compagnie les barrières des passages à niveau, lesquelles
seront exécutées par l'État et à ses frais.

A l'égard du ballast, il pourra, du consentement mutuel du
Gouvernement et de la compagnie, être fourni et posé par les
soins de l'administration, et, en ce cas, la compagnie tiendra
compte à l'État de la différence entre la dépense réelle faite par
lui et celle que lui aurait imposée le simple établissement des
terrassements sans le ballast. .

Art. 12. La voie sera double sur toute la section de Versailles à la Loupe.

La compagnie aura la faculté de n'établir qu'une seule voie
entre la Loupe et Rennes, avec des gares ou élargissements d'un
développement égal au quart de la longueur de la ligne, mais
elle sera tenue de poser la double voie sur chacune des sections
au delà de la Loupe, aussitôt que la recette brute de cette section s'élèvera à dix-huit mille francs par kilomètre.

Le nombre des voies sera augmenté, s'il y a lieu, dans les
gares et aux abords de ces gares, conformément aux décisions
qui seront prises par le Ministre des travaux publics, la compagnie préalablement entendue.

. . . .

TITRE IV.

DISPOSITIONS GÉNÉRALES.

Art. 47. La compagnie s'engage à rembourser à l'État, avant
la prise de possession, une somme de trois millions de francs

(3,000,000^f) représentant le prix d'achat du matériel d'exploitation qui lui sera livré.

Elle prend, en outre, l'engagement de verser au Trésor, en compte courant, avant la prise de possession, une autre somme de deux millions de francs (2,000,000^f), qui portera intérêt au taux de quatre pour cent et qui lui sera remboursée dès qu'elle aura justifié de l'exécution de travaux pour une valeur pareille de deux millions de francs.

Ces deux sommes seront au besoin considérées comme affectées, à titre de cautionnement, en garantie de l'exécution des engagements contractés par la compagnie.

Art. 48. La compagnie de l'Ouest s'engage, en outre, à verser au Trésor public, jusqu'à concurrence de douze millions de francs, les sommes nécessaires pour l'achèvement des travaux à la charge de l'État, restant à exécuter entre la Loupe et le Mans.

Ces versements devront être faits en trois ans, et par somme de quatre millions de francs au moins, chaque année, sans que, dans aucun cas, les sommes ainsi versées dépassent ce qui est nécessaire pour l'exécution des travaux, et sous la condition que la portion de ces sommes qui n'y aurait pas été employée sera rendue à la compagnie concessionnaire.

Les versements auront lieu par somme de un million de francs par trimestre, sur la demande du Ministre des travaux publics, et dans le délai de trois mois après cette demande.

La compagnie pourra demander la justification de l'emploi des fonds précédemment versés, avant de faire un nouveau versement.

Les sommes avancées par la compagnie ne porteront point intérêt.

Le remboursement en sera effectué par le Trésor, ainsi qu'il suit : moitié après la livraison à la compagnie des travaux à la charge de l'État de la section entre le Mans et Laval; moitié après la livraison des mêmes travaux pour la section entre Laval et Rennes.

Le payement aura lieu par quart, de trois mois en trois mois, dans l'année qui suivra la livraison, par l'État, de chacune de ces sections, et les sommes ainsi remboursées à la compagnie seront employées à l'exécution des travaux à sa charge.

Art. 49. 1° La compagnie s'engage à rembourser à l'État les sommes qui lui sont dues par la compagnie concessionnaire du chemin de fer de Versailles (rive gauche).

2° Le compte de cette dette comprendra le montant, capital et intérêts, du prêt consenti à la compagnie de la rive gauche, en vertu de la loi du 1er août 1839, et toutes autres sommes que cette compagnie devra au Trésor, à quelque titre que ce soit. On en déduira le prix des terrains et bâtiments livrés à l'administration pour la construction de la gare du boulevard Mont-Parnasse, le montant du péage à percevoir pour le passage des trains de l'Ouest, depuis l'ouverture du chemin de Chartres jusqu'au jour de la prise de possession par la compagnie, et toutes autres sommes dues par l'État à quelque titre que ce soit.

3° Le péage ci-dessus mentionné sera des deux tiers des tarifs perçus par l'administration sur les voyageurs et marchandises de toute nature.

4° Le solde du compte ainsi établi sera remboursé aux conditions ci-après :

5° Au capital de la dette on ajoutera : 1° les intérêts à quatre pour cent du capital, depuis qu'ils ont commencé à courir jusqu'au jour de la concession; 2° les intérêts à trois pour cent sur le capital nouveau, pour l'intervalle qui séparera la concession de la mise en exploitation complète du chemin de l'Ouest.

6° La somme totale ainsi formée, portant intérêt à trois pour cent jusqu'au parfait payement, sera remboursée en soixante annuités égales, à dater de l'époque ci-dessus mentionnée.

7° La compagnie du chemin de fer de l'Ouest prend l'engagement d'effectuer régulièrement ces payements pour le compte de la compagnie de la rive gauche.

8° Chacune des soixante annuités sera représentée par une

obligation souscrite par la compagnie du chemin de fer de l'Ouest et négociable à l'ordre du caissier central du Trésor.

La compagnie prend l'engagement de remettre au Trésor, immédiatement après la concession, les obligations représentatives des cinquante premières annuités de la dette de la rive gauche envers l'État ; le surplus des obligations sera remis au Trésor après règlement de compte entre l'État et la rive gauche.

Art. 50. Le Ministre des travaux publics, au nom de l'État, s'engage à garantir à la compagnie, pendant les cinquante premières années de sa concession, de la manière qu'il jugera la plus propre à concilier ses intérêts et ceux de la compagnie, un intérêt de quatre pour cent sur le capital dépensé par elle pour payement du matériel ou pour travaux, sans toutefois que le capital auquel s'appliquera cette disposition puisse, en aucun cas, excéder cinquante-cinq millions de francs ; en conséquence, l'intérêt garanti annuellement par l'État, sur le pied de quatre pour cent, ne pourra, en aucun cas, excéder deux millions deux cent mille francs.

Toutefois, tant que la compagnie n'aura pas commencé la pose de la seconde voie de fer au delà de la Loupe, le capital auquel s'appliquera cette disposition est limité à quarante-trois millions de francs, et l'intérêt garanti annuellement par l'État ne pourra, en aucun cas, excéder un million sept cent vingt mille francs.

Avant l'achèvement complet des travaux, la garantie d'intérêt ne sera due que pour les appels de fonds, faits au fur et à mesure de l'avancement des travaux, et dont le versement dans la caisse de la compagnie aura été dûment justifié.

Un règlement d'administration publique déterminera les formes suivant lesquelles la compagnie sera tenue de justifier, vis-à-vis de l'État, de ses frais annuels d'entretien et d'exploitation, et de ses recettes.

Ne seront pas comptés, dans les frais annuels, les intérêts et l'amortissement des emprunts que la compagnie pourrait être dans le cas de contracter pour l'achèvement des travaux, en cas d'insuffisance du capital de cinquante-cinq millions de francs.

Lorsque l'État aura, à titre de garant, payé tout ou partie d'une annuité d'intérêts, il en sera remboursé sur les bénéfices nets de l'entreprise excédant les quatre pour cent garantis, dans quelque année qu'ils se produisent, et avant tout prélèvement de dividendes au profit de la compagnie.

Si, à l'expiration de la concession, l'État est créancier de la compagnie, le montant de sa créance sera compensé, jusqu'à due concurrence, avec la somme qui sera due à la compagnie, pour la reprise du matériel, aux termes de l'article 40 ci-dessus.

ART. 51. Après l'ouverture de la ligne entière de Paris à Rennes, si le produit de l'exploitation excède huit pour cent du capital dépensé par la compagnie pour le payement du matériel ou pour travaux à sa charge, la moitié de l'excédent sera attribuée à l'État.

ART. 52. La compagnie du chemin de fer de l'Ouest exploitera le chemin de fer de Paris à Versailles (rive gauche), pendant la durée de la concession de cette dernière ligne, conformément au traité intervenu entre les deux compagnies, le 21 novembre 1850, et annexé au présent cahier des charges.

A l'expiration de la concession du chemin de fer de Versailles (rive gauche) et pendant tout le temps que durera encore la concession du chemin de fer de l'Ouest, la compagnie concessionnaire continuera à exploiter, de la même manière et aux mêmes conditions, le chemin de fer de Paris à Versailles (rive gauche), en payant à l'État, qui sera alors en possession de ce chemin, les mêmes redevances et péages qu'elle payait à la compagnie de Versailles.

ART. 53. L'exploitation du chemin de fer de l'Ouest s'exécutera, sur l'une et l'autre rive, entre Paris et Viroflay, de manière à assurer d'égales facilités de transport aux voyageurs, bestiaux et marchandises provenant ou à destination de la ligne de l'Ouest.

La compagnie concessionnaire de l'Ouest aura le droit d'appliquer, sur le parcours entre Viroflay et Paris, le tarif qui lui est accordé pour le chemin de l'Ouest.

Les travaux qui seraient à faire pour l'exécution du raccordement et pour l'établissement ou l'agrandissement des gares et stations sur les chemins de fer de Versailles (rive droite) ou de Saint-Germain sont déclarés d'utilité publique, et la compagnie concessionnaire du raccordement, ainsi que les compagnies de Versailles (rive droite) et Saint-Germain, seront investies, pour l'exécution des travaux, de tous les droits que les lois et règlements confèrent à l'administration elle-même pour les travaux de l'État.

Art. 54. La compagnie devra faire élection de domicile à Paris.

Dans le cas de non-élection de domicile, toute notification ou signification à elle adressée sera valable, lorsqu'elle sera faite au secrétariat général de la préfecture du département de la Seine.

Art. 55. Les contestations qui s'élèveraient entre la compagnie et l'administration au sujet de l'exécution ou de l'interprétation des clauses du présent cahier des charges seront jugées administrativement par le conseil de préfecture du département de la Seine, sauf recours au Conseil d'État.

Art. 56. Les conventions à passer par le Ministre des travaux publics, en exécution du présent acte, devront être réglées par des décrets du Président de la République.

Art. 57. Lesdites conventions ne seront passibles que du droit fixe de un franc.

Le Président et les Secrétaires de l'Assemblée nationale,

Signé Général Bedeau, vice-président; Lacaze, Chapot, Peupin, Bérard, de Heeckeren, Yvan.

Traité entre la compagnie du chemin de fer de Versailles (rive gauche) et MM. Stokes et consorts.

Entre les soussignés:

MM. *de Guernon (Louis-Romain-Barnabé)*;
  Fiefuet de Sauville (Louis-Hyacinthe), rue Taranne, n° 16;
  Saint-Elme-Petit (Pierre-Michel), rue de Londres, n° 7;

MM. *de Sainte-Rose* (*Edmond*), rue de la Ferme-des-Mathu-
rins, n° 58 ;

de la Géronnière (*Paul-Proust*), rue Caumartin, n° 62 ;

Dequevauvillers (*Jules*), rue de l'Odéon, n° 25 ;

Et *Bessas-Lamégie*, directeur de la compagnie, demeurant
à Paris, rue du Bac, n° 33 :

Stipulant, tant comme administrateurs que comme directeur
du chemin de fer de Paris à Versailles (rive gauche), agissant
en cette qualité et dûment autorisés à cet effet, par les délibérations des assemblées générales des actionnaires, en date des
29 avril et 23 décembre 1844,

D'une part ;

Et M. *Charles-Samuel Stokes*, négociant, demeurant à Londres,

A présent, à Paris, logé hôtel Bristol, place Vendôme, agissant tant en son nom personnel qu'aux noms de MM. *Peto,
Betts, Brassey, Geach, Fox* et *Henderson*, ses coassociés, pour
lesquels il se porte fort, en vertu des pouvoirs dont il est
investi, ainsi qu'il le déclare, tous soumissionnaires de la concession du chemin de fer de Paris à Rennes, dit *chemin de fer
de l'Ouest ;*

Il a été convenu et arrêté ce qui suit :

Art. 1er. La compagnie concessionnaire du chemin de fer de
l'Ouest prend l'engagement d'exécuter tous les travaux actuellement nécessaires pour terminer et compléter le chemin de fer
de la rive gauche, et de faire les modifications nécessaires, soit
aux travaux d'art par la suppression des passages à niveau et
constructions de maisons de gardes, soit à la voie de fer pour
la mettre en parfait rapport avec la nouvelle voie du chemin
de fer de l'Ouest.

Art. 2. La compagnie de l'Ouest prend également à sa
charge l'entretien et l'exploitation du chemin de fer de Versailles (rive gauche), pendant toute la durée de sa concession.

Art. 3. La compagnie du chemin de fer de Versailles (rive

gauche) abandonne à la compagnie de l'Ouest, à partir du jour de son entrée en jouissance de la ligne de Chartres, savoir : ses gares, stations et ateliers, son matériel fixe et mobile, son outillage, et le soin d'exploiter son chemin jusqu'à l'expiration de la concession qui lui en a été faite en vertu de la loi du 9 juillet 1836.

ART. 4. Pour prix de cet abandon et de cette cession, la compagnie de l'Ouest s'oblige à payer pendant la durée de la concession de la rive gauche, en deux termes égaux, de six mois en six mois, à partir de sa prise de possession, à forfait et à titre de péage, la moitié des tarifs qu'elle percevra sur les voyageurs et les marchandises de toute nature parcourant tout ou partie du chemin de fer de Paris à Versailles (rive gauche).

ART. 5. En conséquence des présentes conventions, la compagnie de l'Ouest s'oblige à tenir le chemin de la rive gauche constamment en parfait état d'exploitation, et à faire ladite exploitation à ses risques et périls, conformément aux conditions imposées à la compagnie de la rive gauche par son cahier des charges, et aux règlements d'administration publique et de police imposés ou à imposer aux chemins de fer, de manière que la compagnie de la rive gauche ne puisse jamais être inquiétée ni recherchée à raison de ladite exploitation.

ART. 6. Il sera dressé un compte de toutes les sommes que la compagnie de la rive gauche doit à l'État en capital et intérêts, sur le prêt de cinq millions qui lui a été fait en vertu de la loi du 1er août 1839; ainsi que toutes autres sommes qu'elle peut devoir à l'État, à quelque titre que ce soit, déduction faite de tout ce que l'État peut lui devoir à quelque titre que ce soit, et notamment de ce qui lui revient pour les terrains et bâtiments livrés à l'État et pour les produits du péage qui lui est dû pour le passage des trains de l'Ouest depuis l'ouverture du chemin de Chartres; ce péage est fixé aux deux tiers des tarifs perçus par l'État sur les voyageurs et marchandises de toute nature.

Le solde de cette créance sera payé à l'État suivant les conditions de la loi du 21 juin 1846, en soixante annuités, dont la compagnie de l'Ouest devra garantir le payement à l'État, et elle prélèvera les sommes à payer par elle sur les produits afférents à la rive gauche.

ART. 7. Il est bien entendu entre les parties que tous les impots, subventions à l'État, frais de police et autres, résultant de l'exploitation, doivent être supportés par la compagnie de l'Ouest, à partir du jour de son entrée en possession, et que la moitié des tarifs à percevoir appartiendra à la compagnie de la rive gauche, sans qu'elle ait à supporter d'autres prélèvements que ceux qui sont nécessaires pour payer la créance de l'État et les autres dettes dont elle est grevée.

ART. 8. La compagnie de Versailles (rive gauche), pour exercer ses droits, devra se conformer au règlement d'administration publique qui déterminera la forme suivant laquelle la compagnie de l'Ouest sera tenue de justifier, vis-à-vis de l'État, de sa recette.

ART. 9. Ces présentes seront considérées comme nulles et non avenues au cas où la compagnie représentée par M. *Stokes* n'obtiendrait pas la concession du chemin de fer de l'Ouest.

Fait double à Paris, le 21 novembre 1850.

(Suivent les signatures.)

Le Président et les Secrétaires de l'Assemblée nationale,
Signé Général BEDEAU, vice-président; LACAZE, CHAPOT, PEUPIN, BÉRARD, DE HEECKEREN, YVAN.

DÉCRET DU 16 JUILLET 1851

qui approuve deux conventions passées en exécution de la Loi du 13 mai 1851, relatives au chemin de fer de l'Ouest.

LE PRÉSIDENT DE LA RÉPUBLIQUE,

Sur le rapport du Ministre des travaux publics;

Vu la loi des 24 avril, 3 et 13 mai 1851., et spécialement les articles 1 et 3, ainsi conçus :

« ART. 1er. Le Ministre des travaux publics est autorisé à con-

« céder directement aux sieurs *Peto*, *Betts*, *Brassey*, *Geach*, *Fox*,
« *Henderson* et *Stokes*, le chemin de fer de l'Ouest, de Versailles
« à Rennes, aux clauses et conditions du cahier des charges an-
« nexé à la présente loi.

« ART. 3. Le Ministre des travaux publics est autorisé à con-
« céder directement, et sans subvention de l'État, aux sieurs *Peto*,
« *Betts*, *Brassey*, *Geach*, *Fox*, *Henderson* et *Stokes*, l'embranchement
« destiné à raccorder les deux chemins de Versailles (rive gauche
« et rive droite), aux clauses qui seront déterminées par l'acte
« de concession, et, notamment, sous les conditions portées à
« l'article 53 du cahier des charges ci-annexé; »

Vu l'article 56 dudit cahier des charges ainsi conçu :

« Les conventions à passer par le Ministre des travaux publics,
« en exécution du présent acte, devront être réglées par des dé-
« crets du Président de la République; »

Vu la convention provisoire passée, les 30 juin et 1er juillet
1851, entre le Ministre des travaux publics, agissant au nom
de l'État, et les sieurs *Peto*, *Betts*, *Brassey*, *Geach*, *Fox*, *Henderson* et *Stokes ;*

Vu la convention provisoire passée, les 10 et 14 juillet 1851,
entre les mêmes contractants, et, en outre, entre les sieurs *Émile
Pereire* et *d'Eichthal*, représentant la compagnie du chemin de
fer de Paris à Saint-Germain, et celle du chemin de fer de Paris à Versailles (rive droite),

DÉCRÈTE :

ART. 1er. La convention provisoire passée, les 30 juin et
1er juillet 1851, entre le Ministre des travaux publics et les
sieurs *Peto*, *Betts*, *Brassey*, *Geach*, *Fox*, *Henderson* et *Stokes*, pour
la concession du chemin de fer de l'Ouest, de Versailles à
Rennes, et des gares de Paris et de Vaugirard (rive gauche), est
et demeure approuvée.

La convention provisoire passée, les 10 et 14 juillet 1851,
entre le Ministre des travaux publics, les sieurs *Peto*, *Betts*,
Brassey, *Geach*, *Fox*, *Henderson* et *Stokes*, les sieurs *Émile Pereire*
et *d'Eichthal*, représentant la compagnie du chemin de fer de

Paris à Saint-Germain, et les mêmes sieurs *Émile Pereire* et *d'Eichthal,* stipulant au nom de la compagnie du chemin de fer de Paris à Versailles (rive droite), pour la concession, suivant les clauses et conditions du cahier des charges annexé à la loi précitée des 24 avril, 3 et 13 mai 1851, de l'embranchement destiné à raccorder à Viroflay les deux chemins de fer de Paris à Versailles (rive droite et rive gauche), et pour l'exploitation du chemin de fer de Versailles (rive droite), est.et demeure approuvée.

En conséquence, toutes les clauses et conditions stipulées dans lesdites conventions, tant à la charge de l'État qu'à la charge des autres parties contractantes, recevront leur pleine et entière exécution.

Art. 2. Les conventions ci-dessus mentionnées seront annexées au présent décret.

Art. 3. Le Ministre des travaux publics est chargé de l'exécution dudit décret, lequel sera inséré au *Bulletin des lois.*

Fait à Paris, le 16 juillet 1851.

Signé LOUIS-NAPOLÉON BONAPARTE.

Par le Président de la République :

Le Ministre des travaux publics,

Signé P. Magne.

Convention relative à la concession du chemin de fer de l'Ouest, de Versailles à Rennes, avec les gares de Paris et de Vaugirard et leurs dépendances.

L'an mil huit cent cinquante et un, et le trentième jour du mois de juin,

Entre le Ministre des travaux publics, agissant au nom de l'État, en vertu des pouvoirs qui lui ont été conférés par la loi des 24 avril, 3 et 13 mai 1851,

D'une part,

Et 1° le sieur *Samuel Morton Peto*, membre de la Chambre des communes de la Grande-Bretagne, négociant, demeurant à Londres, Great-George's street, Westminster;

2° Le sieur *Edward-Ladd Betts*, négociant, demeurant à Londres, Great-George's street, Westminster;

3° Le sieur *Thomas Brassey*, entrepreneur de travaux publics, demeurant à Londres, Adam street, Adelphi;

4° Le sieur *Charles Geach*, membre de la Chambre des communes de la Grande-Bretagne, banquier, demeurant à Birmingham;

5° Le sieur *Charles Fox*, ingénieur, demeurant à Londres, Westbourne-Terrace, Hyde-Park;

6° Le sieur *John Henderson*, négociant, demeurant à Birmingham;

7° Le sieur *Charles-Samuel Stokes*, négociant, logé hôtel Bristol, place Vendôme, à Paris, demeurant à Londres, New-Street, Spring-Gardens,

D'autre part,

Il a été convenu ce qui suit:

ART. 1er. Le Ministre des travaux publics concède, au nom de l'État, aux sieurs *Samuel Morton Peto*, *Edward-Ladd Betts*, *Thomas Brassey*, *Charles Geach*, *Charles Fox*, *John Henderson* et *Charles-Samuel Stokes* ci-dessus dénommés, le chemin de fer de l'Ouest, de Versailles à Rennes, avec gares à Paris et à Vaugirard et leurs dépendances, aux clauses et conditions de la loi précitée des 24 avril, 3 et 13 mai 1851 et du cahier des charges y annexé.

ART. 2. De leur côté, les sieurs *Peto*, *Betts*, *Brassey*, *Geach*, *Fox*, *Henderson* et *Stokes* s'engagent à se soumettre auxdites clauses et conditions de la loi des 24 avril, 3 et 13 mai 1851 et du cahier des charges y annexé.

ART. 3. La présente convention ne sera valable et définitive qu'après avoir été approuvée par un décret du Président de la République.

Fait à Paris, le 30 juin 1851, en ce qui concerne le Ministre des travaux publics et M. *Stokes ;* et à Londres, le 1er juillet 1851, en ce qui concerne MM. *Peto, Betts, Brassey, Geach; Fox* et *Henderson.*

Approuvé l'écriture :   Approuvé l'écriture :   Approuvé l'écriture :
Signé *Samuel Morton Peto.* Signé *Edward-Ladd Betts.* Signé *Thomas Brassey.*

Approuvé l'écriture :   Approuvé l'écriture :
Signé *Charles Geach.*   Signé *Charles Fox.*

Approuvé l'écriture :   Approuvé l'écriture :
Signé *John Henderson.*   Signé *Charles-Samuel Stokes.*

Le Ministre des travaux publics,

Signé P. MAGNE.

Convention relative à la concession de l'embranchement destiné à raccorder les deux chemins de fer de Versailles (rive droite et rive gauche), et à l'exploitation du chemin de fer de Versailles (rive droite).

Entre le Ministre des travaux publics, agissant au nom de l'État, en vertu des pouvoirs qui lui ont été conférés par la loi du 13 mai 1851,

D'une part;

MM. *d'Eichthal (Adolphe)*, banquier, demeurant à Paris, rue Basse-du-Rempart, n° 30, et *Pereire (Émile)*, demeurant à Paris, rue d'Amsterdam, n° 5,

Agissant, d'une part, le sieur *d'Eichthal,* comme l'un des administrateurs, et le sieur *Pereire,* en sa qualité de directeur de la société anonyme du chemin de fer de Paris à Saint-Cloud et Versailles (rive droite), dont le siège est à Paris, rue Saint-Lazare, n° 124, en vertu des pouvoirs qui leur ont été donnés à l'effet des présentes, par une délibération du conseil d'administration de ladite société, en date du 30 avril dernier;

Et d'autre part, le sieur *d'Eichthal,* comme l'un des administrateurs, et le sieur *Pereire,* comme directeur de la société anonyme du chemin de fer de Paris à Saint-Germain, dont le siège est également à Paris, rue Saint-Lazare, n° 124, en vertu des pouvoirs qui leur ont été donnés à l'effet des présentes, par délibération du conseil d'administration de ladite compagnie, en date du 30 avril dernier ;

Et, en outre, en vertu des autorisations générales et spéciales données auxdits conseils, savoir :

Par l'assemblée générale des actionnaires du chemin de fer de Versailles (rive droite), extraordinairement convoquée, en sa séance du 29 novembre 1845 ;

Et par l'assemblée générale des actionnaires du chemin de fer de Paris à Saint-Germain, en sa séance du 27 mars 1848,

D'autre part ;

Et MM. *Samuel Morton Peto,* membre de la Chambre des communes de la Grande-Bretagne, négociant, demeurant à Londres, Great-George's street, Westminster ;

Edward-Ladd Betts, négociant, demeurant à Londres, Great-George's street, Westminster ;

Thomas Brassey, entrepreneur de travaux publics, demeurant à Londres, Adam street, Adelphi ;

Charles Geach, membre de la Chambre des communes de la Grande-Bretagne, banquier, demeurant à Birmingham ;

Charles Fox, ingénieur, demeurant à Londres, Westbourne-Terrace, Hyde-Park ;

John Henderson, négociant, demeurant à Birmingham ;

Et *Charles-Samuel Stokes,* négociant, logé hôtel Bristol, place Vendôme, à Paris, demeurant à Londres, New-Street, Spring-Gardens ;

Tous les susnommés, concessionnaires du chemin de fer de l'Ouest, et agissant en ladite qualité ;

Encore d'autre part,

·Il a été convenu ce qui suit :

CHAPITRE Ier.

ART. 1er. Le Ministre des travaux publics concède, au nom de l'État, pour toute la durée de la concession du chemin de fer de l'Ouest, aux sieurs *Samuel Morton Peto, Edward-Ladd Betts, Thomas Brassey, Charles Geach, Charles Fox, John Henderson* et *Charles-Samuel Stokes*, ci-dessus dénommés, l'embranchement destiné à raccorder les deux chemins de Versailles (rive gauche et rive droite), aux clauses et conditions suivantes :

1° Les concessionnaires exécuteront ce raccordement conformément à la décision ministérielle du 10 juillet 1851, et aux plans et projets approuvés par cette décision et ci-annexés.

2° Les concessionnaires construiront deux gares, savoir : 1° aux Batignolles, une gare de marchandises; 2° et à Paris, dans les terrains et bâtiments situés à gauche de la gare actuelle, une gare spéciale pour le service des voyageurs et de la grande vitesse, avec les salles d'attente, bureaux de perception, aménagements et dépendances nécessaires pour l'exploitation, y compris les voies, changements de voies, plates-formes et grues hydrauliques.

Ces travaux seront exécutés conformément à la décision ministérielle du 10 juillet 1851, et aux plans et projets approuvés par cette décision et ci-annexés.

3° Le raccordement et les gares devront être terminés et livrés à l'exploitation dans un délai de trois ans, à dater de la prise de possession du chemin de fer de l'Ouest.

4° Les dispositions des articles 19 et suivants, jusques et y compris l'article 46, formant le titre III du cahier des charges annexé à la loi du 13 mai 1851, et celle de l'article 53 dudit cahier des charges, sont applicables à l'embranchement destiné à raccorder les deux chemins de Versailles (rive droite et rive gauche).

5° L'exploitation du chemin de fer de l'Ouest sur la section

4.

comprise entre Paris et Viroflay aura lieu conformément aux dispositions de l'article 53 dudit cahier des charges.

Art. 2. De leur côté, les sieurs *Peto, Betts, Brassey, Geach, Fox, Henderson* et *Stokes* déclarent accepter la concession qui leur est présentement faite de l'embranchement de Viroflay, destiné à raccorder les deux chemins de Paris à Versailles, aux clauses et conditions déterminées par l'article premier ci-dessus, et notamment sous les conditions portées en l'article 53 du cahier des charges précité.

CHAPITRE II.

CLAUSES RELATIVES À L'EXPLOITATION DU CHEMIN DE FER DE VERSAILLES (RIVE DROITE).

Art. 3. La compagnie du chemin de fer de Paris à Saint-Cloud et Versailles (rive droite) cède à MM. *Peto, Betts, Brassey, Geach, Fox, Henderson* et *Stokes*, concessionnaires du chemin de fer de l'Ouest, ce acceptant, la jouissance et l'exploitation de son chemin de fer, tel qu'il se produit et comporte, avec les terrains, bâtiments, ateliers, gares et stations, le matérel fixe et mobile, le mobilier des bâtiments et bureaux de l'exploitation et d'administration, les approvisionnements de toute espèce, comme le tout appartient à ladite compagnie, en y comprenant la portion du matériel et de l'atelier des Batignolles qui lui appartient en commun avec la compagnie du chemin de fer de Paris à Saint-Germain, pour tout le temps qui reste à courir de la concession qui lui en a été faite en vertu de la loi du 9 juillet 1836.

Art. 4. La compagnie du chemin de fer de Paris à Saint-Cloud et Versailles n'entend excepter de ladite cession, et se réserver que les terrains et immeubles, en dehors du chemin de fer, des ateliers, gares et stations, pour par elle en disposer comme bon lui semblera.

Et pour distinguer les terrains et immeubles ainsi réservés d'avec ce qui est compris dans la cession ci-dessus, des plans spéciaux, indiquant le périmètre des gares et stations, ont été remis aux concessionnaires du chemin de fer de l'Ouest : ceux-ci auront, pendant dix ans, la faculté d'extraire du ballast de la carrière de Courbevoie.

Art. 5. La compagnie du chemin de fer de l'Ouest prendra possession et entrera en jouissance de tout ce qui lui a été cédé, article 3, aussitôt que le service régulier du chemin de fer de l'Ouest pourra s'effectuer dans la nouvelle gare à construire dans la rue Saint-Lazare, et elle aura droit à tous les produits de l'exploitation du chemin de fer de Paris à Saint-Cloud et Versailles, et au péage du chemin de fer de Versailles à Rennes, à partir du premier jour du semestre dans lequel cette prise de possession aura eu lieu.

Art. 6. Les concessionnaires du chemin de fer de l'Ouest et la compagnie de Saint-Germain se réservent la faculté de faire cesser l'indivision du matériel fixe et mobile et des ateliers quand et ainsi qu'ils le jugeront convenable.

Art. 7. Pour prix de cette cession, la compagnie du chemin de fer de l'Ouest remettra à la compagnie du chemin de fer de Paris à Saint-Cloud et Versailles, aussitôt que le service régulier du chemin de fer de l'Ouest pourra s'effectuer dans la nouvelle gare à construire dans la rue Saint-Lazare, huit mille obligations de la compagnie du chemin de fer de l'Ouest, de la somme de mille francs chacune, portant cinq pour cent d'intérêt par an, et remboursables au pair en cinquante annuités égales, pour le premier remboursement s'effectuer le 1er juillet 1853, ou, si les deux compagnies en conviennent ultérieurement, une quantité d'obligations de la compagnie du chemin de fer de l'Ouest de la somme de douze cent cinquante francs chacune, portant cinquante francs d'intérêt annuel, et remboursables dans les mêmes délais, à la condition que le nombre de ces obligations donne, en intérêts et amortissement, un chiffre total égal à celui des intérêts et de l'amortissement d'obligations de mille francs, comme ci-dessus.

La jouissance de ces obligations commencera à courir du premier jour du semestre dans lequel le service régulier du chemin de fer de l'Ouest pourra s'effectuer dans la nouvelle gare à construire dans la rue Saint-Lazare.

Art. 8. La compagnie du chemin de fer de l'Ouest sera, à partir de son entrée en jouissance du chemin de fer de Paris à Saint-Cloud et Versailles, ci-dessus fixée, chargée de toutes les dettes, engagements et obligations de la compagnie du chemin de fer de Paris à Saint-Cloud et Versailles, et sera, par suite, substituée à tous les droits de cette dernière sur tout son actif généralement quelconque, à la seule exception des propriétés et terrains dont la réserve est indiquée ci-dessus.

Art. 9. La compagnie du chemin de fer de l'Ouest remplira, pour l'exploitation du chemin de fer de Paris à Saint-Cloud et Versailles, toutes les obligations du cahier des charges annexé à l'ordonnance de concession de ce chemin, et sera soumise aux décisions administratives qui ont été prises à cet égard; elle sera tenue d'exécuter également tous les traités existant entre ladite compagnie et des tiers, le tout dans les mêmes conditions que la compagnie du chemin de fer de Paris à Saint-Cloud et Versailles l'aurait fait elle-même, et sans qu'à aucune époque cette compagnie puisse être poursuivie ni recherchée en raison de ces obligations et traités, et la compagnie du chemin de fer de Paris à Saint-Cloud et Versailles remettra à la compagnie de l'Ouest tous les actes et documents nécessaires à l'exécution de ces traités et obligations.

Enfin, la compagnie du chemin de fer de l'Ouest est substituée, pour l'exploitation spéciale du chemin de fer entre Paris et Versailles, aux droits et obligations résultant des traités actuellement existant entre la compagnie du chemin de fer de Paris à Saint-Germain et celle du chemin de fer de Paris à Saint-Cloud et Versailles, et il n'y sera dérogé que d'un commun accord entre elles.

Art. 10. La compagnie du chemin de fer de Paris à Saint-Cloud et Versailles réserve à ses actionnaires, ce qui est consenti par M. *Stokes*, le droit de s'intéresser, jusqu'à concurrence de quinze mille actions de cinq cents francs chacune, dans la société qui sera formée pour l'exploitation du chemin de fer de l'Ouest, aux clauses et conditions auxquelles les fondateurs de cette compagnie se les attribueront eux-mêmes, à la charge, par lesdits actionnaires, de faire connaître leurs intentions dans le mois de la constitution de ladite société, faute de quoi, et sans qu'il soit besoin d'aucune mise en demeure, les fondateurs de ladite société deviendront libres, à l'expiration dudit mois, de disposer de tout ou partie des quinze mille actions ainsi réservées et non souscrites.

Art. 11. Pendant tout le temps qui s'écoulera, à dater de ce jour, jusqu'à la prise de possession du chemin de fer de Versailles par les concessionnaires du chemin de fer de l'Ouest, il ne pourra être fait aucun traité ou marché, ou contracté aucun engagement pour l'exploitation du chemin de fer de Versailles, dont la durée ou l'effet se prolongerait au delà de l'époque fixée pour la prise de possession de ce chemin, sans le concours et le consentement des susdits concessionnaires.

Art. 12. Le traité du 4 février 1845, relatif au partage des péages entre la compagnie du chemin de fer de Paris à Versailles (rive gauche) et celle du chemin de fer de Paris à Saint-Cloud et Versailles (rive droite), est déclaré et sera considéré comme nul et non avenu, du consentement exprès des parties, ès qualités qu'elles agissent et de la part notamment de MM. *Peto* et consorts, par suite de la substitution de la compagnie du chemin de fer de l'Ouest dans tous les droits et actions de la compagnie du chemin de fer de Versailles (rive gauche).

CHAPITRE III.

RÈGLEMENT DES PÉAGES AUXQUELS AURA DROIT LA COMPAGNIE DU CHEMIN DE FER DE PARIS À SAINT-GERMAN.

Art. 13. Le péage auquel aura droit la compagnie du chemin de fer de Paris à Saint-Germain pour le parcours des trains de l'Ouest et de Saint-Cloud à Versailles, entre Paris et Asnières, et *vice versa*, est fixé ainsi qu'il suit :

Par voyageur partant de Paris pour Versailles, ou un des

points intermédiaires entre Paris et Versailles, et *vice versa*, Asnières excepté............................... 0^f 15^c

Pour les marchandises, bestiaux et objets divers, le péage déterminé au tarif du cahier des charges du chemin de fer de Paris à Saint-Germain, calculé sur trois kilomètres.

Par voyageur partant de Paris pour un point quelconque du chemin de fer de l'Ouest au delà de Versailles, et *vice versa* 0 25

Pour les marchandises, bestiaux et objets divers partant de Paris pour un point quelconque du chemin de fer de l'Ouest au delà de Versailles, et *vice versa*, les cinq neuvièmes des prix ci-après :

Par tonne de houille, trente centimes, ci...... 0 30

Par tonne de toute autre marchandise, soixante centimes, ci........................... 0 60

Par bœuf, vache ou taureau, quarante-deux centimes, ci............................. 0 42

Par cheval, mule ou bête de trait, trente-deux centimes, ci............................. 0 32

Par veau, porc, mouton ou chèvre, sept centimes, ci................................ 0 07

Par voiture sur plate-forme, un franc quarante-quatre centimes, ci..................... 1 44

Il sera également payé à la compagnie du chemin de fer de Paris à Saint-Germain par la compagnie concessionnaire du chemin de fer de l'Ouest, à titre de péage, pour une distance de cinq kilomètres, la moitié des tarifs qu'elle aura perçus par kilomètre sur les objets de messagerie et les excédents de bagages par elle soumis à la taxe.

ART. 14. Les machines, wagons et voitures vides pour le service spécial du chemin de fer de l'Ouest ou de ses embranchements circulant entre Paris et Asnières seront affranchis de tout péage; il en sera de même pour les diligences transportant des voyageurs et placées sur des plate-formes, et pour les cadres, plateaux, charrettes, voitures suspendues ou non chargés de marchandises ou retournant à vide et placés sur plate-forme, cette franchise ne s'appliquant qu'aux véhicules et non point au personnes et aux objets qu'ils contiendront.

ART. 15. La compagnie du chemin de fer de l'Ouest payera à la compagnie du chemin de fer de Paris à Saint-Germain, pour les marchandises qui transiteront par Asnières entre la ligne de l'Ouest et les chemins de fer de Rouen et d'Argenteuil, un droit de péage réduit à un kilomètre lorsque le passage des wagons d'une ligne sur l'autre s'opérera sans traverser la Seine à Clichy.

ART. 16. La compagnie du chemin de fer de l'Ouest ne pourra, tant pour le service de ses trains que pour celui des trains spéciaux de la ligne de Saint-Cloud et de Versailles, transporter des voyageurs de Paris à Asnières, et *vice versa*.

ART. 17. Lorsque les prix sur la ligne de Versailles seront réduits à vingt-cinq centimes par voyageur pour le trajet entre Paris et l'une quelconque de ses stations, le péage dû à la compagnie du chemin de fer de Paris à Saint-Germain sera réduit à sept centimes et demi.

ART. 18. Les abonnements personnels à l'année ou au semestre pour le trajet entre Paris et Versailles et points intermédiaires ne donneront lieu pour le péage dû à la compagnie du chemin de fer de Paris à Saint-Germain qu'à la perception du quart de leur prix total.

ART. 19. Le prix du transport des voyageurs de Paris à Versailles ou à un point quelconque de la ligne de l'Ouest, et *vice versa*, devra être absolument égal pour les deux lignes de Versailles.

ART. 20. La compagnie du chemin de fer de l'Ouest n'aura aucun droit de gare à payer à la compagnie du chemin de fer de Saint-Germain, soit à Paris, soit aux Batignolles.

ART. 21. La compagnie du chemin de fer de Paris à Saint-Germain, dans le cas où elle ferait des concessions à la compagnie du chemin de fer de Rouen, ou à toute autre s'embranchant sur la ligne, s'oblige à en accorder de proportionnelles à la compagnie du chemin de fer de l'Ouest.

CHAPITRE IV.
DISPOSITIONS GÉNÉRALES.

ART. 22. Si le Gouvernement use de la faculté, que lui donne l'article 39 du cahier des charges annexé à la loi du 13 mai 1851, de racheter la concession entière du chemin de l'Ouest, il rachètera, en même temps, aux mêmes conditions, l'embranchement destiné à raccorder les deux chemins de Versailles.

Il est, en outre, expressément convenu qu'en ce cas, le Gouvernement aura le droit de racheter, si bon lui semble, la concession du chemin de fer de Paris à Versailles (rive droite), aux conditions exprimées audit article 39.

ART. 23. Tous traités et arrangements antérieurs entre les compagnies de Saint-Germain et de Versailles (rive droite) sont et demeurent annulés dans tout ce qu'ils peuvent avoir de contraire aux dispositions contenues au présent acte.

ART. 24. Aussitôt après la constitution définitive de la société à former pour l'exploitation du chemin de fer de l'Ouest et l'obligation acceptée par cette société d'exécuter tous les engagements contractés ci-dessus par MM. *Peto* et consorts, ceux-ci seront personnellement dégagés et affranchis de toutes les obligations qui leur sont imposées.

ART. 25. La présente convention ne sera valable et définitive qu'après avoir été approuvée par décret du Président de la République.

Fait à Paris, le 10 juillet 1851, en ce qui concerne le Ministre des travaux publics, M. *Stokes* et MM. *d'Eichthal* et *Pereire*,

Et à Londres, le 14 juillet 1851, en ce qui concerne MM. *Peto*, *Geach*, *Betts*, *Brassey*, *Fox* et *Henderson*.

Signé *P. Magne*, Ministre des travaux publics ; *Émile Pereire, Ad. d'Eichthal, C. Stokes, S. Morton Peto, Charles Fox, Edw. L. Betts, John Henderson, Thomas Brassey, Ch. Geach.*

DÉCRET DU 10 DÉCEMBRE 1851

portant qu'il sera établi, à l'intérieur du mur d'enceinte des fortifications de Paris, un chemin de fer de ceinture reliant les gares de l'Ouest et Rouen, du Nord, de Strasbourg, de Lyon et d'Orléans.

LE PRÉSIDENT DE LA RÉPUBLIQUE,

Sur le rapport du Ministre des travaux publics,

DÉCRÈTE :

ART. 1ᵉʳ. Il sera établi, à l'intérieur du mur d'enceinte des fortifications de Paris, un chemin de fer de ceinture reliant les gares de l'Ouest et Rouen, du Nord, de Strasbourg, de Lyon et d'Orléans.

Le Ministre des travaux publics est autorisé à concéder ce chemin de fer aux compagnies réunies des chemins de fer de Paris à Rouen, de Paris à Orléans, de Paris à Strasbourg et du Nord, sous les réserves et aux clauses et conditions du cahier des charges ci-annexé.

ART. 2. Pour l'exécution de ce chemin de fer, il est ouvert au Ministre des travaux publics un crédit de un million trois cent trente-trois mille trois cent trente-trois francs trente-trois centimes, somme égale au premier versement à effectuer par les compagnies concessionnaires, aux termes dudit cahier des charges.

ART. 3. Le Ministre des travaux publics est chargé de l'exécution du présent décret.

Fait à l'Élysée, le 10 décembre 1851.

Signé LOUIS-NAPOLÉON BONAPARTE.

Par le Président de la République :

Le Ministre des travaux publics,

Signé P. MAGNE.

Cahier des charges pour la concession du chemin de fer de ceinture.

ART. 1ᵉʳ. Le Ministre des travaux publics, au nom de l'État, s'engage à livrer dans un délai de deux années, à partir du décret de concession, aux compagnies concessionnaires des chemins de fer de Paris à Rouen, Paris à Orléans, Paris à Strasbourg et du Nord, réunies en syndicat, un chemin de fer de ceinture complètement terminé entre les gares des Batignolles et la gare d'Orléans.

ART. 2. Les compagnies s'engagent à exploiter le chemin de ceinture en fournissant le matériel nécessaire à l'exploitation, tant pour le transport des voyageurs que pour celui des marchandises. Elles s'engagent, en outre, à augmenter ce matériel en raison de l'accroissement de la circulation, sur les réquisitions qui leur seraient adressées par le Ministre des travaux publics.

Lesdites compagnies se constitueront en société anonyme pour l'exploitation du chemin de ceinture.

Elles seront représentées par un syndicat établi dans les formes qui seront déterminées par un décret, les compagnies entendues.

Les attributions de ce syndicat auront pour objet : l'administration, l'exploitation et l'entretien du chemin de ceinture, les comptes à rendre aux diverses compagnies, l'organisation du personnel, la création et la distribution du matériel, enfin l'accomplissement de toutes les obligations et conditions imposées aux compagnies concessionnaires de chemins de fer.

ART. 3. Chacune des quatre compagnies concessionnaires s'engage à contribuer, pour une somme de un million de francs (1,000,000ᶠ), à la dépense d'exécution du chemin de ceinture.

Ces sommes devront être versées au Trésor public, savoir :

1° Un tiers, à la première réquisition du Ministre des finances;

2° Un tiers avant le 1ᵉʳ janvier 1853;

3° Le dernier tiers avant le 1ᵉʳ janvier 1854.

Les deux derniers versements ne pourront être exigés avant que les dépenses faites sur la subvention à la charge du Trésor ne s'élèvent à une somme au moins égale au montant des versements déjà opérés par les compagnies.

Lesdites compagnies pourront demander la justification de l'emploi des fonds précédemment versés avant de faire un nouveau versement.

Art. 4. Les travaux seront exécutés par l'État. Ils seront immédiatement entrepris au moyen du premier versement effectué par les compagnies et seront ensuite continués, jusqu'à leur entier achèvement, tant au moyen des versements ultérieurs qu'au moyen des fonds du Trésor public.

Art. 5. Lorsque le chemin de fer de Paris à Lyon sera concédé, la compagnie concessionnaire sera tenue de verser au Trésor pareille somme de un million de francs (1,000,000^f), et elle entrera dans le syndicat aux mêmes titres que les autres compagnies dénommées dans le présent acte de concession.

Jusqu'au moment de sa concession, le chemin de Paris à Lyon, exploité par l'État, jouira de tous les bénéfices et avantages accordés aux compagnies concessionnaires, comme il participera à toutes les charges de l'exploitation et sera représenté, pour la formation du syndicat, par un délégué du Ministre des travaux publics.

Art. 6. Le chemin de ceinture partira des Batignolles, où il sera raccordé aux chemins de Rouen et de l'Ouest; il passera sous les chemins du Nord et de Strasbourg et sera relié à ces deux lignes. Il traversera par un souterrain les hauteurs de Belleville et viendra ensuite se rattacher aux chemins de Lyon et d'Orléans en franchissant la Seine sur un viaduc.

Il sera établi avec deux voies, sur tout son parcours, sans aucune gare ni station intermédiaire. Sa longueur totale, y compris les raccordements avec les chemins qu'il relie, sera d'environ seize kilomètres.

Les gares intermédiaires qui pourraient être nécessaires seront ultérieurement établies par les compagnies et à leurs frais.

Art. 7. Le chemin de ceinture sera composé de trois sections, savoir :

1° Des gares des Batignolles aux abords des gares du Nord et de Strasbourg;

2° De la gare de Strasbourg aux abords de la gare de Lyon;

3° Et de la gare de Lyon aux abords de la gare d'Orléans.

Art. 8. Les compagnies seront tenues de prendre livraison des sections au fur et à mesure de leur achèvement entre deux gares et sur la notification qui leur en sera faite.

Il sera dressé procès-verbal de cette livraison, et l'exploitation devra être immédiatement commencée.

La garantie de l'État sera d'un an pour les terrassements et de deux ans pour les ouvrages d'art et les maisons de gardes.

Un an après la livraison de chaque section, il sera procédé à une reconnaissance contradictoire, constatée par un nouveau procès-verbal, lequel aura pour effet d'affranchir l'État de toute garantie en ce qui concerne les terrassements, la garantie pour les ouvrages d'art et les maisons de gardes ne cessant qu'un an après.

En aucun cas, la responsabilité de l'État, telle qu'elle est réglée par le présent article, et pour les diverses natures d'ouvrages, ne pourra s'étendre au delà de la garantie matérielle des travaux.

Art. 9. A dater de l'entrée en possession, définie au paragraphe premier de l'article précédent, les compagnies resteront seules chargées de l'entretien des parties du chemin dont elles auront pris livraison, sans préjudice de la garantie stipulée au même article.

Art. 10. Immédiatement après la prise de possession définitive, par les compagnies, de tout ou partie des travaux à la charge de l'État, il sera dressé, contradictoirement, entre l'administration et lesdites compagnies, un état des lieux.

Cet état comprendra :

1° La description de tous les terrains qui serviront d'emplacement au chemin de fer et à ses dépendances;

2° L'état des travaux d'art et de terrassement, comprenant les ponts, ponceaux, aqueducs, maisons de gardes et tous autres ouvrages.

ART. 11. Les plans et profils de toute sorte seront communiqués aux compagnies, sur leur demande, et elles seront admises à présenter leurs observations.

Elles seront autorisées à faire, à leurs frais, des copies desdits plans et profils.

ART. 12. Le chemin de fer et toutes ses dépendances seront constamment entretenus en bon état et de manière que la circulation soit toujours facile et sûre.

L'état dudit chemin et de ses dépendances sera reconnu annuellement, et plus souvent, en cas d'urgence ou d'accidents, par un ou plusieurs commissaires que désignera l'administration.

Les frais d'entretien et ceux de réparation, soit ordinaires, soit extraordinaires, resteront entièrement à la charge des compagnies.

Pour ce qui concerne cet entretien et ces réparations, les compagnies demeurent soumises au contrôle et à la surveillance de l'administration.

Si le chemin de fer, une fois achevé, n'est pas constamment entretenu en bon état, il y sera pourvu d'office à la diligence de l'administration et aux frais des compagnies. Le montant des avances faites sera recouvré par des rôles que le préfet du département rendra exécutoires.

ART. 13. Les frais de visite, de surveillance et de réception seront supportés par les compagnies. Ces frais seront imputés sur la somme que les compagnies sont tenues de verser annuellement à la caisse centrale du Trésor, conformément à l'article 27 ci-après.

En cas de non-versement dans le délai fixé, le préfet rendra un rôle exécutoire, et le montant en sera recouvré comme en matière de contributions publiques.

ART. 14. Faute par les compagnies d'avoir rempli les diverses obligations qui leur sont imposées par le présent cahier des charges, elles encourront la déchéance, et il sera procédé à l'adjudication de la concession sur les clauses et conditions dudit cahier des charges, et sur une mise à prix qui sera fixée par l'administration.

Art. 15. Les compagnies évincées recevront de la nouvelle compagnie la valeur que l'adjudication aura déterminée, dans la proportion des sommes pour lesquelles elles auront contribué à la construction du chemin.

Si l'adjudication ouverte n'amène aucun résultat, une seconde adjudication sera tentée sur les mêmes bases, après un délai de six mois, et, si cette seconde tentative reste également sans résultat, les compagnies seront définitivement déchues de tous droits à la concession, et les portions de chemin déjà mises en exploitation deviendront immédiatement la propriété de l'État.

En cas d'interruption partielle ou totale de l'exploitation du chemin de fer, l'administration prendra immédiatement, aux frais et risques des compagnies, les mesures nécessaires pour assurer provisoirement le service.

Si, dans les trois mois de l'organisation du service provisoire, les compagnies n'ont pas valablement justifié des moyens de reprendre et de continuer l'exploitation, et si elles ne l'ont pas effectivement reprise, la déchéance pourra être prononcée par le Ministre des travaux publics.

Les dispositions du présent article ne seront point applicables au cas où le retard ou la cessation des travaux, ou l'interruption de l'exploitation, proviendrait de force majeure régulièrement constatée.

Art. 16. La contribution foncière sera établie en raison de la surface des terrains occupés par le chemin de fer et par ses dépendances ; la cote en sera calculée, comme pour les canaux, conformément à la loi du 25 avril 1803.

Les bâtiments et magasins dépendant de l'exploitation du chemin de fer seront assimilés aux propriétés bâties dans la localité, et les compagnies devront également payer toutes les contributions auxquelles ils pourront être soumis.

L'impôt dû au Trésor sur le prix des places ne sera prélevé que sur la partie du tarif correspondant au prix du transport des voyageurs.

Art. 17. 1° Des règlements rendus après que les compagnies auront été entendues détermineront les mesures et les dispositions nécessaires pour assurer la police, l'exploitation et la conservation du chemin de fer et des ouvrages qui en dépendent.

2° Toutes les dépenses qu'entraînera l'exécution de ces mesures et de ces dispositions resteront à la charge des compagnies.

3° Les compagnies seront tenues de soumettre à l'approbation de l'administration les ordres généraux de service relatifs à la circulation des trains réguliers de toute nature.

4° Les règlements dont il s'agit dans les deux paragraphes précédents seront obligatoires pour les compagnies et pour toutes celles qui obtiendraient ultérieurement l'autorisation d'établir des lignes de chemin de fer d'embranchement ou de prolongement, et, en général, pour toutes les personnes qui emprunteraient l'usage du chemin de fer.

Art. 18. Pour indemniser les compagnies des dépenses qu'elles s'engagent à faire par le présent cahier des charges, et sous la condition expresse qu'elles en rempliront exactement toutes les obligations, le Gouvernement leur accorde, pour un laps de quatre-vingt-dix-neuf années, à dater de l'époque fixée pour l'achèvement des travaux de la ligne entière, l'autorisation de percevoir les droits de péage et les prix de transport ci-après déterminés.

Il est expressément entendu que les prix de transport ne seront dus aux compagnies qu'autant qu'elles effectueraient elles-mêmes ce transport à leurs frais et par leurs propres moyens.

La perception aura lieu par kilomètre, sans égard aux fractions de distance; ainsi, un kilomètre entamé sera payé comme s'il avait été parcouru.

Ouest.   5

Néanmoins, pour toute distance parcourue moindre de six kilomètres, le droit sera perçu comme pour six kilomètres entiers.

Le poids de la tonne est de mille kilogrammes. Les fractions de poids ne seront comptées que par centième de tonne. Ainsi tout poids compris entre zéro et dix kilogrammes payera comme dix kilogrammes ; entre dix et vingt kilogrammes, il payera comme vingt kilogrammes ; entre vingt et trente, il payera comme trente kilogrammes, etc.

L'administration déterminera par des règlements spéciaux, les compagnies entendues, le minimum et le maximum de vitesse des convois de voyageurs et de marchandises, et des convois spéciaux des postes, ainsi que la durée du trajet.

Tarif.

Pour les voyageurs (par kilomètre parcouru) :

Prix de transport............ 02e ⎫
Péage..................... 03 ⎬ 05^c

Pour les marchandises (par tonne et par kilomètre parcouru) :

Prix de transport............ 08^c ⎫
Péage..................... 10 ⎬ 18^c

Tout voyageur dont le bagage ne pèsera pas plus de trente kilogrammes n'aura à payer, pour le port de ce bagage, aucun supplément du prix de sa place.

Dans le cas où les compagnies jugeraient convenable, soit pour le parcours total, soit pour les parcours partiels de la voie de fer, d'abaisser au-dessous des limites déterminées par le tarif les taxes qu'elles sont autorisées à percevoir, les taxes abaissées ne pourront être relevées qu'après un délai de trois mois au moins pour les voyageurs, et d'un an pour les marchandises.

Tous changements apportés dans les tarifs seront annoncés un mois d'avance par des affiches. Ils devront, d'ailleurs, être homologués par des décisions de l'administration supérieure, prises sur la proposition des compagnies, et rendues exécutoires par des arrêtés du préfet.

La perception des taxes devra se faire par les compagnies indistinctement et sans aucune faveur. Dans le cas où les compagnies auraient accordé à un ou plusieurs expéditeurs une réduction sur l'un des prix portés au tarif, avant de la mettre à exécution, elles devront en donner connaissance à l'administration, et celle-ci aura le droit de déclarer la réduction, une fois consentie, obligatoire vis-à-vis de tous les expéditeurs et applicable à tous les articles de même nature. La taxe, ainsi réduite, ne pourra, comme pour les autres réductions, être relevée avant un délai d'un an.

Les réductions ou remises accordées à des indigents ne pourront, dans aucun cas, donner lieu à l'application de la disposition qui précède.

ART. 19. Au moyen de la perception des droits et des prix réglés ainsi qu'il vient d'être dit, et sauf les exceptions stipulées au présent cahier des charges, les compagnies contractent l'obligation d'exécuter constamment avec soin, exactitude et célérité, et sans tour de faveur, le transport des voyageurs, bestiaux, denrées, marchandises et matières quelconques qui leur seront confiées. Les bestiaux, denrées, marchandises et matières quelconques seront transportés dans l'ordre de leur numéro d'enregistrement.

Toute expédition de marchandises dont le poids, sous un même emballage, excédera vingt kilogrammes, sera constatée, si l'expéditeur le demande, par une lettre de voiture, dont un exemplaire restera aux mains des compagnies et l'autre aux mains de l'expéditeur.

La même constatation sera faite, sur la demande de l'expéditeur, pour tout paquet ou ballot pesant moins de vingt kilogrammes, dont la valeur aura été préalablement déclarée.

Les compagnies seront tenues d'expédier les marchandises dans les deux jours qui suivront la remise. Toutefois, si l'expéditeur consent à un plus long délai, il jouira d'une réduction, d'après un tarif approuvé par le Ministre des travaux publics.

Les frais accessoires non mentionnés au tarif, tels que ceux de chargement, de déchargement et d'entrepôt dans les gares et magasins du chemin de fer, seront fixés annuellement par

5.

un règlement qui sera soumis à l'approbation de l'administration supérieure.

Les expéditeurs ou destinataires resteront libres de faire eux-mêmes et à leurs frais le factage et le camionnage de leurs marchandises, et les compagnies n'en seront pas moins tenues, à leur égard, de remplir les obligations énoncées au paragraphe premier du présent article.

Dans le cas où les compagnies consentiraient, pour le factage et le camionnage des marchandises, des arrangements particuliers à un ou plusieurs expéditeurs, elles seront tenues, avant de les mettre à exécution, d'en informer l'administration, et ces arrangements profiteront également à tous ceux qui lui en feraient la demande.

ART. 20. A moins d'une autorisation spéciale de l'administration, il est interdit aux compagnies, sous les peines portées par l'article 419 du Code pénal, de faire directement ou indirectement, avec des entreprises de transport de voyageurs ou de marchandises, par terre ou par eau, des arrangements qui ne seraient pas consentis en faveur de toutes les entreprises desservant les mêmes routes.

Les règlements rendus en exécution de l'article 17 ci-dessus prescriront toutes les mesures nécessaires pour assurer la plus complète égalité entre les diverses entreprises de transport, dans leurs rapports avec le service du chemin de fer.

ART. 21. Les perceptions de toute nature, sur le chemin de ceinture, seront faites par le syndicat.

Le syndicat tiendra compte à chaque compagnie de la moitié du péage ci-dessus fixé pour toutes les marchandises entrant dans la gare de cette compagnie ou en sortant, et lui en versera le montant.

En cas d'abaissement de tarif, la diminution portera sur le prix de transport, et il ne sera fait sur le péage d'autres réductions que celles qui seraient consenties par la compagnie qui y a droit.

Cet abaissement du prix de transport ne pourra avoir lieu qu'autant que quatre compagnies au moins y auront donné leur assentiment.

Lorsque des marchandises seront expédiées de la gare d'une des compagnies concessionnaires à un point intermédiaire sur le chemin de ceinture, ou d'un point intermédiaire à une gare desdites compagnies, le syndicat tiendra compte de la totalité du péage perçu à la compagnie expéditrice ou à la compagnie destinataire.

Le surplus des produits restera à la disposition du syndicat pour être affecté au payement des dépenses de l'exploitation, de la surveillance et de l'entretien.

En cas d'excédent ou de déficit, le bénéfice ou la perte seront répartis en proportions égales entre les compagnies concessionnaires.

Art. 22. La participation à l'exploitation du chemin de ceinture restera attachée à l'exploitation des chemins de fer qu'il est destiné à relier. A l'expiration de la concession de chacun de ces chemins, ou en cas du rachat prévu par les cahiers de charges, l'État tiendra compte à la compagnie de son droit à la jouissance des produits du chemin de ceinture pendant les années qui resteraient à courir pour atteindre le délai de quatre-vingt-dix-neuf ans.

L'évaluation sera faite à dire d'experts, dans les formes prévues par les cahiers des charges, pour la reprise, en fin de bail, du matériel et des approvisionnements des lignes concédées.

Art. 23. Les militaires ou marins voyageant isolément pour cause de service, envoyés en congé pour appartenir à la réserve, envoyés en congé limité et en permission, ou rentrant dans leurs foyers après libération, ne seront assujettis, eux et leurs bagages, qu'à la moitié de la taxe du tarif ci-dessus fixé.

Les troupes de toutes armes voyageant en corps et le matériel militaire ou naval seront transportés gratuitement.

Art. 24. Sont applicables au chemin de ceinture les dispositions des articles 78, 79, 80 et 81 du cahier des charges de la concession du chemin de fer de Paris à Strasbourg, relatives:

1° Au transport des ingénieurs et des agents du contrôle de l'exploitation des chemins de fer, des agents des contributions directes et des douanes;

2° Au service des dépêches;

3° Au transport des voitures cellulaires;

4° A l'établissement des lignes de télégraphie électrique.

ART. 25. Sont aussi applicables au chemin de ceinture les dispositions des articles 83, 84, 85 et 86 dudit cahier des charges, relatives :

1° A l'exécution ultérieure de ponts, de routes, canaux ou chemins de fer traversant le chemin de ceinture ou établis dans on voisinage;

2° A la construction de chemins de fer d'embranchement ou de prolongement;

3° A la traversée des carrières.

ART. 26. Les agents et gardes que les compagnies établiront, soit pour opérer la perception des droits, soit pour la surveillance et la police du chemin de fer et des ouvrages qui en dépendent, pourront être assermentés, et seront, dans ce cas, assimilés aux gardes champêtres.

ART. 27. Il sera institué, près des compagnies concessionnaires du chemin de fer de ceinture, un ou plusieurs inspecteurs-commissaires, spécialement chargés de surveiller les opérations desdites compagnies pour tout ce qui ne rentre pas dans les attributions des ingénieurs de l'État.

Le traitement de ces commissaires restera à la charge des compagnies. Pour y pourvoir et acquitter en même temps les frais mis à leur charge par l'article 12 ci-dessus, les compagnies seront tenues de verser, chaque année, à la caisse du receveur central du Trésor, une somme qui ne pourra excéder quatre mille francs (4,000^f).

Dans le cas où les compagnies ne verseraient pas ladite somme aux époques qui seront fixées, le préfet rendra un rôle exécutoire et le montant en sera recouvré comme en matière de contributions publiques.

ART. 28. Le syndicat devra faire élection de domicile à Paris.

Dans le cas de non-élection de domicile, toute notification ou signification à lui adressée sera valable lorsqu'elle sera faite au secrétariat général de la préfecture de la Seine.

Art. 29. Les contestations qui s'élèveraient entre les compagnies et l'administration au sujet de l'exécution ou de l'interprétation des clauses du présent cahier des charges seront jugées administrativement par le conseil de préfecture du département de la Seine, sauf recours au Conseil d'État.

Art. 30. Les conventions à passer par le Ministre des travaux publics, en exécution du présent acte, devront être réglées par des décrets du Président de la République.

Art. 31. Lesdites conventions ne seront passibles que du droit fixe de un franc.

Arrêté à Paris, le 9 décembre 1851.

Le Ministre des travaux publics,
Signé P. Magne.

DÉCRET DU 11 DÉCEMBRE 1851

qui approuve la convention passée entre le Ministre des travaux publics et les compagnies des chemins de fer de Paris à Rouen, de Paris à Orléans, de Paris à Strasbourg et du Nord, pour la concession du chemin de fer de ceinture.

Le Président de la République,

Sur le rapport du Ministre des travaux publics;

Vu le décret du 10 décembre 1851 et spécialement l'article 1er, ainsi conçu :

« Il sera établi, à l'intérieur du mur d'enceinte des fortifica-
« tions de Paris, un chemin de fer de ceinture reliant les gares
« de l'Ouest et Rouen, du Nord, de Strasbourg, de Lyon et
« d'Orléans.

« Le Ministre des travaux publics est autorisé à concéder ce
« chemin de fer aux compagnies réunies des chemins de fer de
« Paris à Rouen, de Paris à Orléans, de Paris à Strasbourg,
« et du Nord, sous les réserves et aux clauses et conditions du
« cahier des charges ci-annexé; »

Vu l'article 30 du cahier des charges ainsi conçu :

« Les conventions à passer avec le Ministre des travaux pu-
« blics, en exécution du présent acte, devront être réglées par
« décrets du Président de la République ; »

Vu la convention provisoire passée, le 10 décembre 1851,
entre le Ministre des travaux publics, agissant au nom de l'État,
et les administrateurs représentant chacune des quatre compagnies anonymes concessionnaires des chemins de fer de Paris à
Rouen, de Paris à Orléans, de Paris à Strasbourg et du Nord,

Décrète :

Art. 1er. La convention provisoire passée, le 10 décembre
1851, entre le Ministre des travaux publics, agissant au nom
de l'État, et les administrateurs représentant les quatre compagnies anonymes concessionnaires des chemins de fer de Paris à
Rouen, de Paris à Orléans, de Paris à Strasbourg, et du Nord,
est et demeure approuvée.

En conséquence, toutes les clauses et conditions stipulées
dans ladite convention, tant à la charge de l'État qu'à la charge
des autres parties contractantes, recevront leur pleine et entière
exécution.

Art. 2. La convention ci-dessus mentionnée sera annexée
au présent décret.

Art. 3. Le Ministre des travaux publics est chargé de l'exécution dudit décret, lequel sera inséré au *Bulletin des lois*.

Fait à l'Élysée, le 11 décembre 1851.

Signé LOUIS-NAPOLÉON BONAPARTE.

Par le Président de la République :

Le Ministre des travaux publics,

Signé P. MAGNE.

Convention entre le Ministre des travaux publics, au nom de l'État, et les compagnies des chemins de fer de Paris à Rouen, de Paris à Strasbourg, de Paris à Orléans et du Nord, pour la concession du chemin de fer de ceinture.

L'an 1851, le 10 du mois de décembre,

Entre le Ministre des travaux publics, agissant au nom de l'État, en vertu des pouvoirs qui lui ont été conférés par le décret du Président de la République en date de ce jour,

D'une part;

Et 1° MM. *Joseph-François-Casimir de l'Espée,*
　　　　　　Charles-Eugène Laffitte,
　　　　　　Napoléon Duchâtel,

membres du conseil d'administration de la compagnie du chemin de fer de Paris à Rouen,

Agissant au nom de ladite compagnie, conformément aux pouvoirs qui leur sont donnés par délibération dudit conseil, en date du 10 décembre 1851;

2° MM. *Eugène de Ségur,*
　　　　　Hippolyte-Paul Jayr,
　　　　　Louis-Alexandre Baignères,
　　　　　Alexandre d'Hervey,
　　　　　Vincent Dubochet,

membres du conseil d'administration de la compagnie du chemin de fer de Paris à Strasbourg, agissant au nom de ladite compagnie, en vertu des pouvoirs qui leur ont été donnés par une délibération dudit conseil d'administration, en date du 10 décembre 1851;

3° M. *François Bartholony,* président du conseil d'administration de la compagnie du chemin de fer de Paris à Orléans, agissant au nom de ladite compagnie, en vertu de la délibération du conseil d'administration en date du 8 du courant;

4° MM. *James de Rothschild*,

      Germain Delebecque,

      Émile Pereire,

membres du conseil d'administration de la compagnie du chemin de fer du Nord, agissant au nom de ladite compagnie, en vertu d'une délibération en date du 3 décembre 1851,

D'autre part;

Il a été dit et convenu ce qui suit :

(Les articles 1 à 31 de la convention reproduisent textuellement les articles 1 à 31 du cahier des charges annexé au décret du 10 décembre 1851.)

Art. 32. La présente convention ne sera valable et définitive qu'après avoir été approuvée par décret du Président de la République.

Fait à Paris, le 10 décembre 1851.

Le Ministre des travaux publics,

Signé P. Magne.

Approuvé, pour la compagnie du chemin de fer d'Orléans,

Le Président du conseil d'administration,

Signé F. Bartholony.

Approuvé, pour la compagnie du chemin de fer du Nord,

    Signé Baron *James de Rothschild*,

        Delebecque,

        E. Pereire.

Approuvé, pour la compagnie du chemin de fer de Rouen,

    Signé *Ch. Laffitte*,

        C. de l'Espée,

        N. Duchâtel.

Approuvé, pour la compagnie du chemin de fer de Strasbourg,

    Signé *Dubochet*,

        Ségur,

        d'Hervey,

        Jayr,

        Baignères.

LOI DU 8 JUILLET 1852

relative au chemin de fer de Paris à Cherbourg.

CORPS LÉGISLATIF.

(Session de 1852.)

LE CORPS LÉGISLATIF A ADOPTÉ LE PROJET DE LOI dont la teneur suit :

ART. 1er. Il sera établi un chemin de fer de Paris à Cherbourg par Évreux et Caen, avec deux embranchements dirigés, l'un de Mézidon sur le Mans, l'autre de Serquigny sur Rouen.

ART. 2. Le chemin de fer de Paris à Cherbourg s'embranchera sur le chemin de fer de Paris à Rouen, en amont du souterrain de Rolleboise ; il se dirigera sur Évreux, passera à ou près Conches, Serquigny, Bernay, Lisieux et Mézidon. Il arrivera à Caen et se dirigera de Caen sur Cherbourg, suivant le tracé qui sera ultérieurement déterminé par l'administration.

L'embranchement dirigé de Mézidon sur le Mans se détachera de la ligne principale à Mézidon ; il passera par ou près Saint-Pierre-sur-Dives, Argentan, Séez et Alençon, et se rattachera au chemin de fer de Paris à Rennes au point qui sera déterminé par l'administration supérieure.

ART. 3. La convention provisoire conclue, le 19 avril 1852, entre le Ministre des travaux publics, au nom de l'État, et MM. *de l'Espée, Benoist d'Azy, E. Simons,* vicomte *N. Duchâtel, Ed. Blount, de Kersaint, John Easthope,* agissant tant en leur nom personnel qu'aux noms de MM. *William Chaplin, John Moss, William Reed, Georges Lawrence* et *Joseph Locke,* de Londres, pour la concession du chemin de fer de Paris à Cherbourg par Évreux et Caen, est approuvée.

En conséquence, MM. *de l'Espée, Benoist d'Azy, E. Simons,* vicomte *N. Duchâtel, Ed. Blount, de Kersaint, J. Easthope, William Chaplin, John Moss, William Reed, Georges Lawrence* et *Joseph Locke* sont et demeurent concessionnaires dudit chemin, aux clauses et conditions du cahier des charges coté A, annexé à la présente loi.

ART. 4. Les conventions provisoires conclues, les 16 et 23 juin 1852, entre le Ministre des travaux publics, au nom de l'État, et la compagnie du chemin de fer de l'Ouest, pour la concession de l'embranchement de Mézidon à Caen, sont approuvées.

En conséquence, la concession de cet embranchement sera réunie à la concession du chemin de fer de l'Ouest, aux clauses et conditions du cahier des charges coté B, annexé à la présente loi.

Est également approuvée la convention conclue, le 23 juin 1852, entre le même Ministre et les concessionnaires du chemin de Paris à Cherbourg déjà nommés dans l'article 3, pour la concession éventuelle dudit embranchement.

ART. 5. Les subventions offertes par les localités intéressées, 1° pour l'exécution du chemin de fer de Paris à Cherbourg; 2° pour l'exécution de l'embranchement de Mézidon sur le Mans, sont acceptées au nom de l'État et acquises au Trésor public.

ART. 6. L'embranchement de Serquigny sur Rouen, classé par l'article 1ᵉʳ, sera l'objet d'une concession ultérieure. Son tracé sera déterminé par la loi à intervenir. Les subventions s'élevant à trois millions de francs, offertes par les localités intéressées pour l'exécution de cet embranchement, sont acceptées au nom de l'État, avec attribution spéciale à cette exécution.

Délibéré en séance publique, à Paris, le 27 juin 1852.

Le Président,

Signé BILLAULT.

Les Secrétaires,

Signé ED. DALLOZ, baron ESCHASSÉRIAUX, Henry DUGAS, MACDONALD, duc DE TARENTE.

SÉNAT.

(Session de 1852.)

Le Sénat ne s'oppose pas à la promulgation de la loi portant autorisation de concéder le chemin de fer de Paris à Cherbourg.

Délibéré en séance, au palais du Sénat, à Paris, le 2 juillet 1852.

Le Président,

Signé JÉRÔME-NAPOLÉON BONAPARTE.

Les Secrétaires,

Signé Général REGNAUD DE SAINT-JEAN D'ANGELY,
CAMBACÉRÈS, Baron T. DE LACROSSE.

La présente loi, revêtue du sceau de l'État, sera promulguée et insérée au *Bulletin des lois*.

Fait au palais de Saint-Cloud, le 8 juillet 1852.

Le Président de la République,

Signé LOUIS-NAPOLÉON.

Vu et scellé du grand sceau :
*Le Garde des sceaux, Ministre se-
crétaire d'État au département de
la justice,*

Signé ABBATUCCI.

Par le Président :
Le Ministre d'État,
Signé X. DE CASABIANCA.

A.

*Cahier des charges de la concession du chemin de fer de Paris
à Cherbourg, par Évreux et Caen.*

Art. 1er. Le chemin de fer de Paris à Cherbourg, qui fait
l'objet de la présente concession, s'embranchera sur le chemin
de fer de Paris à Rouen en amont du souterrain de Rolleboise;
il se dirigera sur Évreux, passera à ou près Conches, Serquigny,
Bernay, Lisieux et Mézidon, et arrivera à Caen au point qui
sera déterminé par l'administration.

De Caen, le chemin de fer se dirigera sur Cherbourg, suivant le tracé qui sera ultérieurement fixé par l'administration.

Le chemin de fer, ainsi défini, formera deux sections dis-
tinctes : la première, de Rosny à Caen; la deuxième, de Caen à
Cherbourg.

Art. 2. La compagnie s'engage à exécuter à ses frais, risques
et périls, tous les travaux du chemin de fer de Paris à Cherbourg, et à terminer les travaux, savoir :

Ceux de la première section, dans un délai de trois ans, et
ceux de la deuxième section, dans un autre délai de trois ans;
de manière qu'à l'expiration de six ans, les deux sections dont il
s'agit soient praticables et exploitées dans toutes leurs parties.

Ces délais courront à dater du décret de concession.

Art. 3. Le Ministre des travaux publics, au nom de l'État,
s'engage à payer à la compagnie, à titre de subvention, pour
l'exécution de la première section, la somme de seize millions
de francs (16,000,000^f).

En payement de cette subvention, la compagnie recevra du
caissier central du Trésor public, à des époques qui seront déterminées par le Ministre des travaux publics, en raison de
l'avancement des travaux, une partie des obligations souscrites
par la compagnie du chemin de fer de Paris à Rouen en re-
présentation du prêt fait par l'État en exécution de la loi du

15 juillet 1840, déduction faite de celles qui sont payables à l'échéance du 15 mars 1853.

Les obligations seront reçues pour leur valeur au 1ᵉʳ juillet 1853, calculée au taux d'intérêt de trois et demi pour cent (3 1/2 p. o/o) par an. La dernière obligation ne pourra être exigée avant l'ouverture de la ligne entière.

L'appoint au delà de seize millions dont la compagnie sera redevable devra être remboursé par elle, avec les intérêts au taux de trois et demi pour cent (3 1/2 p. o/o) par an, en deux termes égaux échéant le 15 mars 1854 et le 15 mars 1855. Chacun de ces deux payements sera représenté par une obligation souscrite par la compagnie, et négociable à l'ordre du caissier central du Trésor public.

Art. 4. Le Ministre des travaux publics s'engage à garantir, au nom de l'État, à la compagnie, pendant cinquante ans, l'intérêt à quatre pour cent (4 p. o/o), et l'amortissement calculé également à quatre pour cent (4 p. o/o), pour la même durée, d'une somme de quatorze millions quatre cent mille francs (14,400,000ᶠ) qu'elle est autorisée à emprunter pour l'exécution de la première section.

Les obligations de l'emprunt ne pourront être émises qu'au fur et à mesure de l'avancement des travaux, et à la charge par la compagnie de justifier de l'emploi en achats de terrains et en travaux et approvisionnements sur place d'une somme triple de celle dont l'émission aura été autorisée.

Un règlement d'administration publique déterminera les formes suivant lesquelles la compagnie sera tenue de justifier vis-à-vis de l'État : 1° de l'exécution des conditions approuvées par le Gouvernement pour la réalisation de son emprunt et pour l'emploi des fonds qui en proviendront ; 2° de ses frais annuels d'entretien et d'exploitation et de ses recettes.

Ne seront pas comptés dans les frais annuels les intérêts et l'amortissement des autres emprunts que la compagnie pourrait être dans le cas de contracter pour l'achèvement des travaux.

Lorsque l'État aura, à titre de garant, payé tout ou partie d'une annuité d'intérêt et d'amortissement, il sera remboursé de ses avances, avec intérêts à quatre pour cent par an, sur les bénéfices nets de l'entreprise, excédant les quatre pour cent garantis, dans quelque année qu'ils se produisent, et avant tout prélèvement d'intérêt ou de dividende quelconque au profit de la compagnie.

Si, à l'expiration de la concession, l'État est créancier de la compagnie, le montant de sa créance sera compensé, jusqu'à due concurrence, avec la somme due à la compagnie pour la reprise du matériel, s'il y a lieu, aux termes de l'article 60.

ART. 5. Le Ministre des travaux publics s'engage, en outre, à garantir, au nom de l'État, à la compagnie, pendant les cinquante premières années de la concession, de la manière qu'il jugera la plus propre à concilier les intérêts de l'État et ceux de la compagnie, un intérêt de quatre pour cent (4 p. o/o) sur le capital employé par elle à l'exécution des travaux de la ligne de Paris à Cherbourg, en sus de la subvention et de l'emprunt garanti, mentionné dans les articles 3 et 4 ci-dessus, sans toutefois que ce capital puisse, en aucun cas, excéder la somme de vingt et un millions six cent mille francs (21,600,000^f) pour la première section.

En conséquence, l'intérêt garanti annuellement par l'État ne pourra excéder huit cent soixante-quatre mille francs (864,000^f) pour la section. Cette garantie d'intérêt demeurera tout entière invariablement attachée aux actions, et ne pourra, dans aucun cas, être employée à assurer un supplément d'intérêt aux obligations.

Pour l'exécution de la clause de garantie qui précède, le capital de premier établissement à la charge de la compagnie sera arrêté et définitivement clos dix ans après le décret de concession.

Avant l'achèvement complet des travaux, la garantie de quatre pour cent ne sera due que pour les sommes dépensées à l'exécution des sections définitivement livrées à l'exploitation et dont l'emploi aura été dûment justifié.

Un règlement d'administration publique déterminera les formes suivant lesquelles la compagnie sera tenue de justifier vis-à-vis de l'État, et sous le contrôle de l'administration supérieure : 1° des frais de construction du chemin de fer; 2° de ses frais annuels d'entretien et d'exploitation; 3° de ses recettes.

Ne seront pas comptés dans les frais annuels les intérêts et l'amortissement des emprunts que la compagnie pourrait être dans le cas de contracter pour l'achèvement des travaux, en cas d'insuffisance du capital déterminé par l'administration.

Lorsque l'État aura, à titre de garant, payé tout ou partie d'une annuité d'intérêt, il en sera remboursé sur les bénéfices nets de l'entreprise excédant les quatre pour cent garantis, dans quelque année qu'ils se produisent, et avant tout prélèvement de dividendes au profit de la compagnie.

Si, à l'expiration de la concession, l'État est créancier de la compagnie, le montant de sa créance sera compensé jusqu'à due concurrence avec la somme due à la compagnie pour la reprise du matériel, s'il y a lieu, aux termes de l'article 60.

ART. 6. A toute époque après l'expiration des deux premières années, à dater du délai fixé pour l'achèvement des travaux, si, pendant cinq années consécutives, l'État était forcé de faire un complément pour payer les intérêts qu'il a garantis, le Ministre aura le droit de prendre en main l'administration et la direction du chemin de fer pour le compte de la compagnie.

Dès que le chemin de fer, administré par l'État, arrivera à donner plus de quatre pour cent pendant trois années consécutives, la compagnie rentrera en possession de ses droits.

ART. 7. Après l'ouverture de la ligne entière de Paris à Cherbourg, si le produit net de l'exploitation excède huit pour cent du capital dépensé par la compagnie, moitié de l'excédent sera attribuée à l'État. Les sommes empruntées par la compagnie en vertu des dispositions des articles 4 et 8, et dont l'amortissement et les intérêts seront garantis par l'État, ne figureront, dans le capital dépensé par la compagnie, que jusqu'après leur amortissement.

ART. 8. Pour l'exécution de la deuxième section, le Ministre des travaux publics, au nom de l'État, s'engage à livrer à la compagnie les terrains, ouvrages d'art, stations, ateliers et maisons de gardes, ou, si le Gouvernement le préfère, à payer à la compagnie, à titre de subvention, la somme nécessaire pour couvrir les dépenses ci-dessus énumérées, que la loi du 11 juin 1842 met à la charge de l'État. La subvention, s'il y a lieu, sera réglée d'avance, de gré à gré et à forfait, d'après les projets et devis qui seront dressés par des ingénieurs de l'État, et approuvés par l'administration supérieure, la compagnie entendue.

La compagnie sera, dans tous les cas, chargée de la voie de fer, y compris la fourniture du sable, les clôtures, et de l'établissement du matériel mobilier et immobilier, dépenses que la loi du 11 juin 1842 met à la charge des compagnies. Elle pourra emprunter, sous la garantie de l'État, les deux cinquièmes (2/5) du capital nécessaire pour ces travaux, et elle jouira de la garantie d'intérêt pour les trois cinquièmes (3/5) restants; le tout dans les conditions ordinaires stipulées aux articles 5 et 6 ci-dessus.

Un décret du Président de la République fixera le montant, le mode et les conditions du payement de la subvention, ainsi que les sommes sur lesquelles porteront la garantie d'emprunt et la garantie d'intérêt.

ART. 9. Dans le cas où les terrassements et travaux d'art de la deuxième section seraient exécutés par l'État, la compagnie sera tenue d'en prendre livraison à mesure qu'ils seront achevés entre deux stations principales; stations dont le Ministre déterminera le nombre et l'emplacement par sections contiguës, et sur la notification qui lui sera faite de leur achèvement. Il sera dressé procès-verbal de cette livraison, et la compagnie devra commencer immédiatement les travaux à sa charge.

Un an après la date du procès-verbal, il sera procédé à une reconnaissance définitive des travaux qui auront été délivrés en vertu du paragraphe précédent, et cette reconnaissance sera constatée par un nouveau procès-verbal contradictoire, qui aura pour effet d'affranchir l'État de toute garantie pour les terrassements.

La garantie pour les ouvrages d'art et les maisons de gardes ne cessera qu'un an après le procès-verbal de reconnaissance définitive.

En aucun cas, la responsabilité de l'État, telle qu'elle est réglée par le présent article, et pour les diverses natures d'ouvrages, ne pourra s'étendre au delà de la garantie matérielle des travaux.

ART. 10. A dater de l'entrée en possession, définie au paragraphe premier de l'article précédent, la compagnie restera seule chargée de l'entretien des parties du chemin dont elle aura pris livraison, sans préjudice de la garantie stipulée au même article.

ART. 11. Immédiatement après la prise de possession définitive, par la compagnie, de tout ou partie des travaux à la charge de l'État, il sera dressé contradictoirement, entre l'administration et ladite compagnie, un état des lieux.

Cet état comprendra :

1° La description de tous les terrains qui serviront d'emplacement au chemin de fer et à ses dépendances ;

2° L'état des travaux d'art et de terrassement, comprenant les ponts, ponceaux, aqueducs, maisons de gardes, et tous autres ouvrages construits en vertu des projets approuvés par l'administration supérieure.

Au fur et à mesure de la livraison des bâtiments des stations et autres construits par l'État, il en sera dressé dans les mêmes formes un état descriptif, qui sera annexé à l'état des lieux ci-dessus mentionné.

B.

Cahier des charges pour la concession du chemin de fer d'embranchement de Mézidon au Mans.

Art. 1er. Le chemin de fer d'embranchement de Mézidon au Mans se détachera de la ligne de Paris à Cherbourg à Mézidon ; il passera par ou près Saint-Pierre-sur-Dives, Argentan, Séez et Alençon, et se rattachera au chemin de fer de Paris à Rennes, au point qui sera déterminé par l'administration supérieure.

Art. 2. La compagnie s'engage à exécuter, à ses frais, risques et périls, tous les travaux du chemin de fer d'embranchement de Mézidon au Mans, à les commencer dans le courant de de l'année 1854, et à les terminer avant la fin de l'année 1858, de manière qu'à cette époque le chemin de fer soit praticable et exploité dans toutes ses parties.

Art. 3. Le Ministre des travaux publics, au nom de l'État, s'engage à payer à la compagnie, à titre de subvention, la somme de quatorze millions de francs (14,000,000f).

Cette somme sera versée en cinq payements égaux, de deux millions huit cent mille francs (2,800,000f) chacun, dont le premier aura lieu le 1er juillet 1855, et les quatre autres au 1er juillet de chacune des années suivantes.

La compagnie devra justifier, avant chaque payement, de l'emploi d'une somme double en achat de terrains ou en travaux et approvisionnements sur place.

Le dernier versement ne pourra être exigé avant l'ouverture de la ligne entière.

Art. 4. Le Ministre des travaux publics s'engage à garantir, au nom de l'État, à la compagnie, pendant cinquante ans, l'intérêt à quatre pour cent (4 p. o/o), et l'amortissement, calculé également à quatre pour cent (4 p. o/o), pour la même durée, d'une somme de dix millions de francs (10,000,000f), qu'elle est autorisée à emprunter pour l'exécution dudit chemin.

Les obligations de l'emprunt ne pourront être émises qu'au fur et à mesure de l'avancement des travaux, et à la charge par la compagnie de justifier de l'emploi en achats de terrains ou en travaux et approvisionnements sur place d'une somme triple de celle dont l'émission aura été autorisée.

Un règlement d'administration publique déterminera les formes suivant lesquelles la compagnie sera tenue de justifier vis-à-vis de l'État : 1° de l'exécution des conditions approuvées par le Gouvernement pour la réalisation de son emprunt et pour l'emploi des fonds qui en proviendront; 2° de ses frais annuels d'entretien et d'exploitation, et de ses recettes.

Ne seront pas comptés dans les frais annuels les intérêts et l'amortissement des autres emprunts que la compagnie pourrait être dans le cas de contracter pour l'achèvement des travaux.

Lorsque l'État aura, à titre de garant, payé tout ou partie d'une annuité d'intérêt et d'amortissement, il sera remboursé de ses avances, avec intérêt à quatre pour cent par an sur les bénéfices nets de l'entreprise excédant les quatre pour cent garantis, dans quelque année qu'ils se produisent et avant tout prélèvement d'intérêt ou de dividende quelconque au profit de la compagnie.

Si, à l'expiration de la concession, l'État est créancier de la compagnie, le montant de sa créance sera compensé, jusqu'à due concurrence, avec la somme due à la compagnie pour la reprise du matériel, s'il y a lieu, aux termes de l'article 55.

ART. 5. Le Ministre des travaux publics s'engage, en outre, à garantir, au nom de l'État, à la compagnie, pendant les cinquante premières années de la concession, de la manière qu'il jugera la plus propre à concilier les intérêts de l'État et ceux de la compagnie, un intérêt de quatre pour cent (4 p. o/o) sur le capital employé par elle à l'exécution des travaux de la ligne de Mézidon au Mans, en sus de la subvention et de l'emprunt garanti, mentionné aux articles 3 et 4 ci-dessus, sans toutefois que ce capital puisse, en aucun cas, excéder la somme de dix millions de francs (10,000,000^f).

En conséquence, l'intérêt garanti annuellement par l'État ne pourra excéder quatre cent mille francs (400,000^f). Cette garantie d'intérêt demeurera tout entière attachée aux actions et ne pourra, dans aucun cas, être employée à assurer un supplément d'intérêt aux obligations.

Pour l'exécution de la clause de garantie qui précède, le compte du capital de premier établissement à la charge de la compagnie sera arrêté et définitivement clos dix ans après le décret de concession.

Avant l'achèvement complet des travaux, la garantie de quatre pour cent ne sera due que pour les sommes dépensées à l'exécution des sections définitivement livrées à l'exploitation, et dont l'emploi aura été dûment justifié.

Un règlement d'administration publique déterminera les formes suivant lesquelles la compagnie sera tenue de justifier vis-à-vis de l'État, et sous le contrôle de l'Administration supérieure : 1° des frais de construction du chemin de fer ; 2° de ses frais annuels d'entretien et d'exploitation ; 3° de ses recettes.

Ne seront pas comptés dans les frais annuels les intérêts et l'amortissement des emprunts que la compagnie pourrait être dans le cas de contracter pour l'achèvement des travaux, en cas d'insuffisance du capital déterminé par l'administration.

Lorsque l'État aura, à titre de garant, payé tout ou partie d'une annuité d'intérêts, il sera remboursé de ses avances, avec intérêts à quatre pour cent par an, sur les bénéfices nets de l'entreprise excédant les quatre pour cent garantis, dans quelque année qu'ils se produisent, et avant tout prélèvement de dividende au profit de la compagnie.

Si, à l'expiration de la concession, l'État est créancier de la compagnie, le montant de sa créance sera compensé jusqu'à due concurrence avec la somme due à la compagnie pour la reprise du matériel, s'il y a lieu, aux termes de l'article 55.

ART. 6. A toute époque après l'expiration des deux premières années, à dater du délai fixé pour l'achèvement des travaux, si, pendant cinq années consécutives, l'État était forcé de faire un complément pour payer les intérêts qu'il a garantis, le le Ministre aura le droit de prendre en main l'administration et la direction du chemin de fer pour le compte de la compagnie.

Dès que le chemin de fer administré par l'État arrivera à donner plus de quatre pour cent pendant trois années consécutives, la compagnie rentrera en possession de ses droits.

ANNEXE AU CAHIER DES CHARGES DU CHEMIN DE FER
DE PARIS À CHERBOURG.

Convention passée entre le Ministre des travaux publics et les personnes ci-dessous dénommées, pour la concession du chemin de fer de Paris à Cherbourg, par Évreux et Caen.

L'an 1852, et le 19 du mois d'avril;

Entre le Ministre des travaux publics, agissant au nom de l'État, sauf ratification par la loi,

Et MM. *Joseph-François-Casimir de l'Espée*, demeurant à Paris, rue de Londres, n° 30;

Paul Bénoist d'Azy, demeurant à Paris, rue Saint-Dominique, n° 67;

Ernest-Rigobert Simons, demeurant à Paris, rue Saint-Honoré, n° 374;

le vicomte *Napoléon Duchâtel*, demeurant à Paris, rue de l'Université, n° 17;

Édouard-Charles Blount, demeurant à Paris, rue Basse-du-Rempart, n° 48 *bis;*

le comte *Armand-Guy-Charles de Kersaint*, demeurant à Paris, rue d'Aguesseau, n° 15;

John Easthope, demeurant à Londres, actuellement à Paris, rue du Faubourg-Saint-Honoré, n° 85;

Tous agissant tant en leur nom personnel qu'au nom de MM. *William Chaplin, John Moos, William Reed, Georges Lawrence* et *Joseph Locke*, de Londres,

Il a été dit et convenu ce qui suit :

ART. 1er. Le Ministre des travaux publics concède, au nom de l'État à

MM. *Joseph-François-Casimir de l'Espée*, de Paris;

Paul Benoist d'Azy, de Paris;

Ernest-Rigobert Simons, de Paris;

MM. le vicomte *Napoléon Duchâtel*, de Paris;

Édouard-Charles Blount, de Paris;

le comte *Armand-Guy-Charles de Kersaint*, de Paris;

John Easthope, de Londres;

William Chaplin, de Londres;

John Moos, de Londres;

William Reed, de Londres;

Georges Lawrence, de Londres;

Joseph Locke, de Londres;

Le chemin de fer de Paris à Cherbourg, par Évreux et Caen, aux clauses et conditions du cahier des charges arrêté aujourd'hui par le Ministre des travaux publics.

Art. 2. De leur côté, les susnommés s'engagent à se soumettre aux clauses et conditions dudit cahier des charges.

Art. 3. La présente convention ne sera valable qu'après avoir été homologuée par décret du Président de la République.

Fait à Paris, les jour, mois et an que dessus.

Le Ministre des travaux publics,

Signé N. Lefebvre-Duruflé.

Signé MM. *C. de l'Espée, E. Blount, John Easthope, E. Simons,* vicomte *N. Duchâtel,* comte de *Kersaint, P. Benoist d'Azy.*

ANNEXE AU CAHIER DES CHARGES DU CHEMIN DE FER

DE MÉZIDON AU MANS.

Convention passée entre le Ministre des travaux publics et les personnes ci-dessous dénommées, pour la concession du chemin de fer de Mézidon au Mans.

L'an 1852, et le 16 du mois de juin;

Entre le Ministre des travaux publics, agissant au nom de l'État, sauf ratification par la loi,

Et MM. *Jean-Charles Rivet*, président du conseil d'administration;

Joseph-François-Casimir de l'Espée;

MM. le vicomte *Napoléon-Joseph Duchâtel;*
  Ernest-Rigobert Simons;
  Jean-Guillaume Jubelin;
  Alexis Gervais;
  le duc *Paul de Noailles;*

Administrateurs de la compagnie du chemin de fer de l'Ouest, dont le domicile social est à Paris, dans ses bureaux, rue Caumartin, n° 52, et agissant en son nom, sauf ratification par l'assemblée générale des actionnaires,

Il a été dit et convenu ce qui suit :

ART. 1ᵉʳ. Le Ministre des travaux publics concède, au nom de l'État, à la compagnie anonyme concessionnaire du chemin de fer de l'Ouest, le chemin de fer d'embranchement de Mézidon au Mans, aux clauses et conditions du cahier de scharges arrêté aujourd'hui par le Ministre des travaux publics.

ART. 2. De leur côté, les susnommés s'engagent à se soumettre aux susdites clauses et conditions dudit cahier des charges.

ART. 3. La présente convention ne sera valable qu'après avoir été homologuée par décret du Président de la République.

Fait à Paris, les jour, mois et an que dessus.

Le Ministre des travaux publics,
Signé N. LEFEBVRE-DURUFLÉ.

Signé MM. *J.-Charles Rivet, C. de l'Espée,* le vicomte *N. Duchâtel, E. Simons, Jubelin, Alexis Gervais,* le duc *de Noailles.*

Vu pour être annexé au projet de loi du chemin de fer de Paris à Cherbourg.

Les Secrétaires,
Signé ED. DALLOZ, Henry DUGAS, baron ESCHASSÉRIAUX, MACDONALD duc DE TARENTE.

Le Président du Corps législatif,
Signé BILLAULT.

Vu pour être annexé à la loi.

Le Sénateur secrétaire du Sénat,
Signé Baron T. DE LACROSSE.

DEUXIÈME ANNEXE AU CAHIER DES CHARGES DU CHEMIN DE FER
DE MÉZIDON AU MANS.

—

Convention supplémentaire passée entre le Ministre des travaux publics et les personnes ci-dessous dénommées, signataires de la convention du 9 avril 1852, relative au chemin de fer de Paris à Cherbourg.

L'an 1852, et le 23 juin;

Entre le Ministre des travaux publics, agissant au nom de l'État, sauf ratification par la loi,

Et MM. *Joseph-François-Casimir de l'Espée*, demeurant à Paris, rue de Londres, n° 30;

Paul Benoist d'Azy, demeurant à Paris, rue Saint-Dominique, n° 67;

Ernest-Rigobert Simons, demeurant à Paris, rue Saint-Honoré, n° 374;

le vicomte *Napoléon Duchâtel*, demeurant à Paris, rue de l'Université, n° 17;

Édouard-Charles Blount, demeurant à Paris, rue Basse-du-Rempart, n° 48 *bis;*

le comte *Armand-Guy-Charles de Kersaint*, demeurant à Paris, rue d'Aguesseau, n° 15;

Sir *John Easthope*, demeurant à Londres, actuellement à Paris, rue du Faubourg-Saint-Honoré, n° 85;

Tous agissant tant en leur nom personnel qu'aux noms de MM. *William Chaplin, John Moss, William Reed, Georges Lawrence* et *Joseph Locke*, de Londres,

Il a été dit et convenu ce qui suit :

ART. 1er. Si l'assemblée générale des actionnaires de la compagnie du chemin de fer de l'Ouest ne ratifiait pas dans le délai de trois mois, à partir de ce jour, la convention passée le 16 de ce mois avec les administrateurs de ladite compagnie, pour la

concession de l'embranchement de Mézidon au Mans, les susnommés s'engagent à prendre ladite concession aux clauses et
conditions du cahier des charges B, présenté au Corps législatif
dans sa séance du 18 du courant, et des amendements qui y
ont été introduits.

Ils s'obligent, en outre, dans ce cas, à verser à la Caisse des
dépôts et consignations, dans les huit jours de la mise en demeure qui leur en serait adressée par le Ministre des travaux
publics, une somme de un million de francs (1,000,000^f), à
titre de cautionnement, applicable audit embranchement.

ART. 2. Les susnommés déclarent accepter les modifications
apportées par le Conseil d'État au projet primitif du cahier des
charges relatif à la concession du chemin de fer de Paris à
Cherbourg, et consentir à ce que le cahier des charges coté A,
présenté au Corps législatif dans sa séance du 18 juin 1852,
avec les amendements qui y ont été introduits, règle les engagements qu'ils ont contractés par la convention du 19 avril précédent.

La présente convention ne sera valable qu'après avoir été
homologuée par décret du Président de la République.

Fait à Paris, les jour, mois et an que dessus.

Le Ministre des travaux publics,
Signé N. LEFEBVRE-DURUFLÉ.

Signé De l'Espée, vicomte Duchâtel, Simons, E. Blount.

Approuvé, en outre, au nom de MM. de Kersaint, Paul Benoist d'Azy et
sir John Easthope, pour lesquels nous nous portons forts :
Signé le vicomte Duchâtel, E. Simons, de l'Espée.

CONVENTION SUPPLÉMENTAIRE.

Les administrateurs de la compagnie de l'Ouest soussignés,
agissant au nom de ladite compagnie, sauf ratification par l'assemblée générale des actionnaires, déclarent accepter les modifications apportées par le Conseil d'État au projet primitif du

cahier des charges relatif à la concession du chemin de fer de Paris à Cherbourg, et consentir à ce que le cahier des charges coté B, présenté au Corps législatif dans sa séance du 18 juin 1852, avec les amendements qui y ont été introduits, règle les engagements qu'ils ont contractés par la convention du 16 courant.

Cette convention et la précédente seront nulles et la compagnie sera déclarée déchue de la concession du chemin de fer de Mézidon au Mans, si elles ne sont pas ratifiées par l'assemblée générale, dans un délai de trois mois.

Fait à Paris, le 23 juin 1852.

Signé *Ch. Rivet*, le duc *de Noailles*, *Ed. Blount*, *Jubelin*, *E. Simons*, *Alexis Gervais*, le vicomte *Duchâtel*, *C. de l'Espée*.

Vu pour être annexé au projet de loi relatif au chemin de fer de Paris à Cherbourg.

Le Président du Corps législatif,

Signé Billault.

Les Secrétais,

Signé Ed. Dalloz, Henry Dugas, baron Eschassériaux , Macdonald duc de Tarente.

Vu pour être annexé à la loi

Le Sénateur secrétaire du Sénat,

Signé Baron T. de Lacrosse.

DÉCRET DU 18 AOÛT 1852

qui déclare d'utilité publique l'exécution d'un chemin de fer formant prolongement du chemin de fer de ceinture et se dirigeant de la commune des Batignolles sur Passy et Auteuil.

LOUIS-NAPOLÉON, Président de la République française,

Sur le rapport du Ministre des travaux publics;

Vu la loi du 9 juillet 1835, qui a autorisé l'établissement du chemin de fer de Paris à Saint-Germain, et le cahier des charges y annexé;

Vu la demande formée par la compagnie du chemin de fer de Paris à Saint-Germain, ayant pour objet l'établissement d'un chemin de fer dirigé sur Neuilly et Auteuil, et faisant suite au chemin de fer de ceinture, concédé le 10 décembre 1851;

Vu les plans et profils et mémoires produits à l'appui de ce projet de chemin de fer;

Vu le dossier de l'enquête à laquelle a été soumis le projet d'établissement de cette partie du chemin de fer de ceinture;

Vu la convention provisoire conclue entre le Ministre des travaux publics et la compagnie du chemin de fer de Paris à Saint-Germain;

Vu l'article 3 de la loi du 3 mai 1841, l'ordonnance du 18 février 1834 et l'article 13 du décret du 30 janvier 1852;

Le Conseil d'État entendu,

Décrète :

Art. 1er. Est déclarée d'utilité publique l'exécution d'un chemin de fer formant prolongement de la partie du chemin de fer de ceinture actuellement en cours d'exécution, se détachant du chemin de fer de Saint-Germain dans la commune des Batignolles, et se dirigeant sur Passy et Auteuil.

Art. 2. La convention provisoire passée, le 9 août 1852, entre le Ministre des travaux publics et la compagnie du chemin de fer de Paris à Saint-Germain, est approuvée.

Art. 3. La compagnie de Saint-Germain est investie de tous les droits que les lois et règlements confèrent à l'administration elle-même pour les travaux de l'État.

Art. 4. Toutes les clauses et conditions stipulées, soit à la charge de la compagnie du chemin de fer de Paris à Saint-Germain, soit à la charge de l'État, recevront leur pleine et entière exécution, et la durée de la concession de l'embranchement à construire sera la même que celle de la ligne principale.

Ladite convention restera annexée au présent décret.

Art. 5. Le Ministre des travaux publics est chargé de l'exécution du présent décret, qui sera inséré au *Bulletin des lois*.

Fait au palais des Tuileries, le 18 août 1852.

Signé LOUIS-NAPOLÉON.

Par le Président de la République :

Le Ministre des travaux publics,

Signé P. MAGNE.

Convention entre le Ministre des travaux publics et la compagnie du chemin de fer de Paris à Saint-Germain, pour la concession d'un chemin de fer de ceinture, et desservant les communes de Neuilly, Passy et Auteuil.

Entre les soussignés :

Le Ministre des travaux publics, agissant au nom de l'État, sous réserve de l'approbation des présentes par décret du Président de la République,

D'une part;

Et la société anonyme établie à Paris sous le nom de *Compagnie du chemin de fer de Paris à Saint-Germain,* ladite compagnie représentée par :

M. *Adolphe d'Eichthal,* président du conseil d'administration, demeurant à Paris, rue Basse-du-Rempart, n° 30;

Et M. *Émile Pereire,* directeur, demeurant à Paris, rue d'Amsterdam, n° 5;

Les susnommés élisant domicile au siège de ladite société, à Paris, à l'embarcadère dudit chemin, et agissant en vertu de l'approbation donnée, le 27 mars dernier, par l'assemblée générale des actionnaires,

D'autre part,

Il a été dit et convenu ce qui suit :

Art. 1er. La compagnie du chemin de fer de Paris à Saint-

Germain s'engage à construire, à ses frais, risques et périls, un chemin de fer formant prolongement de la partie du chemin de fer de ceinture en ce moment en cours d'exécution, et qui, se détachant de la ligne principale du chemin de Saint-Germain, dans la commune des Batignolles, au-delà du pont de la rue d'Orléans, se dirigera sur les communes de Neuilly, de Passy et d'Auteuil.

Le chemin devra passer souterrainement sous les routes dont les noms suivent : la route de Paris à Asnières, l'ancienne route de Neuilly, la grande avenue de la barrière de l'Étoile au pont de Neuilly, la route Dauphine et la route de la barrière de l'Étoile à la Muette, et il aboutira par la petite Muette à Auteuil, en un point qui sera ultérieurement déterminé par l'administration supérieure, sur la proposition de la compagnie.

La compagnie s'engage à construire :

1° A la rencontre de la grande avenue de Neuilly, un souterrain de cent quarante mètres (140^m) de longueur;

2° A la rencontre de la route Dauphine, un souterrain de quarante-quatre mètres (44^m);

3° A la rencontre de l'avenue de Saint-Cloud, un souterrain de cinquante-six mètres (56^m);

4° A la rencontre de l'avenue du Ranelagh, à Passy, un souterrain de cent trente-cinq mètres (135^m).

Il sera établi, aux deux extrémités de chacun de ces souterrains, des bâtiments de stations, des murs ou toutes autres constructions que l'administration jugera devoir prescrire, pour isoler la circulation du chemin de fer de celle de ces quatre avenues; des dispositions analogues pourront être prescrites, partout où l'administration le jugera nécessaire, pour isoler la circulation du chemin de fer des autres voies publiques.

Art. 2. Les clauses et conditions du cahier des charges annexé à la loi du 9 juillet 1835, relatives au chemin de fer de Paris à Saint-Germain, sont déclarées applicables au chemin qui fait l'objet des présentes.

L'administration se réserve de déterminer, d'une manière définitive, après enquête, le tracé à suivre; elle fixera également le maximum des pentes et rampes et le minimum des courbes.

ART. 3. Les travaux devront être entrepris dans le délai de trois mois et terminés dans un délai de trois années, de manière qu'à l'expiration de ce dernier délai ledit chemin soit praticable et exploité dans toute son étendue.

ART. 4. Le transport des dépêches sera complètement gratuit.

Les militaires ou marins voyageant en corps ou isolément, ainsi que le matériel naval ou militaire, seront transportés au quart de la taxe du tarif légal.

ART. 5. Pour garantie de l'exécution des présentes, la compagnie s'engage à verser à la Caisse des dépôts et consignations un cautionnement de quarante mille francs (40,000^f), soit en numéraire, soit en rentes sur l'État, calculées conformément à l'ordonnance du 19 juin 1825, en bons du Trésor ou autres effets publics, avec transfert, au profit de la Caisse des dépôts et consignations, de celles de ces valeurs qui seraient nominatives ou à ordre.

ART. 6. Lesdites conventions et les actes qui s'y rapportent ne seront passibles que du droit fixe de un franc.

Fait à Paris, le 9 août 1852.

Le Ministre des travaux publics,

Signé P. MAGNE.

Signé *Émile Péreire,* signé *A. d'Eichthal.*

LOI DU 2 MAI 1855

*qui approuve plusieurs articles du cahier des charges relatif à la fusion
des chemins de fer normands et bretons.*

NAPOLÉON, par la grâce de Dieu et la volonté nationale,
EMPEREUR DES FRANÇAIS, à tous présents et à venir, SALUT.

AVONS SANCTIONNÉ et SANCTIONNONS, PROMULGUÉ et PROMULGUONS
ce qui suit :

LOI.

Extrait du procès-verbal du Corps législatif.

LE CORPS LÉGISLATIF A ADOPTÉ LE PROJET DE LOI dont la teneur
suit :

ARTICLE UNIQUE. Sont approuvés les articles 4, 6, 7, 8 et
14 du cahier des charges ci-annexé, relatifs aux engagements
à la charge du Trésor, pour l'exécution de l'embranchement
de Serquigny à Rouen, de l'embranchement sur la ligne de
Mézidon au Mans, des chemins de fer d'Argentan à Granville,
de Rennes à Brest, de Rennes à Redon, et de l'embranchement
sur Saint-Malo.

Délibéré en séance publique, à Paris, le 10 avril 1855.

Le Président,

Signé A. DE MORNY.

Les Secrétaires,

Signé JOACHIM MURAT, marquis DE CHAUMONT-QUITRY,
ED. DALLOZ, duc DE TARENTE.

Extrait du procès-verbal du Sénat.

Le Sénat ne s'oppose pas à la promulgation de la loi approu-

vant les articles 4, 6, 7, 8 et 14 du cahier des charges relatif à la fusion des chemins de fer normands et bretons.

Délibéré en séance, au palais du Sénat, le 24 avril 1855.

Le *Président,*

Signé TROPLONG.

Les Secrétaires,

Signé F. DE BEAUMONT, CÉCILLE, baron T. DE LACROSSE.

Vu et scellé du sceau du Sénat :

Signé Baron T. DE LACROSSE.

MANDONS et ORDONNONS que les présentes, revêtues du sceau de l'État et insérées au *Bulletin des lois,* soient adressées aux cours, aux tribunaux et aux autorités administratives, pour qu'ils les inscrivent sur leurs registres, les observent et les fassent observer, et notre Ministre secrétaire d'État au département de la justice est chargé d'en surveiller la publication.

Fait au palais des Tuileries, le 2 mai 1855.

Signé NAPOLÉON.

Vu et scellé du grand sceau :

Le Garde des sceaux, Ministre secrétaire d'État au département de la justice,

Signé ABBATUCCI.

Par l'Empereur :

Le Ministre d'État,

Signé ACHILLE FOULD.

Convention relative à la fusion des chemins de fer normands et bretons

L'an 1855, et les 2 février, 3 et 6 avril,

Entre le Ministre de l'agriculture, du commerce et des travaux publics, agissant au nom de l'État, sous la réserve de l'approbation des présentes par décret de l'Empereur, et par la loi, en ce qui concerne les clauses financières,

D'une part;

Et, 1° la société établie à Paris sous la dénomination de *Compagnie du chemin de fer de Paris à Saint-Germain*, ladite compagnie représentée par M. *Émile Pereire*, son directeur, élisant domicile au siège de ladite société, à l'embarcadère dudit chemin et agissant en vertu des pouvoirs qui lui ont été conférés par l'assemblée générale des actionnaires, en date du 1ᵉʳ mars 1855,

D'autre part;

2° La société établie à Paris sous la dénomination de *Compagnie du chemin de fer de Paris à Rouen*, ladite compagnie représentée par M. *de l'Espée*, président de son conseil d'administration, élisant domicile au siège de ladite société, à Paris, rue d'Amsterdam, n° 11, spécialement autorisé par délibération du conseil d'administration, en date du 25 janvier 1855, et agissant au nom de la compagnie de Paris à Rouen, en vertu des pouvoirs conférés par l'assemblée générale des actionnaires, en date du 3 mai 1853, et au nom de la compagnie des chemins de fer de Dieppe et de Fécamp, en vertu des pouvoirs conférés par un acte en date du 30 janvier 1855,

Encore d'autre part;

3° La société établie à Paris sous la dénomination de *Compagnie du chemin de fer de Rouen au Havre*, ladite compagnie représentée par M. *Charles Laffitte*, président de son conseil d'administration, élisant domicile au siège de la société, à Paris, rue d'Amsterdam, n° 11, spécialement autorisé par délibération du conseil d'administration, en date du 25 janvier 1855, et agissant, en outre, en vertu des pouvoirs conférés par l'assemblée générale de ses actionnaires, en date du 31 mars 1853,

Encore d'autre part;

4° La société établie à Paris sous la dénomination de *Compagnie du chemin de fer de Paris à Caen et à Cherbourg*, ladite compagnie représentée par M. le comte *de Chasseloup-Laubat*, président de son conseil d'administration, élisant domicile au siège de ladite société, à Paris, rue d'Amsterdam, n° 11, spécialement autorisé par délibération du conseil d'administration, en date du 25 janvier 1855, et agissant, en outre, en vertu des

7.

pouvoirs conférés par l'assemblée générale de ses actionnaires, en date du 4 mai 1853,

Encore d'autre part ;

5° La société établie à Paris sous la dénomination de *Compagnie du chemin de fer de l'Ouest*, ladite compagnie représentée par M. *Charles Rivet*, président de son conseil d'administration, élisant domicile au siège de ladite société, à Paris, rue Saint-Lazare, n° 124, spécialement autorisé par délibération du conseil d'administration, en date du 25 janvier 1855, et agissant, en outre, en vertu des pouvoirs qui lui ont été conférés par l'assemblée générale de ses actionnaires, en date du 5 mars 1855,

Encore d'autre part ;

Il a été dit et convenu ce qui suit :

ART. 1er. Les conventions passées entre les compagnies ci-dessus dénommées à la date du 30 janvier 1855, et ayant pour objet la réunion en une seule concession des chemins de Paris à Saint-Germain avec ses embranchements, de Paris à Rouen, de Rouen au Havre, de Dieppe et de Fécamp, de Paris à Caen et à Cherbourg, et de l'Ouest, sont approuvées.

En conséquence, les six chemins mentionnés au paragraphe qui précède sont réunis en une seule concession, dont la durée, fixée à quatre-vingt-dix-neuf ans, commencera à courir à partir du 1er janvier 1858.

Une copie certifiée des conventions ci-dessus relatées restera annexée aux présentes.

ART. 2. Il est fait concession à la compagnie ainsi constituée,

1° De l'embranchement de Serquigny à Rouen ;

2° D'un embranchement de Lisieux à Honfleur ;

3° D'un embranchement dirigé d'un point soit de la ligne de Paris à Caen, soit de la ligne de l'Ouest, sur la ligne de Mézidon au Mans ;

4° D'un chemin de fer d'Argentan à Granville ;

5° Du prolongement de Rennes à Brest ;

6° Du prolongement de Rennes à Redon ;

7° De l'embranchement de Rennes à Saint-Malo ;

8° D'un chemin de fer du Mans à Angers.

Le tout aux clauses et conditions du cahier des charges ci-annexé.

Art. 3. De son côté, la compagnie s'engage à se soumettre aux clauses et conditions dudit cahier des charges.

Fait à Paris, les jour, mois et an que dessus.

Cahier des charges supplémentaire, relatif à la fusion des chemins de fer normands et bretons.

Art. 1ᵉʳ. La compagnie s'engage à exécuter, à ses frais, risques et périls, les travaux des chemins de fer ci-après :

1° Un embranchement de Serquigny à Rouen ;

2° Un embranchement de Lisieux à Honfleur ;

3° Un embranchement sur la ligne de Mézidon au Mans, à partir d'un point, soit de la ligne de Paris à Caen, soit de la ligne de l'Ouest ;

4° Un chemin de fer d'Argentan à Granville ;

5° Le prolongement de Rennes à Brest ;

6° Le prolongement de Rennes à Redon ;

7° L'embranchement de Rennes à Saint-Malo ;

8° Un embranchement du Mans à Angers.

Art. 2. Les chemins mentionnés en l'article ci-dessus devront être terminés et exploités à l'expiration des délais ci-après :

Cinq ans pour l'embranchement de Lisieux à Honfleur ; toutefois la section de Lisieux à Pont-l'Évêque devra être exécutée au 1ᵉʳ juillet 1857 ;

Six ans pour l'embranchement dirigé sur la ligne de Mézidon

au Mans, pour le prolongement de Rennes à Brest et pour l'embranchement de Serquigny sur Rouen ;

Huit ans pour l'embranchement de Rennes à Saint-Malo;

Neuf ans pour le surplus des lignes comprises dans la présente concession.

Ces délais courront à dater de la loi qui ratifiera les engagements du Trésor stipulés par la présente convention, sauf toutefois pour l'embranchement sur la ligne de Mézidon au Mans et pour le chemin de fer d'Argentan à Granville, dont les délais d'exécution ne commenceront à courir qu'ainsi qu'il est réglé par l'article 5 ci-après.

Toutefois, le chemin de fer du Mans à Angers ne pourra être exploité dans aucune de ses parties qu'à l'expiration du délai fixé par l'article 7 de la convention du 17 août 1853, relative à la concession du chemin de fer de Tours au Mans.

Art. 3. 1° L'embranchement de Lisieux à Honfleur se détachera de la ligne de Paris à Cherbourg, soit à Lisieux, soit près de cette ville, et se portera sur Honfleur suivant le tracé qui sera déterminé par l'administration.

2° L'embranchement de Serquigny à Rouen se détachera de la ligne de Paris à Caen et se raccordera au chemin de fer de Paris à Rouen suivant la direction qui sera déterminée par un décret rendu en Conseil d'État.

3° L'embranchement dirigé d'un point, soit de la ligne de l'Ouest, soit de la ligne de Paris à Caen, sur le chemin de fer de Mézidon au Mans, se portera sur ce dernier chemin en passant par ou près Laigle.

Un décret rendu en Conseil d'État déterminera, sur la proposition de la compagnie, celle des deux lignes de l'Ouest ou de Paris à Caen qui devra servir de point de départ audit embranchement, le point de départ précis sur l'une ou sur l'autre de ces lignes, ainsi que le point de raccordement sur la ligne de Mézidon au Mans.

4° Le chemin de fer d'Argentan à Granville sera dirigé sur cette dernière ville en passant par ou près Vire.

5° Le prolongement sur Brest partira de la gare de Rennes et se portera sur Brest par le littoral du nord de la Bretagne, en passant par ou près Gaël, Collinée, Moncontour, au sud de Saint-Brieuc et de Morlaix, par ou près Landivisiau et Landerneau.

6° Le prolongement sur Redon se détachera de la ligne précédente et aboutira à la ville et au port de Redon, aux points qui seront déterminés par l'administration.

7° L'embranchement de Rennes à Saint-Malo se portera sur cette dernière ville en passant par ou près Dol.

8° La ligne du Mans à Angers se séparera du chemin de fer de l'Ouest à ou près le Mans, et viendra se raccorder avec la ligne de Tours à Nantes en un point qui sera déterminé par l'administration.

ART. 4. Les subventions s'élevant à trois millions de francs offertes par les localités intéressées pour l'embranchement de Serquigny sur Rouen, et acceptées au nom de l'État par la loi du 8 juillet 1852, seront versées entre les mains de la compagnie.

ART. 5. L'exécution de l'embranchement sur la ligne de Mézidon au Mans et du chemin de fer d'Argentan à Granville sera obligatoire pour la compagnie dans le cas où les localités intéressées auraient régulièrement voté des subventions s'élevant à deux millions de francs pour l'embranchement sur la ligne de Mézidon au Mans, et à quatre millions de francs pour le chemin de fer d'Argentan à Granville.

Les délais d'exécution indiqués à l'article 2 ci-dessus pour les lignes mentionnées dans le paragraphe qui précède ne commenceront à courir qu'à partir de l'époque où les offres de subventions des localités auront été régulièrement homologuées.

Si, dans un délai de dix ans à partir de la promulgation du décret de concession, les sommes mentionnées au paragraphe 1er n'avaient pas été assurées à la compagnie, et si, par suite, l'exécution soit de l'embranchement partant de la ligne de Mézidon au Mans, soit du chemin d'Argentan à Granville, ne devenait pas obligatoire pour la compagnie, la concession desdits chemins serait considérée comme non avenue, et le Gouvernement resterait libre de concéder ces chemins à une autre compagnie.

ART. 6. Le Ministre de l'agriculture, du commerce et des travaux publics s'engage, au nom de l'État, à payer à la compagnie, comme complément de subvention, pour la construction de l'embranchement deS erquigny à Rouen, de l'embranchement sur la ligne de Mézidon au Mans et du chemin de fer d'Argentan à Granville, une somme de deux millions de francs et, à titre de subvention, pour les prolongements de Rennes à Brest et de Rennes à Redon, et pour l'embranchement sur Saint-Malo, une somme de vingt-huit millions de francs.

Ces deux sommes, s'élevant ensemble à trente millions de francs (30,000,000^f), seront compensées jusqu'à due concurrence,

1° Avec la somme due à l'État par la compagnie du Havre aux termes de la loi du 11 juin 1842;

2° Avec la somme due à l'État par la compagnie de Versailles (rive gauche), aux termes des lois du 1er août 1839 et des 24 avril, 3 et 13 mai 1851, et d'un procès-verbal en date du 16 décembre 1854, dressé par une commission spéciale de liquidation, dont les conclusions sont adoptées par l'État et par la compagnie.

Pour déterminer le montant de cette compensation, les sommes dues par les compagnies du Havre et de Versailles seront capitalisées à cinq pour cent, valeur au 1er avril 1855.

La somme qui restera due à la compagnie sur le montant de la subvention susénoncée lui sera payée sans intérêt en douze termes égaux, dont le premier sera exigible le 1er janvier 1857, le second le 1er janvier 1858, et ainsi de suite d'année en année, à la charge par la compagnie de justifier de l'emploi, pour la construction des chemins mentionnés au présent article, d'une somme au moins triple du montant de chaque terme.

ART. 7. Le Ministre de l'agriculture, du commerce et des travaux publics s'engage, au nom de l'État, à garantir à la compagnie, pendant cinquante ans, à dater de l'époque fixée pour l'achèvement total des travaux, l'intérêt à quatre pour cent (4 p. o/o) :

1° Sur une somme de deux cent trois millions trois cent soixante-dix mille francs (203,370,000ᶠ), montant des obligations créées, soit avant la réunion des compagnies, soit en vertu du traité passé entre elles le 30 janvier 1855, ainsi que des obligations que les compagnies des chemins de fer de l'Ouest et de Paris à Caen et à Cherbourg ont été autorisées à créer par les lois des 24 avril, 3 et 13 mai 1852 et 8 juillet 1852, sans que l'annuité garantie pour cette somme de deux cent trois millions trois cent soixante-dix mille francs puisse, dans aucun cas, excéder huit millions cent trente-quatre mille huit cents francs (8,134,800ᶠ);

2° Sur le capital employé par la compagnie à l'exécution des lignes mentionnées en l'article 1ᵉʳ ci-dessus, et ce jusqu'à concurrence de cent cinquante-six millions de francs (156,000,000ᶠ), sans que l'annuité garantie pour cette somme puisse, en aucun cas, excéder six millions deux cent quarante mille francs (6,240,000ᶠ).

ART. 8. Le Ministre de l'agriculture, du commerce et des travaux publics s'engage, en outre, au nom de l'État, à garantir à la compagnie, pendant cinquante ans, à dater de l'époque fixée pour l'achèvement total des travaux, l'intérêt à trois et demi pour cent (3 1/2 p. 100) sur le capital de cent cinquante millions (150,000,000ᶠ) représenté par les trois cent mille actions créées en exécution du traité passé le 30 janvier 1855.

En conséquence, l'intérêt garanti par l'État pour les trois cent mille actions ne pourra excéder cinq millions deux cent cinquante mille francs (5,250,000ᶠ).

Les conditions stipulées aux paragraphes 3, 4, 5, 6, 7 et 8 de l'article 5 et de l'article 6 du cahier des charges annexé à la loi du 8 juillet 1852, en ce qui concerne la compagnie du chemin de fer de Paris à Caen et à Cherbourg, sont applicables à la garantie accordée par le présent article et par l'article 7 ci-dessus.

ART. 9. La dépense des travaux à la charge de l'État sur la section de Caen à Cherbourg avec embranchement sur Saint-Lô est évaluée, à forfait et d'un commun accord, à la somme de dix-huit millions de francs (18,000,000^f). Moyennant cette somme, la compagnie s'engage à construire et à mettre en état d'exploitation la section dont il s'agit dans un délai de trois ans (3 ans), à partir du 8 juillet prochain.

De ces dix-huit millions de francs sera déduit le montant des travaux qui auront été exécutés par l'État, lorsque la présente convention sera devenue définitive.

Le surplus sera divisé en douze termes égaux, dont les titres seront livrés à la compagnie au fur et à mesure de l'avancement des travaux exécutés par elle.

Le montant de ces travaux sera réglé de six mois en six mois.

Ces titres porteront intérêt du jour de leur remise, à raison de cinq pour cent (5 p. o/o).

Le premier sera acquitté le 1er janvier 1857, le second le 1er janvier 1858, et ainsi de suite d'année en année. Chaque titre sera payé à son échéance avec l'intérêt simple qu'il aura produit, mais sous la réserve pour l'État de se libérer par anticipation en ne payant l'intérêt que jusqu'au moment de sa libération.

ART. 10. La somme avancée à l'État par la compagnie de l'Ouest pour l'achèvement des travaux de la section de la Loupe au Mans, conformément au paragraphe 1er de l'article 48 du cahier des charges de ce chemin, continuera à être remboursée suivant les conditions déterminées aux deux derniers paragraphes du même article.

ART. 11. Les sommes de un million et de deux millions de francs déposées, à titre de cautionnement, pour l'embranchement de Mézidon au Mans et pour le chemin de fer de Paris à Caen et à Cherbourg, seront immédiatement rendues.

ART. 12. La compagnie est autorisée à se procurer, au moyen de l'émission, soit d'actions, soit d'obligations, à son choix le capital nécessaire à l'exécution des lignes et embranchements concédés par la convention des 2 février et 6 avril 1855.

L'émission des obligations ne pourra être faite qu'en vertu d'une autorisation du Ministre de l'agriculture, du commerce et des travaux publics. Ce Ministre déterminera les époques d'émission, réglera le mode, la forme et le taux de négociation, et fixera les époques et les quotités des versements successifs jusqu'à complète libération.

La compagnie aura la faculté de verser en compte courant au Trésor les sommes provenant des appels de fonds sur les actions et les obligations ; les intérêts de ce compte courant seront réglés tous les six mois au taux de quatre pour cent par an.

Les fonds versés au Trésor seront toujours à la disposition de la compagnie pour l'exécution des travaux, mais ils ne pourront être retirés qu'avec l'autorisation du Ministre de l'agriculture, du commerce et des travaux publics.

Art. 13. La faculté de rachat ne pourra être exercée par le Gouvernement que sur l'ensemble des lignes réunies et seulement après le 1er janvier 1874. Le prix en sera réglé, pour l'ensemble desdites lignes, conformément aux dispositions de l'article 59 du cahier des charges du chemin de fer de Paris à Caen et à Cherbourg.

Art. 14. Le Ministre de l'agriculture, du commerce et des travaux publics renonce, au nom de l'État, au partage des bénéfices au delà de huit pour cent stipulé dans les cahiers des charges relatifs au chemin de fer de l'Ouest et de Paris à Caen et à Cherbourg.

Art. 15. Le cahier des charges annexé à la loi du 8 juillet 1852, concernant le chemin de fer de Paris à Caen et à Cherbourg, est déclaré applicable à l'ensemble des lignes réunies, sous la réserve des conditions et modifications établies dans les articles ci-après.

Toutefois, le tarif établi audit cahier des charges, ainsi que les clauses relatives aux conditions de transport, notamment en ce qui concerne les militaires, les détenus, etc. ne seront applicables aux lignes de Paris à Rouen et de Rouen au Havre et aux embranchements de Dieppe et de Fécamp, qu'à partir du 1ᵉʳ janvier 1858, de telle sorte que la compagnie conservera jusqu'à ladite époque, sur ces lignes, les avantages de toute nature résultant des cahiers des charges aujourd'hui existants.

La disposition du paragraphe précédent n'est pas applicable au service des dépêches ; à l'égard de ce service, l'administration des postes jouira immédiatement des avantages stipulés par l'article 23 du présent cahier des charges, sous la condition, par elle, de payer, à titre de forfait, à la compagnie, une somme annuelle de trois cent vingt-sept mille francs (327,000ᶠ), mais seulement du 1ᵉʳ janvier 1855 jusqu'au 1ᵉʳ janvier 1865.

Art. 16. Les terrains seront acquis et les travaux d'art seront exécutés immédiatement, pour deux voies, sur les chemins de fer mentionnés en l'article 1ᵉʳ ci-dessus ; les terrassements pourront être exécutés et les rails pourront être posés pour une voie seulement, sauf l'établissement d'un certain nombre de gares d'évitement, dont l'étendue ne pourra pas être inférieure au quart de la longueur totale.

La compagnie sera tenue d'ailleurs d'établir la deuxième voie, dès que l'insuffisance d'une seule voie, par suite de l'accroissement de la circulation, sera constatée par l'administration.

L'excédent de largeur acquis par la compagnie ne pourra être employé qu'à l'établissement de la deuxième voie.

Art. 17. La distance entre Sillé-le-Guillaume et Fresnay, par le Mans, sera comptée, pour la perception des tarifs, soit de voyageurs, soit de marchandises parcourant la distance entière entre ces deux points, pour moitié de la distance réelle ; en conséquence, les prix de transport appliqués à ce parcours ne seront que de moitié des tarifs homologués.

Toutefois, la compagnie pourra s'exonérer de la réduction applicable à ce parcours spécial, en exécutant à ses frais, sur des plans approuvés par l'administration et après l'accomplissement des formalités exigées par la loi, un embranchement de Sillé-le-Guillaume à Fresnay.

Art. 18. La compagnie pourra être autorisée, et au besoin requise par le Ministre de l'agriculture, du commerce et des travaux publics, agissant de concert avec le Ministre de l'intérieur, d'établir à ses frais les fils et appareils télégraphiques destinés à transmettre les signaux nécessaires pour la sûreté et la régularité de son exploitation.

Elle pourra, avec l'autorisation du Ministre de l'intérieur, se servir des poteaux de la ligne télégraphique de l'État, lorsqu'une semblable ligne existera le long de la voie.

Un règlement d'administration publique déterminera les conditions d'établissement et d'emploi de ces appareils télégraphiques, ainsi que l'organisation, aux frais de la compagnie, du contrôle de ce service par les agents de l'État.

Art. 19. Les formes et les dimensions des wagons ou voitures cellulaires employés au transport des prévenus, accusés ou condamnés, seront déterminées de concert par le Ministre de l'intérieur et par le Ministre de l'agriculture, du commerce et des travaux publics, la compagnie entendue.

Les wagons et les voitures employés au service dont il s'agit seront construits aux frais de l'État ou des départements.

Dans le cas où l'administration voudrait, pour le transport des prisonniers, faire usage des wagons ordinaires de la compagnie, cette dernière serait tenue de mettre à sa disposition un ou plusieurs compartiments de voitures de deuxième classe à deux banquettes. Le prix de location en serait fixé à raison de vingt centimes par compartiment et par kilomètre.

Art. 20. Les prix de transport déterminés au tarif ne sont point applicables :

1° Aux denrées et objets qui ne sont point nommément énoncés au tarif, et qui, sous le volume d'un mètre cube, ne pèsent pas deux cents kilogrammes ;

2° A l'or et à l'argent, soit en lingots, soit monnayés ou travaillés, au plaqué d'or ou d'argent, au mercure et au platine, ainsi qu'aux bijoux, pierres précieuses et autres valeurs ;

3° Et en général à tous paquets, colis ou excédents de bagages, pesant isolément moins de cinquante kilogrammes.

Toutefois, les prix de transport déterminés au tarif sont applicables à ces paquets, colis ou excédents de bagage, quoique emballés à part, s'ils font partie d'envois pesant ensemble au delà de cinquante kilogrammes d'objets expédiés par une même personne à une même personne et d'une même nature, tels que sucre, café, etc.

Le bénéfice de la disposition énoncée dans le paragraphe précédent ne peut être invoqué par les entrepreneurs de messageries et de roulage, et autres intermédiaires de transport, à moins que les articles de transport par eux envoyés ne soient réunis en un seul colis.

Dans les trois cas ci-dessus, les tarifs seront arrêtés annuellement par l'administration, sur la proposition de la compagnie.

Néanmoins, au-dessus de cinquante kilogrammes, et quelle que soit la distance parcourue, le prix de transport d'un colis ne pourra être taxé à moins de quarante centimes.

Art. 21. Le tarif des objets divers est fixé de la manière suivante :

PAR PIÈCE ET PAR KILOMÈTRE.	PÉAGE.	TRANSPORT.	TOTAL.
Wagon, chariot vide pouvant porter de trois à six tonnes...................	0^f 09^c	0^f 06^c	0^f 15^c
Au-dessus de six tonnes..............	0 12	0 08	0 20
Ne traînant pas de convoi. Locomotive pesant de douze à dix-huit tonnes..........	1 80	1 20	3 00
Ne traînant pas de convoi. Locomotive au-dessus de dix-huit tonnes............	2 25	1 50	3 75
Ne traînant pas de convoi. Tender de sept à dix tonnes....	0 90	0 60	1 50
Ne traînant pas de convoi. Tender au-dessus de dix tonnes.	1 35	0 90	2 25

Les machines locomotives seront considérées et taxées comme ne remorquant pas de convoi, lorsque le convoi remorqué, soit en voyageurs, soit en marchandises, ne comportera pas un péage au moins égal à celui qui serait perçu sur la machine locomotive avec son allège marchant sans rien traîner.

Le prix à payer pour un wagon chargé ne pourra jamais être inférieur à celui à payer pour un wagon marchant à vide.

Art. 22. Les droits de péage et les prix de transport déterminés au tarif ne sont point applicables à toute masse indivisible pesant plus de trois mille kilogrammes.

Néanmoins la compagnie ne pourra se refuser à transporter les masses indivisibles pesant de trois mille à cinq mille kilogrammes; mais les droits de péage et les prix de transport seront augmentés de moitié.

La compagnie ne pourra être contrainte à transporter les masses indivisibles pesant plus de cinq mille kilogrammes.

Si, nonobstant la disposition qui précède, la compagnie transporte des masses indivisibles pesant plus de cinq mille kilogrammes, elle devra, pendant trois mois au moins, accorder les mêmes facilités à tous ceux qui en feraient la demande.

Art. 23. Le service des lettres et dépêches sera fait comme il suit :

1° A chacun des trains de voyageurs et de marchandises circulant aux heures ordinaires de l'exploitation, la compagnie sera tenue de réserver gratuitement deux compartiments spéciaux d'une voiture de deuxième classe ou un espace équivalent pour recevoir les lettres, les dépêches et les agents nécessaires au service des postes, le surplus de la voiture restant à la disposition de la compagnie.

2° Si le volume des dépêches ou la nature du service rend insuffisante la capacité de deux compartiments à deux banquettes, de sorte qu'il y ait lieu de substituer une voiture spéciale aux wagons ordinaires, le transport de cette voiture sera également gratuit. Lorsque la compagnie voudra changer les heures de départ de ses convois ordinaires, elle sera tenue d'en avertir l'administration des postes quinze jours à l'avance.

3° Un train spécial régulier, dit *train journalier de la poste*, sera mis gratuitement chaque jour, à l'aller et au retour, à la disposition du Ministre des finances pour le transport des dépêches sur toute la ligne.

4° L'étendue du parcours, les heures de départ et d'arrivée, soit de jour, soit de nuit, la marche et les stationnements de ce convoi seront réglés par le Ministre de l'agriculture, du commerce et des travaux publics et le Ministre des finances, la compagnie entendue.

5° Indépendamment de ce train, il pourra y avoir tous les jours, à l'aller et au retour, un ou plusieurs convois spéciaux dont la marche sera réglée comme il est dit ci-dessus. La rétribution payée à la compagnie pour chaque convoi ne pourra excéder soixante-quinze centimes par kilomètre parcouru pour la première voiture et vingt-cinq centimes pour chaque voiture en sus de la première.

6° La compagnie pourra placer dans les convois spéciaux de la poste des voitures de toute classe, pour le transport à son profit des voyageurs et des marchandises.

7° La compagnie ne pourra être tenue d'établir des convois spéciaux ou de changer les heures de départ, la marche et le stationnement de ses convois, qu'autant que l'Administration l'aura prévenue par écrit, quinze jours à l'avance.

8° Néanmoins, toutes les fois qu'en dehors des services réguliers, l'administration requerra l'expédition d'un convoi extraordinaire, soit de jour, soit de nuit, cette expédition devra être faite immédiatement, sauf l'observation des règlements de police. Le prix sera ultérieurement réglé de gré à gré ou à dire d'experts entre l'administration et la compagnie.

9° L'administration des postes fera construire à ses frais les voitures qu'il pourra être nécessaire d'affecter spécialement au transport et à la manutention des dépêches, tant sur les convois ordinaires que sur les convois spéciaux. Elle réglera la forme et les dimensions de ses voitures, sauf l'approbation par Ministre de l'agriculture, du commerce et des travaux publics des dispositions qui intéressent la régularité et la sécurité de la circulation.

Elles seront montées sur châssis et sur roues. Leur poids ne dépassera pas huit mille kilogrammes, chargement compris.

L'administration des postes fera entretenir à ses frais les voitures spéciales; toutefois, l'entretien des châssis et des roues sera à la charge de la compagnie.

10° La compagnie ne pourra réclamer aucune augmentation

des prix ci-dessus indiqués, lorsqu'il sera nécessaire d'employer des plates-formes au transport des malles-poste ou des voitures spéciales en réparation.

11° La vitesse moyenne des convois spéciaux mis à la disposition de l'administration des postes ne pourra être moindre de quarante kilomètres à l'heure, temps d'arrêt compris.

Toutefois, l'administration pourra consentir une vitesse moindre, soit à raison des pentes, soit à raison des courbes à parcourir, ou bien exiger une plus grande vitesse, dans le cas où la compagnie obtiendrait plus tard, dans la marche de son service, une vitesse supérieure.

12° La compagnie sera tenue de transporter gratuitement, par tous les convois de voyageurs, tout agent des postes chargé d'une mission ou d'un service accidentel, et porteur d'un ordre de service régulier délivré à Paris par le directeur général des postes. Il sera accordé à l'agent des postes en mission une place de voiture de deuxième classe, ou de première classe si le convoi ne comporte pas de voitures de deuxième classe.

13° La compagnie sera tenue de fournir à chacun des points extrêmes de la ligne, ainsi qu'aux principales stations intermédiaires qui seront désignées par l'administration des postes, un emplacement sur lequel l'administration pourra faire construire des bureaux de poste ou d'entrepôt des dépêches, et des hangars pour le chargement et le déchargement des malles-poste. Les dimensions de cet emplacement seront au maximum de soixante-quatre mètres carrés dans les gares des départements, et du double à Paris.

14° La valeur locative du terrain ainsi fourni par la compagnie lui sera payée de gré à gré ou à dire d'experts.

15° La position sera choisie de manière que les bâtiments qui y seront construits aux frais de l'administration des postes ne puissent entraver en rien le service de la compagnie.

16° L'administration se réserve le droit d'établir à ses frais, sans indemnité, mais aussi sans responsabilité pour la compagnie, tous poteaux ou appareils nécessaires à l'échange des dépêches sans arrêt de train, à la condition que ces appareils, par leur nature ou leur position, n'apportent pas d'entraves aux différents services de la ligne et des stations

OUEST.   8

17° Les employés chargés de la surveillance du service, les agents préposés à l'échange et à l'entrepôt des dépêches, auront accès dans les gares ou stations pour l'exécution de leur service, en se conformant aux règlements de police intérieure de la compagnie.

ART. 24. Le poids du chargement des wagons appartenant à d'autres compagnies et admis à circuler sur les chemins de fer de la compagnie pourra atteindre, sans augmentation de tarif, la limite du poids que la compagnie adopte pour ses propres chargements.

ART. 25. La somme que la compagnie est tenue de verser chaque année au Trésor, pour les frais de contrôle, police et surveillance, sera réglée à raison de cent vingt francs par kilomètre de chemin de fer concédé. Toutefois, pendant la construction, cette somme sera réduite à cinquante francs par kilomètre pour les sections non encore livrées à l'exploitation.

Dans lesdites sommes n'est pas comprise celle qui sera fixée en exécution de l'article 18 pour frais de contrôle du service télégraphique de la compagnie par les agents de l'État.

ART. 26. La convention des 2 février et 6 avril 1855, et les actes qui s'y rapportent, ne seront passibles que du droit fixe de un franc.

Arrêté à Paris, les 2 février et 6 avril 1855.

Vu pour être annexé au projet de loi adopté dans la séance du 10 avril 1855.

Le Président du Corps législatif,

Signé A. DE MORNY.

Les Secrétaires,

Signé JOACHIM MURAT, marquis DE CHAUMONT-QUITRY,
ED. DALLOZ, duc DE TARENTE.

Vu pour être annexé à la loi relative à la fusion des chemins de fer normands et bretons, et scellé du sceau du Sénat.

Le Sénateur secrétaire du Sénat,

Signé Baron T. DE LACROSSE.

Vu pour être annexé à la loi du 2 mai 1855.

Le Ministre d'État,

Signé ACHILLE FOULD.

TRAITÉ DE FUSION DES CHEMINS DE FER NORMANDS ET BRETONS.

Les soussignés,

M. le baron *de l'Espée* (*Joseph-François-Casimir*), président du conseil d'administration du chemin de fer de Paris à Rouen, demeurant à Paris, passage Sandrié, n° 7, d'une part ;

M. *Pereire* (*Émile*), directeur de la compagnie du chemin de fer de Paris à Saint-Germain, demeurant à Paris, rue d'Amsterdam, n° 5, d'autre part ;

M. *Laffitte* (*Charles*), président du conseil d'administration de la compagnie du chemin de fer de Rouen au Havre, demeurant à Paris, place Louis XV, n° 6, d'autre part ;

M. le comte *de Chasseloup-Laubat* (*Prosper*), président du conseil d'administration de la compagnie du chemin de fer de Paris à Caen et à Cherbourg, demeurant à Paris, rue de la Bienfaisance, n° 11, d'autre part ;

Enfin, M. *Rivet* (*Jean-Charles*), président du conseil d'Administration de la compagnie du chemin de fer de l'Ouest, demeurant à Paris, rue du Marché-d'Aguesseau, n° 8, d'autre part ;

Représentant la compagnie et agissant en vertu des pouvoirs conférés par les divers conseils d'administration, ainsi qu'il résulte des procès-verbaux des délibérations annexés à la présente convention,

Convaincus de la nécessité de réunir en une seule compagnie l'ensemble des lignes qui ont un point de départ commun et qui forment le réseau des chemins de fer de Normandie et de Bretagne, et d'augmenter ainsi la sécurité des services qui se concentrent dans la même gare ; voulant réaliser par cette réunion des économies sur les frais généraux d'exploitation ; enfin, voulant former une société qui puisse être à même par son importance et son crédit de soumissionner les chemins de fer que le Gouvernement se propose de concéder pour donner une entière satisfaction aux intérêts de la Bretagne et la Normandie,

8.

Ont arrêté ce qui suit :

ART. 1ᵉʳ. Il est formé, sous le titre de *Compagnie des chemins de fer de l'Ouest et du Nord-Ouest,* une société qui a pour objet l'exploitation des chemins de fer de Paris à Rouen, de Rouen au Havre, de l'Ouest, de Versailles (rive droite et rive gauche), de Paris à Caen et à Cherbourg, de Paris à Saint-Germain, Argenteuil et Auteuil, de Dieppe et Fécamp, ainsi que la construction et l'exploitation des lignes et prolongements qui seraient concédés à ladite société.

ART. 2. Les cinq compagnies ci-dessus représentées apportent à la compagnie des chemins de fer de l'Ouest et du Nord-Ouest, qui accepte, les concessions qui leur appartiennent aux termes des lois, décrets et traités.

Lesdites concessions sont apportées et acceptées avec tous les droits et avantages y attachés, ensemble tout ce qui constitue l'actif mobilier et immobilier, corporel et incorporel desdites sociétés sans aucune exception ni réserve.

De son côté, la compagnie des chemins de fer de l'Ouest et du Nord-Ouest prend à sa charge tout ce qui constitue le passif et les engagements quelconques mobiliers et immobiliers, corporels et incorporels, des six compagnies, notamment ceux qui résultent des cahiers des charges, lois, décrets, traités et conventions.

En conséquence, la compagnie des chemins de fer de l'Ouest et du Nord-Ouest demeure, à partir du 1ᵉʳ janvier 1855, sauf l'approbation du Gouvernement, tant activement que passivement, purement et simplement, aux lieu et place des six compagnies dont les diverses concessions sont réunies.

ART. 3. Le capital de la compagnie des chemins de fer de l'Ouest et du Nord-Ouest est représenté par trois cent mille actions entièrement libérées et donnant droit chacune à un trois-cent-millième de l'actif et de l'ensemble des produits sociaux.

Ces trois cent mille actions sont réparties ainsi qu'il suit :

Pour soixante-douze mille actions actuelles du chemin de fer de Paris à Rouen,

Cent quatorze mille actions nouvelles.

Pour cinquante-quatre mille actions actuelles du chemin de fer de Paris à Saint-Germain,

Vingt-sept mille actions nouvelles.

Pour quarante mille actions actuelles du chemin de fer de Rouen au Havre,

Trente-quatre mille deux cent quatre-vingt-six actions nouvelles.

Pour soixante-dix mille actions actuelles du chemin de fer de l'Ouest, entièrement libérées, comme il est dit en l'article 4 suivant,

Soixante-dix mille actions nouvelles.

Pour soixante mille actions actuelles du chemin de fer de Paris à Caen et à Cherbourg, entièrement libérées, comme il est dit en l'article 4 suivant,

Cinquante et un mille quatre cent vingt-huit actions nouvelles.

Les trois mille deux cent quatre-vingt-six actions restantes seront vendues au profit de la nouvelle société par le ministère d'un agent de change.

Les trois cent mille actions porteront jouissance du 1er janvier 1855.

ART. 4. Les porteurs des actions de l'Ouest, lesquelles sont libérées de quatre cents francs, seront tenus de verser les cent francs restant dus, en deux termes égaux, au 1er juillet 1855 et au 1er janvier 1856.

Les porteurs des actions de Cherbourg, lesquelles sont libérées de trois cent vingt-cinq francs, seront tenus de verser les cent soixante-quinze francs restant dus en trois termes, savoir : cinquante francs au 1er juillet 1855, cinquante francs au 1er janvier 1856, soixante-quinze francs au 1er juillet 1856.

Pour lesdites actions non complètement libérées, il sera opéré, lors du payement des dividendes, une retenue à raison de cinq pour cent l'an, à partir du 1er janvier 1855, sur les sommes restant dues.

Aucune retenue ne sera opérée sur celles desdites actions qui seront entièrement libérées dans les quinze jours du décret d'homologation des présentes conventions.

Les porteurs des actions non complètement libérées pourront à toute époque, en soldant ce qui reste dû sur lesdites actions, obtenir l'échange de leurs titres anciens contre des titres nouveaux.

Les actions entièrement libérées sont seules négociables.

ART. 5. Vingt-sept mille obligations donnant chacune droit à un intérêt annuel de cinquante francs, et remboursables à douze cent cinquante francs avec jouissance de 1ᵉʳ juin 1855, sont attribuées aux cinquante-quatre mille actions de Saint-Germain, outre les vingt-sept mille actions nouvelles qui leur sont départies par l'article 3.

Les porteurs de ces obligations auront le droit d'en faire remonter la jouissance au 1ᵉʳ décembre 1854 en versant la somme de vingt-cinq francs par obligation au moment de la délivrance des titres.

ART. 6. Pour tenir lieu de la jouissance affectée aux parts de fondateurs des compagnies de Rouen et du Havre, il sera créé par la nouvelle société neuf mille obligations donnant chacune droit à un intérêt annuel de cinquante francs et remboursables à douze cent cinquante francs avec jouissance du 1ᵉʳ décembre 1854, savoir :

Sept mille deux cents obligations pour les douze cents parts de fondateurs de Rouen, dix-huit cents obligations pour les parts de fondateurs du Havre.

Enfin, conformément au traité passé entre la compagnie de Rouen et celle de Dieppe et de Fécamp, les trente-six mille actions de cette dernière compagnie, dont le versement de cinq cents francs par action devra être complété par les porteurs, seront converties en obligations calculées de façon que chaque action reçoive vingt francs d'intérêt annuel et soit remboursable à cinq cents francs.

ART. 7. Les dividendes échus au 1ᵉʳ janvier 1855 pour

les actions de Rouen et de l'Ouest restent acquis aux porteurs de ces actions.

Il sera fait décompte pour les actions du Havre et de Dieppe de la portion de produits qui leur est afférente jusqu'au 1er janvier 1855, et le montant en sera remis aux porteurs de ces actions lors de l'échange de leurs titres.

Le coupon de dividende de la compagnie de Saint-Germain à échoir au 1er avril prochain, reste acquis à la société nouvelle son montant se trouvant compris dans les vingt-sept mille obligations délivrées en vertu de l'article 5 ci-dessus.

Art. 8. La présente convention ne sera définitive, en ce qui concerne la compagnie de l'Ouest et la compagnie de Saint-Germain, qu'après la ratification par l'assemblée générale de la compagnie.

Fait en quintuple expédition, à Paris, le 30 janvier 1855.

Pour la compagnie de Paris à Caen et à Cherbourg,
Signé Cte de Chasseloup-Laubat.

Pour la compagnie de Paris à Rouen,
Signé de l'Espée.

Pour la compagnie de l'Ouest,
Signé Rivet.

Pour la compagnie de St-Germain,
Signé Émile Péreire.

Pour la Compagnie de Rouen au Havre,
Signé Laffitte.

DÉCRET DU 7 AVRIL 1855

qui approuve la convention passée, les 2 février et 6 avril 1855, entre le Ministre de l'agriculture, du commerce et des travaux publics et les compagnies des chemins de fer de Paris à Saint-Germain, de Paris à Rouen, etc.

NAPOLÉON, par la grâce de Dieu et la volonté nationale, Empereur des Français, à tous présents et à venir, salut.

Sur le rapport de notre Ministre secrétaire d'État au département de l'agriculture, du commerce et des travaux publics ;

Vu les lois des 9 juillet 1835, 15 juillet 1840, 11 juin 1842, 24 avril, 3 et 13 mai 1851, 8 juillet 1852, relatives à l'établissement des chemins de fer de Paris à Saint-Germain, de Paris à Rouen, de Rouen au Havre, de l'Ouest et de Paris à Caen et à Cherbourg;

Vu l'ordonnance du 10 janvier 1846 et le décret du 18 août 1852, relatifs à l'établissement des chemins de fer d'Argenteuil et d'Auteuil;

Vu la loi du 3 mai 1841;

Vu le sénatus-consulte du 25 décembre 1852 (art. 4);

Vu les conventions passées, le 30 janvier 1855, entre les compagnies concessionnaires des chemins de fer ci-dessus mentionnés;

Vu la convention provisoire passée, les 2 février et 6 avril 1855, entre notre Ministre de l'agriculture, du commerce et des travaux publics et lesdites compagnies;

Notre Conseil d'État entendu,

AVONS DÉCRÉTÉ et DÉCRÉTONS ce qui suit :

ART. 1er. La convention ci-annexée, intervenue, les 2 février et 6 avril 1855, entre notre Ministre de l'agriculture, du commerce et des travaux publics, agissant au nom de l'État, et les compagnies concessionnaires des chemins de fer de Paris à Saint-Germain, de Paris à Rouen, de Rouen au Havre, de l'Ouest et de Paris à Caen et à Cherbourg, est et demeure approuvée, sauf ratification par la loi des articles de ladite convention et du cahier des charges y annexé relatifs aux engagements du Trésor.

ART. 2. Les actions de la compagnie ne pourront être négociées en France avant le versement des deux premiers cinquièmes du montant de chaque action.

ART. 3. Notre Ministre de l'agriculture, du commerce et des

travaux publics est chargé de l'exécution du présent décret, lequel sera inséré au *Bulletin des lois.*

Fait au palais des Tuileries, le 7 avril 1855.

Signé NAPOLÉON.

Par l'Empereur :

Le Ministre secrétaire d'État au département de l'agriculture,
du commerce et des travaux publics,

Signé E. ROUHER.

DÉCRET DU 26 JUIN 1857

qui approuve la Convention passée, le 21 du même mois, entre le Ministre de l'agriculture, du commerce et des travaux publics et la compagnie du chemin de fer du Nord.

NAPOLÉON, par la grâce de Dieu et la volonté nationale, EMPEREUR DES FRANÇAIS, à tous présents et à venir, SALUT.

Sur le rapport de notre Ministre secrétaire d'État au département de l'agriculture, du commerce et des travaux publics ;

Vu la loi du 15 juillet 1845 et le cahier des charges B y annexé, le décret du 19 février 1852 et la convention y annexée, le décret du 13 août 1853 et la convention y annexée, le décret du 17 octobre 1854 et le cahier des charges y annexé, ladite loi et lesdits décrets, conventions et cahiers des charges relatifs aux lignes formant le réseau de la compagnie du Nord ;

Vu la soumission présentée, le 3 juillet 1856, par ladite compagnie ;

Vu les avant-projets des chemins de fer de Paris à Soissons, de Rouen à Amiens, d'Amiens à la ligne de Creil à Saint-Quentin, de Boulogne à Calais et d'Argenteuil à Ermont ;

Vu les pièces des enquêtes auxquelles ces avant-projets ont été soumis, conformément à l'article 3 de la loi du 3 mai 1841, et, notamment, les procès-verbaux des commissions d'enquête ;

Vu les avis du conseil général des ponts et chaussées, en date des 5 avril 1852, 1ᵉʳ décembre 1853, 5 novembre 1855, 14 janvier 1856 et 7 février 1856;

Vu l'avis du comité consultatif des chemins de fer, en date du 10 mai 1856;

Vu le sénatus-consulte du 25 décembre 1852 (art. 4);

Vu la loi du 3 mai 1841, sur l'expropriation pour cause d'utilité publique;

Vu la convention provisoire passée, le 21 juin 1857, entre notre Ministre de l'agriculture, du commerce et des travaux publics et la compagnie du Nord;

Notre Conseil d'État entendu,

Avons décrété et décrétons ce qui suit:

Art. 1ᵉʳ. Est approuvée la convention provisoire passée, le 21 juin 1857, entre notre Ministre de l'egriculture, du commerce et des travaux publics et la compagnie du Nord, portant concession à ladite compagnie de différentes lignes de chemins de fer.

Une copie certifiée de la convention susénoncée restera annexée au présent décret.

Art. 2. Notre Ministre de l'agriculture, du commerce et des travaux publics est chargé de l'exécution du présent décret, lequel sera inséré au *Bulletin des lois.*

Fait à Châlons-sur-Marne, le 26 juin 1857.

Signé NAPOLÉON.

Par l'Empereur:

Le Ministre secrétaire d'État au département de l'agriculture, du commerce et des travaux publics,

Signé E. Rouher.

Convention entre le Ministre de l'agriculture, du commerce et des travaux publics et la compagnie du chemin de fer du Nord.

L'an 1857, et le 21 juin,

Entre le Ministre de l'agriculture, du commerce et des travaux publics, agissant au nom de l'État, et sous la réserve de l'approbation des présentes par décret de l'Empereur,

D'une part;

Et la société anonyme établie à Paris sous le nom de *Compagnie du chemin de fer du Nord*, ladite compagnie représentée par :

MM. le baron *James de Rothschild*, *Delebecque (Germain-Joseph)*, *Jacques-Joseph-Guillaume*, marquis *Dalon*, *Michel Poisat*, *Armand-André*, baron *de Saint-Didier*, *Félix Vernes*, *Marc Caillard*,

Ses administrateurs, élisant domicile au siège de la société, à Paris, à l'embarcadère dudit chemin, place de Roubaix, agissant en vertu des pouvoirs qui leur ont été donnés, tant par la délibération du conseil d'administration, en date du 2 juin 1857, que par la délibération de l'assemblée générale des actionnaires, du 30 avril 1857, et, en ce qui concerne la ligne mentionnée à l'article 3 ci-après, sous la réserve de l'approbation par cette assemblée générale, dans sa première réunion,

D'autre part;

Il a été convenu ce qui suit :

. . . .

ART. 2. Le Ministre de l'agriculture, du commerce et des travaux publics, au nom de l'État, concède pour les deux tiers à la compagnie du Nord, qui l'accepte, un chemin de fer de Rouen à Amiens, l'autre tiers étant concédé à la compagnie de l'Ouest.

La compagnie de l'Ouest concourra dans la proportion d'un tiers à la dépense d'établissement de ce chemin, et aura droit au produit dudit chemin dans la même proportion, la compagnie du Nord étant, pour la totalité, chargée de sa construction et de son exploitation.

Les moyens de contrôle de la compagnie de l'Ouest, à raison de cette construction et de cette exploitation, seront réglés de concert entre les deux compagnies, et, en cas de désaccord, par le Ministre de l'agriculture, du commerce et des travaux publics.

Un décret rendu en Conseil d'État statuera, les deux compagnies entendues, sur le tracé définitif du chemin de fer de Rouen à Amiens, et sur ses points de raccordement avec la ligne de Rouen au Havre ou à Dieppe.

Le Ministre statuera sur la question de savoir s'il y a lieu d'établir une nouvelle gare à Rouen pour le service dudit chemin, ou s'il convient de lui donner l'usage commun de l'une ou de l'autre des gares actuellement existantes.

Les travaux dudit chemin devront être terminés dans un délai de six ans à dater du décret qui approuvera la présente convention.

Art. 3. Le Ministre de l'agriculture, du commerce et des travaux publics, au nom de l'État, concède à la compagnie du Nord, qui l'accepte, un chemin de fer se détachant par une double branche du chemin de fer de Paris en Belgique à ou près Ermont, et aboutissant à Argenteuil en un point à déterminer sur la rive droite de la Seine.

L'usage de la gare d'Argenteuil et de celle de Pontoise sera commun aux deux compagnies de l'Ouest et du Nord. Les conditions de cet usage seront réglées par le Ministre, lesdites deux compagnies entendues.

La compagnie du Nord s'engage à exécuter, à ses frais, risques et périls, le chemin de fer mentionné au présent article, dans un délai de quatre ans, à partir de la date du décret qui approuvera la présente convention.

Art. 4. Est approuvé le traité passé, le 11 juin 1857, entre les compagnies du Nord et de l'Ouest.

En conséquence, la ligne d'Ermont à la nouvelle station d'Argenteuil sera construite par la compagnie du Nord, et la partie de ligne à construire entre ladite station et le chemin de Paris à Argenteuil sera exécutée par la compagnie de l'Ouest. Toutefois, la dépense totale de l'ensemble de ces travaux, y compris le double raccordement sur la ligne du Nord et la nouvelle station d'Argenteuil, sera répartie entre les deux compagnies proportionnellement à la longueur des sections construites par chacune d'elles.

Les moyens de contrôle à exercer respectivement par les deux compagnies, à raison de l'exécution de ces travaux, seront réglés de concert entre elles, et, en cas de désaccord, par le Ministre de l'agriculture, du commerce et des travaux publics.

Les prix de péage dont les deux compagnies auront à se tenir compte, pour les transports en transit sur les portions de lignes qu'elles s'emprunteront réciproquement, seront fixés, tant pour les voyageurs que pour les marchandises, aux six dixièmes (6/10es) des taxes qui seront réellement perçues par kilomètre, déduction faite de l'impôt dû à l'État.

ART. 5. Les tarifs du chemin de fer de Rouen à Amiens seront concertés entre les deux compagnies du Nord et de l'Ouest, et, en cas de désaccord, arrêtés par le Ministre de l'agriculture, du commerce et des travaux publics.

Les tarifs à percevoir entre Rouen et Laon pour les marchandises en provenance de Rouen et à destination d'Épernay et autres points situés au delà d'Épernay sur la ligne de l'Est, et réciproquement, seront réglés de la même manière.

. . . .

Fait à Paris, les jour, mois et an que dessus.

Le Ministre de l'agriculture, du commerce et des travaux publics,

Signé E. ROUHER.

Approuvé l'écriture :
Signé Baron *James de Rothschild.*

Approuvé l'écriture :
Signé *Delebecque.*

Approuvé l'écriture :
Signé Marquis *Dalon.*

Approuvé l'écriture :
Signé M^{d} *Poisat.*

Approuvé l'écriture :
Signé *A. de Saint-Didier.*

Approuvé l'écriture :
Signé *Félix Vernes.*

Approuvé l'écriture :
Signé *Marc Caillard.*

Enregistré à Paris, le 11 juillet 1857, folio 29 recto, case 8. Reçu un franc, décimes vingt centimes. Signé *Badereau.*

Entre les soussignés, MM. le baron *James de Rothschild*, président du conseil ; *Germain-Joseph Delebecque*, vice-président ; *Armand-André Amé de Saint-Didier*, administrateur de la compagnie du chemin de fer du Nord, représentant tous les trois ladite compagnie,

Et MM. *Joseph-François-Casimir*, baron *de l'Espée*, président du conseil d'administration de la compagnie des chemins de l'Ouest, et le vicomte *Napoléon Duchâtel*, tous deux représentant la compagnie des chemins de fer de l'Ouest,

Il a été convenu ce qui suit :

Il sera construit par les compagnies du Nord et de l'Ouest un chemin de fer se détachant de la ligne d'Asnières à Argenteuil, en un point qui sera déterminé par le Gouvernement, pour se rattacher, par une double courbe de raccordement, au chemin du Nord près de la station d'Ermont. Une nouvelle station d'Argenteuil sera établie sur la rive droite de la Seine.

La ligne d'Ermont à la nouvelle station d'Argenteuil sera construite par la compagnie du Nord, et la partie de la ligne à construire entre ladite station et le chemin de fer de Paris à Argenteuil sera exécutée par la compagnie de l'Ouest ; toutefois, la dépense totale de l'ensemble des travaux, y compris le double raccordement sur la ligne du Nord et la nouvelle station d'Argenteuil, sera répartie entre les deux compagnies proportionnellement à la longueur construite par chacune d'elles.

Les prix de péage dont les deux compagnies auront à se tenir compte pour le transport en transit sur la partie de la ligne du Nord comprise entre Argenteuil et Pontoise, et sur la partie de la ligne de Rouen au Havre ou à Dieppe, comprise entre les points de raccordement avec la ligne de Rouen à Amiens, déterminés par le Ministre, seront fixés, tant pour les voyageurs que pour les marchandises, aux six dixièmes des taxes qui seront réellement perçues par kilomètre, déduction faite de l'impôt dû à l'État.

Toutefois, si la ligne d'Amiens à Rouen aboutit à la gare Saint-

Sever, la compagnie de l'Ouest renoncera à tout péage entre la gare de la rue Verte et la gare Saint-Sever.

Fait double entre les parties, à Paris, le 11 juin 1857.

Approuvé l'écriture :

Signé Baron *James de Rothschild.*

Approuvé l'écriture :

Signé *A. de Saint-Didier.*

Le Rapporteur au Conseil d'État,

Signé Comte Dubois.

Approuvé l'écriture :

Signé *Delebecque.*

Approuvé l'écriture :

Signé *C. de l'Espée.*

Signé *N. Duchâtel.*

Vu en Conseil d'État, le 25 juin 1857.

Le Maître des requêtes,
Secrétaire général du Conseil d'État,

Signé F. Boilay.

LOI DU 11 JUIN 1859

qui approuve des conventions passées entre le Ministre de l'agri-culture, du commerce et des travaux publics et diverses compagnies de chemins de fer.

NAPOLÉON, par la grâce de Dieu et la volonté nationale, EMPEREUR DES FRANÇAIS, à tous présents et à venir, SALUT.

AVONS SANCTIONNÉ et SANCTIONNONS, PROMULGUÉ et PROMULGUONS ce qui suit :

LOI.

Extrait du procès-verbal du Corps législatif.

LE CORPS LÉGISLATIF A ADOPTÉ LE PROJET DE LOI dont la teneur suit :

. . . .

ART. 7. Sont approuvés les articles 5, 7, 8, 9, 10 et 14 de la convention ci-annexée passée, le 29 juillet 1858, entre le

Ministre de l'agriculture, du commerce et des travaux publics et la compagnie des chemins de fer de l'Ouest, lesdits articles relatifs aux engagements mis à la charge du Trésor par cette convention.

. . . .

Délibéré en séance publique, à Paris, le 18 mai 1859.

Le Président,

Signé Comte DE MORNY.

Les Secrétaires,

Signé Comte LOUIS DE CAMBACÉRÈS, comte LÉOPOLD LE HON, comte HENRI DE KERSAINT, comte JOACHIM MURAT.

Extrait du procès verbal du Sénat.

Le Sénat ne s'oppose pas à la promulgation de la loi tendant à approuver les conventions passées entre le Ministre de l'agriculture, du commerce et des travaux publics et les compagnies des chemins de fer d'Orléans, du Nord, de Paris à Lyon et à la Méditerranée, du Dauphiné, de l'Ouest, de l'Est, des Ardennes et du Midi.

Délibéré en séance, au palais du Sénat, le 31 mai 1859.

Le Président,

Signé TROPLONG.

Les Secrétaires,

Signé FERDINAND BARROT, général CARRELET, baron T. DE LACROSSE.

Vu et scellé du sceau du Sénat :

Le Sénateur secrétaire,

Signé Baron T. DE LACROSSE.

MANDONS ET ORDONNONS que les présentes, revêtues du sceau de l'État et insérées au *Bulletin des lois,* soient adressées aux cours, aux tribunaux et aux autorités administratives, pour qu'ils les inscrivent sur leurs registres, les observent et les fassent observer, et notre Ministre secrétaire d'État au département de la justice est chargé d'en surveiller la publication.

Fait en Conseil des ministres, au palais des Tuileries, le 11 juin 1859.

Pour l'Empereur,

Et en vertu des pouvoirs qu'Il Nous a confiés :

Signé EUGÉNIE.

Vu et scellé du grand sceau :   Par l'Impératrice-Régente :

Le Garde des sceaux,   *Le Ministre d'État,*
Ministre secrétaire d'État   Signé ACHILLE FOULD.
au département de la justice,

Signé DELANGLE.

DÉCRET DU 11 JUIN 1859

qui approuve la convention passée, les 29 juillet 1858 et 11 juin 1859, entre le Ministre de l'agriculture, du commerce et des travaux publics et la compagnie des chemins de fer de l'Ouest.

NAPOLÉON, par la grâce de Dieu et la volonté nationale, EMPEREUR DES FRANÇAIS, à tous présents et à venir, SALUT.

Sur le rapport de notre Ministre secrétaire d'État au département de l'agriculture, du commerce et des travaux publics ;

Vu notre décret du 7 avril 1855 et la loi du 2 mai de la même année, lesquels ont constitué le réseau des chemins de fer de l'Ouest; ensemble la convention et le cahier des charges y annexés, ainsi que le cahier des charges annexé à la loi du 8 juillet 1852, relative au chemin de fer de Paris à Caen et à Cherbourg ;

Vu les avant-projets des chemins de fer de Rouen à Amiens, d'Argenteuil à Ermont et de Pontoise à Dieppe, par Gisors, Gournay et Neufchâtel; ensemble les dossiers des enquêtes auxquelles lesdits avant-projets ont été soumis, conformément à l'article 3 de la loi du 3 mai 1841; et notamment les procès-verbaux des commissions d'enquête;

OUEST.   9

Vu l'avis du comité consultatif des chemins de fer, en date du 21 juillet 1858;

Vu le sénatus-consulte du 25 décembre 1852 (art. 4);

Vu la loi du 3 mai 1841, sur l'expropriation pour cause d'utilité publique;

Vu la convention passée, les 29 juillet 1858 et 11 juin 1859, entre notre Ministre de l'agriculture, du commerce et des travaux publics et la compagnie de l'Ouest, ladite convention ayant notamment pour objet des modifications dans les conditions stipulées par les décret et loi suvisés des 7 avril et 2 mai 1855;

Vu la loi, en date de ce jour, qui ratifie les engagements mis à la charge du Trésor par ladite convention;

Notre Conseil d'État entendu,

AVONS DÉCRÉTÉ et DÉCRÉTONS ce qui suit:

ART. 1er. La convention passée, les 29 juillet 1858 et 11 juin 1859, entre notre Ministre secrétaire d'État au département de l'agriculture, du commerce et des travaux publics et la compagnie des chemins de fer de l'Ouest, et dont l'objet est ci-dessus énoncé, est et demeure approuvée.

Ladite convention restera annexée au présent décret.

ART. 2. Notre Ministre secrétaire d'État au département de l'agriculture, du commerce et des travaux publics est chargé de l'exécution du présent décret, lequel sera inséré au *Bulletin des lois.*

Fait en Conseil des ministres, au palais des Tuileries, le 11 juin 1859.

Pour l'Empereur,

Et en vertu des pouvoirs qu'Il Nous a confiés:

Signé EUGÉNIE.

Par l'Impératrice-Régente:

Le Ministre secrétaire d'État au département de l'agriculture,
du commerce et des travaux publics,

Signé E. ROUHER.

Convention entre M. le Ministre de l'agriculture, du commerce et des travaux publics et la compagnie des chemins de fer de l'Ouest, portant concession de diverses lignes et modifiant les conventions antérieures relatives à cette compagnie.

L'an 1858 et le 29 juillet,

Entre le Ministre de l'agriculture, du commerce et des travaux publics, agissant au nom de l'État, et sous la réserve de l'approbation des présentes par décret de l'Empereur, et par la loi en ce qui concerne les clauses financières,

D'une part,

Et la société anonyme établie à Paris sous le nom de *Compagnie des chemins de l'Ouest,* ladite compagnie représentée par M. le comte *de Chasseloup-Laubat,* président du conseil d'administration, élisant domicile au siège de la société, à Paris, rue Saint-Lazare, n° 124, et agissant en vertu des pouvoirs qui lui ont été donnés par la délibération dudit conseil, en date du 26 juillet 1858, et sous la réserve de l'approbation des présentes par l'assemblée générale des actionnaires dans un délai de dix mois au plus tard,

D'autre part,

Et l'an 1859 le 11 juin,

Entre le Ministre de l'agriculture, du commerce et des travaux publics, agissant ainsi qu'il est dit ci-dessus,

D'une part,

Et la société ci-dessus dénommée, représentée par MM. *Charles Laffitte, Émile Péreire* et *Charles Rivet,* membres du conseil d'administration de ladite compagnie, agissant en vertu des pouvoirs que, par délibération en date du 26 mai 1859, ledit conseil leur a conférés en conséquence de l'approbation donnée, à la convention ci-dessous, par l'assemblée générale des actionnaires dans sa séance du 14 du même mois,

D'autre part,

9.

Il a été dit et convenu ce qui suit :

ART. 1er. Le Ministre de l'agriculture, du commerce et des travaux publics, au nom de l'État, concède, pour un tiers à la compagnie de l'Ouest, qui l'accepte, un chemin de fer de Rouen à Amiens, les deux autres tiers étant concédés à la compagnie du Nord.

Cette dernière compagnie concourra, dans la proportion des deux tiers, à la dépense d'établissement de ce chemin, et aura droit aux produits dudit chemin dans la même proportion. Elle sera d'ailleurs chargée, pour la totalité, de sa construction et de son exploitation.

Les moyens de contrôle de la compagnie de l'Ouest, à raison de cette construction et de cette exploitation, seront réglés de concert entre les deux compagnies, et, en cas de désaccord, par le Ministre du commerce, de l'agriculture et des travaux publics.

Un décret, rendu en Conseil d'État, statuera, les deux compagnies entendues, sur le tracé définitif du chemin de fer de Rouen à Amiens, sur ses points de raccordement avec la ligne de Rouen au Havre ou à Dieppe.

Le Ministre statuera sur la question de savoir s'il y a lieu d'établir une nouvelle gare à Rouen pour le service dudit chemin, ou s'il convient de lui donner l'usage commun de l'une ou l'autre des gares actuellement existantes.

Les tarifs du chemin de fer de Rouen à Amiens seront concertés entre les deux compagnies du Nord et de l'Ouest, et, en cas de désaccord, arrêtés par le Ministre de l'agriculture, du commerce et des travaux publics.

Les tarifs à percevoir entre Rouen et Laon, pour les marchandises en provenance de Rouen et à destination d'Épernay et autres points situés au delà d'Épernay sur la ligne de l'Est, et réciproquement, seront réglés de la même manière.

ART. 2. Le Ministre de l'agriculture, du commerce et des travaux publics, au nom de l'État, concède à la compagnie de l'Ouest, qui l'accepte, un chemin de fer de Paris à Dieppe passant par ou près Argenteuil, Pontoise, Gisors, Gournay et

Neufchâtel, ledit chemin de fer devant emprunter la ligne du Nord depuis la nouvelle station à établir sur la rive droite de la Seine, à Argenteuil, jusqu'à la station à établir à Pontoise, sur la rive droite de l'Oise.

L'usage des gares d'Argenteuil et de Pontoise sera commun aux deux compagnies de l'Ouest et du Nord. Les conditions de cet usage seront réglées par le Ministre, lesdites deux compagnies entendues.

ART. 3. Est approuvé le traité passé, le 11 juin 1857, entre les compagnies du Nord et de l'Ouest.

En conséquence, la ligne d'Ermont à la nouvelle station d'Argenteuil sera construite par la compagnie du Nord, et la partie de ligne à construire entre ladite station et le chemin de Paris à Argenteuil sera exécutée par la compagnie de l'Ouest. Toutefois, la dépense totale de l'ensemble de ces travaux, y compris le double raccordement sur la ligne du Nord et la nouvelle station d'Argenteuil, sera répartie entre les deux compagnies proportionnellement à la longueur des sections construites par chacune d'elles.

Les moyens de contrôle à exercer respectivement par les deux compagnies, à raison de l'exécution de ces travaux, seront réglés de concert entre elles, et, en cas de désaccord, par le Ministre de l'agriculture, du commerce et des travaux publics.

Les prix de péage, dont les deux compagnies auront à se tenir compte pour les transports en transit sur les portions de lignes qu'elles s'emprunteront réciproquement, seront fixés tant pour les voyageurs que pour les marchandises, aux six dixièmes des taxes qui seront réellement perçues par kilomètre, déduction faite de l'impôt dû à l'État.

Une copie du traité ci-dessus mentionné restera annexée à la présente convention.

ART. 4. Le Ministre de l'agriculture, du commerce et des travaux publics, au nom de l'État, concède à la compagnie de l'Ouest, qui l'accepte,

1° Un embranchement de Pont-l'Évêque à Trouville;

2° Un embranchement de Laigle à ou près Conches.

La compagnie s'engage à exécuter lesdits embranchements, à ses frais, risques et périls, moyennant, en ce qui concerne celui de Laigle, l'allocation de la subvention de cinq cent mille francs (500,000ᶠ), votée par délibération du conseil général du département de l'Eure, en date du 24 août 1857.

Art. 5. Le Ministre de l'agriculture, du commerce et des travaux publics, au nom de l'État, s'engage à livrer à la compagnie, pour le chemin de fer de Rennes à Brest, suivant le tracé qui sera définitivement adopté par le Gouvernement, les terrains, terrassements et ouvrages d'art dudit chemin et de ses stations, ainsi que les maisons de gardes de passages à niveau, la compagnie s'engageant, de son côté, à prendre à sa charge toutes les autres dépenses relatives à l'établissement et à l'exploitation de ce chemin, y compris la construction des bâtiments des stations.

La compagnie renonce à recevoir la somme de dix-sept millions vingt-deux mille neuf cent cinquante francs quatre-vingt-quatorze centimes (17,022,950ᶠ 94ᶜ), qui lui avait été allouée à titre de subvention pour l'exécution des chemins bretons.

Elle accepte, en outre, la réduction à la somme de deux millions de francs (2,000,000ᶠ) de la subvention de quatre millions de francs (4,000,000ᶠ) affectée au chemin de fer d'Argentan à Granville par le cahier des charges annexé à la loi du 2 mai 1855 ;

Et elle s'engage à livrer à l'État, à l'époque de l'approbation définitive de la présente convention, des terrains, des travaux de terrassements et des ouvrages d'art sur la ligne de Rennes à Brest, jusqu'à concurrence d'une dépense de six millions huit cent cinquante mille francs (6,850,000ᶠ).

Art. 6. La concession de la compagnie de l'Ouest sera considérée, au point de vue de l'application des clauses stipulées par la présente convention, comme partagée en deux réseaux distincts, savoir :

1° L'ancien réseau, comprenant les lignes énoncées ci-après :

De Paris à Saint-Germain, avec embranchements sur Argenteuil et sur Auteuil ;

De Paris à Versailles (rive droite);

De Paris à Versailles (rive gauche);

De Paris à Rouen;

De Rouen au Havre;

De Rouen à Dieppe et à Fécamp;

De Versailles à Rennes;

De Mantes à Caen et à Cherbourg et Saint-Lô;

De Mézidon au Mans;

Le chemin de fer de ceinture de Paris pour la part afférente à la compagnie de l'Ouest.

2° Le nouveau réseau, comprenant les lignes énoncées ci-après :

De Serquigny à Rouen;

De Lisieux à Honfleur;

De Saint-Cyr à Surdon;

D'Argentan à Granville;

De Rennes à Brest;

De Rennes à Redon;

De Rennes à Saint-Malo;

Du Mans à Angers;

De Rouen à Amiens, pour un tiers;

De Paris à Dieppe, par Pontoise et Gisors;

De Pont-l'Évêque à Trouville;

De Laigle à ou près Conches.

ART. 7. Le Ministre de l'agriculture, du commerce et des travaux publics s'engage, au nom de l'État, à garantir à la compagnie pendant cinquante années, à partir du 1er janvier mil huit cent soixante-cinq (1865), l'intérêt à 4 p. 0/0 et l'amortissement calculé au même taux, pour un terme de cinquante ans, du capital affecté au rachat ou à la construction des lignes composant le nouveau réseau, tel qu'il est défini à l'article précédent.

Le capital garanti ne pourra excéder, pour l'ensemble des dites lignes, la somme totale de trois cent sept millions cinq cent mille francs (307,500,000f).

Celles des lignes du nouveau réseau qui ne seront pas terminées avant le 1ᵉʳ janvier mil huit cent soixante-cinq (1865) ne participeront à la garantie d'intérêt qu'à partir du 1ᵉʳ janvier qui suivra leur mise en exploitation.

Jusqu'à l'époque où commencera, pour les lignes du nouveau réseau, l'application de la garantie stipulée par le présent article, les intérêts et l'amortissement des obligations émises pour leur exécution seront payés au moyen des produits des sections de ces lignes qui seront mises successivement en exploitation. En cas d'insuffisance, ces intérêts et amortissement seront portés au compte de premier établissement.

Jusqu'au 1ᵉʳ janvier 1865, les dispositions du paragraphe qui précède pourront être appliquées par la compagnie aux lignes de Caen à Cherbourg et de Mézidon au Mans, bien que ces lignes restent comprises dans l'ancien réseau, et sans qu'il puisse en résulter aucune augmentation dans la garantie accordée par l'État pour le nouveau réseau.

ART. 8. La garantie d'intérêts stipulée par l'article précédent s'appliquera ainsi qu'il suit :

Il sera établi, chaque année, deux comptes distincts des produits nets, y compris les produits accessoires de toute nature,

1° De l'ancien réseau, 2° du nouveau réseau,

Tels qu'ils sont définis à l'article 6 ci-dessus.

A partir du 1ᵉʳ janvier qui suivra l'achèvement complet de l'ensemble des lignes comprises, soit dans l'ancien, soit dans le nouveau réseau, toute la portion des produits nets de l'ancien réseau qui excédera un revenu net moyen de vingt-sept mille francs (27,000ᶠ) par kilomètre sera appliquée, concurremment avec les produits nets du nouveau réseau, à couvrir l'intérêt et l'amortissement garantis par l'État.

Dans les années comprises entre le 1ᵉʳ janvier mil huit cent soixante-cinq (1865) et l'époque de l'achèvement complet de l'ensemble des lignes concédées, le chiffre ci-dessus fixé sera réduit de deux cents francs (200ᶠ) par chaque longueur de cent kilomètres (100ᵏ) non livrée à l'exploitation, sans toutefois que la réduction totale puisse excéder mille francs (1,000ᶠ).

Les lignes de l'ancien réseau qui ne seraient pas terminées avant le 1ᵉʳ janvier mil huit cent soixante-cinq (1865) ne figureront dans le compte des produits nets de ce réseau qu'à partir du 1ᵉʳ janvier qui suivra leur mise en exploitation.

En conséquence des dispositions du présent article, la garantie de l'État ne s'appliquera que dans le cas où les produits nets du nouveau réseau, accrus de l'excédent des produits de l'ancien réseau, ne couvriraient pas l'intérêt et l'amortissement à 4 p. o/o du capital garanti par l'État.

ART. 9. Lorsque l'État aura, à titre de garant, payé tout ou partie d'une annuité garantie, il en sera remboursé, avec les intérêts à 4 p. o/o par an, sur les produits nets des lignes auxquelles est accordée la garantie de l'État, dès que ces produits nets accrus de l'excédent des produits de l'ancien réseau, conformément à l'article 8 ci-dessus, dépasseront l'intérêt et l'amortissement garantis, et dans quelque année que cet excédent se produise.

A l'expiration de la concession, ou dans le cas d'application de la clause de rachat stipulée par l'article 37 du cahier des charges ci-annexé, si l'État est créancier de la compagnie, le montant de sa créance sera compensé, jusqu'à due concurrence, avec la somme due à la compagnie, pour la reprise, s'il y a lieu, aux termes de l'article 36 dudit cahier des charges, du matériel tant de l'ancien que du nouveau réseau.

ART. 10. Lorsque l'ensemble des produits nets, tant de l'ancien que du nouveau réseau, excédera la somme nécessaire pour représenter à la fois un revenu net moyen de trente mille francs (30,000ᶠ) par kilomètre sur l'ancien réseau, et un intérêt de six pour cent (6 p. o/o) du capital effectivement dépensé pour la construction des lignes comprises dans le nouveau réseau, l'excédent sera partagé par moitié entre l'État et la compagnie.

Ce partage s'exercera à partir du premier janvier mil huit cent soixante-douze (1ᵉʳ janvier 1872).

Les lignes qui ne seraient pas achevées avant ladite époque seront comprises dans le compte général du partage, à partir du 1ᵉʳ janvier qui suivra leur mise en exploitation.

Art. 11. Un règlement d'administration publique déterminera, en ce qui concerne la garantie d'intérêt accordée par l'article 7 de la présente convention, les formes suivant lesquelles la compagnie sera tenue de justifier vis-à-vis de l'État, et sous le contrôle de l'administration supérieure,

1° Des frais de construction ;

2° Des frais annuels d'entretien et d'exploitation ;

3° Des recettes.

Ne seront pas comptés dans les frais annuels l'intérêt et l'amortissement des emprunts que la compagnie pourrait contracter pour l'achèvement des travaux, en cas d'insuffisance du capital garanti par l'État.

Sera compris dans ces frais annuels le prélèvement à opérer pour la réserve, conformément à l'article 10 des statuts de la compagnie.

Le même règlement d'administration publique déterminera les dispositions destinées à régler l'exercice du droit de partage des bénéfices.

Le compte de premier établissement des lignes énoncées à l'article 6 ci-dessus sera arrêté provisoirement, tant pour l'application de la garantie que pour l'exercice du droit de partage des bénéfices, avant le 1er janvier qui suivra leur mise en exploitation, et arrêté définitivement cinq ans après ladite époque.

En aucun cas, le capital garanti ne pourra excéder les sommes déterminées à l'article 7 précité.

Toutefois, après l'expiration de ce délai de cinq ans, la compagnie pourra être autorisée, s'il y a lieu, par décrets délibérés en Conseil d'État, à ajouter auxdits comptes, pour l'exercice du droit de partage des bénéfices, les dépenses faites pour l'exécution des travaux qui seraient reconnus être de premier établissement.

Dans tous les cas, la compagnie n'aura droit qu'au prélèvement sur les produits nets des intérêts et de l'amortissement desdites dépenses.

Art. 12. Toutes les lignes formant le réseau de la compagnie de l'Ouest et énoncées à l'article 6 ci-dessus seront régies par le cahier des charges ci-annexé.

Toutefois, 1° l'administration des postes continuera à payer pour son service, et jusqu'au 1er janvier 1865, la somme annuelle de trois cent vingt-sept mille francs (327,000f), réglée à forfait par l'article 15 du cahier des charges supplémentaire annexé à la loi du 2 mai 1855.

2° Les dispositions du titre IV du cahier des charges mentionné au paragraphe 1er du présent article ne seront applicables qu'à partir du 1er juillet 1859.

3° Sont maintenus l'article 3 du cahier des charges A, et l'article 3 du cahier des charges B, annexés à la loi du 2 juillet 1852; les articles 4 et 9 du cahier des charges supplémentaires annexé à la loi du 2 mai 1855, et le paragraphe 1er de l'article 5 du même cahier des charges; sous la réserve de la modification portée à l'article 5 de la présente convention; et sont réservés les droits des tiers, tels qu'ils peuvent résulter des articles 7 et 8 dudit cahier des charges.

ART. 13. Les obligations que la compagnie pourrait avoir à émettre pour l'exécution des travaux mis à sa charge, soit par la présente convention, soit par des actes antérieurs, ne pourront être émises qu'en vertu d'une autorisation du Ministre de l'agriculture, du commerce et des travaux publics, qui déterminera l'époque, le mode et la forme de ces émissions, et fixera les époques et les quotités des versements jusqu'à complète réalisation.

ART. 14. Sont abrogés, dans toutes les dispositions dont le maintien ne résulte pas de la présente convention et du cahier des charges y annexé, toutes lois, décrets, conventions et cahier des charges relatifs aux lignes de chemins de fer formant, antérieurement à ce jour, la concession de la compagnie de l'Ouest, et spécialement la disposition énoncée au dernier paragraphe de l'article 2 du cahier des charges supplémentaires, annexé à la loi du 2 mai 1855, de laquelle il résulte que le chemin de fer du Mans à Angers ne pourra être exploité dans aucune de ses parties qu'à l'expiration du délai de onze ans, fixé par l'article 17 de la convention du 17 août 1853, relative à la concession du chemin de fer de Tours au Mans.

Art. 15. A partir du 1er janvier 1872, la somme de cent vingt francs (120f) pour chaque kilomètre de chemin de fer exploité que la compagnie est tenue de verser chaque année à la caisse centrale du Trésor public, en vertu de l'article 67 du cahier des charges, pour pourvoir aux frais de contrôle de l'exploitation, pourra être élevée par décret impérial délibéré en Conseil d'État, la compagnie préalablement entendue, à un chiffre qui, dans aucun cas, ne pourra excéder cent cinquante francs (150f).

Art. 16. La présente convention et les traités y énoncés ne seront passibles que du droit fixe de un franc.

Fait à Paris, les jour, mois et an que dessus.

Le Ministre secrétaire d'État au département de l'agriculture,
du commerce et des travaux publics,

Signé E. ROUHER.

Approuvé l'écriture :
Signé Comte P. *de Chasseloup-Laubat.*

Approuvé l'écriture :
Signé *Émile Pereire.*

Approuvé l'écriture :
Signé *Charles Laffitte.*

Approuvé l'écriture :
Signé *Charles Rivet.*

Enregistré à Paris, le 20 juin 1859, folio 37 recto, case 5. Reçu un francs, décime, dix centimes. Signé *Badereau.*

Cahier des charges de la concession des chemins de fer de l'Ouest.

TITRE PREMIER

TRACÉ ET CONSTRUCTION.

Art. 1er. La concession des chemins de fer de l'Ouest comprend les lignes ci-après :

1° De Paris à Saint-Germain, avec embranchements sur Argenteuil et sur Auteuil ;

2° De Paris à Versailles (rive droite);

3° De Paris à Versailles (rive gauche);

4° De Paris à Rouen;

5° De Rouen au Havre;

6° De Rouen à Dieppe et à Fécamp;

7° De Versailles à Rennes;

8° De Mantes à Caen et à Cherbourg, avec embranchement sur Saint-Lô;

9° De Mézidon au Mans;

10° De Serquigny à Rouen;

11° De Lisieux à Honfleur;

12° De Saint-Cyr à Surdon;

13° D'Argentan à Granville;

14° De Rennes à Brest;

15° De Rennes à Redon;

16° De Rennes à Saint-Malo;

17° Du Mans à Angers;

18° De Rouen à Amiens, pour un tiers;

19° De Paris à Dieppe, par Pontoise et Gisors;

20° De Pont-l'Évêque à Trouville;

21° De Laigle à ou près Conches.

Les tracés des lignes et sections à exécuter, ou en cours d'exécution, sont maintenus conformément aux projets approuvés.

Les tracés des lignes et sections à exécuter sont définis ainsi qu'il suit:

La ligne de Serquigny à Rouen se détachera de la ligne de Paris à Caen, et se raccordera au chemin de fer de Paris à Rouen, suivant la direction qui sera déterminée par un décret rendu en Conseil d'État.

La ligne de Saint-Cyr à Surdon se détachera, à ou près Saint-Cyr, de la ligne de Versailles à Rennes, passera à ou près Dreux, Verneuil, Laigle, le Merlerault, Nonant, et aboutira à ou près Surdon, sur la ligne de Mézidon au Mans.

La ligne d'Argentan à Granville sera dirigée sur cette dernière ville, en passant par ou près Vire.

La ligne de Rennes à Brest partira de la gare de Rennes et se portera sur Brest par le littoral nord de la Bretagne, en passant par ou près Saint-Brieuc, Guingamp, Morlaix, Landivisiau et Landerneau.

La ligne de Rennes à Redon se détachera de la ligne principale et aboutira à la ville et au port de Redon, aux points qui seront déterminés par l'administration.

La ligne de Rennes à Saint-Malo se portera sur cette dernière ville en passant par ou près Dol.

La ligne du Mans à Angers se séparera du chemin de fer de Versailles à Rennes à ou près le Mans, passera par ou près Sablé, et se raccordera avec la ligne de Tours à Nantes, en un point qui sera déterminé par l'administration.

La ligne de Paris à Dieppe passera par ou près Argenteuil, Pontoise, Gisors, Gournay et Neufchâtel, en empruntant la ligne du Nord depuis la nouvelle station à établir sur la rive droite de la Seine, à Argenteuil, jusqu'à la station à établir à Pontoise sur la rive droite de l'Oise.

La ligne de Pont-l'Évêque à Trouville se portera sur cette dernière ville, en passant par ou près Touques.

La ligne de Laigle à Conches se raccordera avec le chemin de Mantes à Caen en un point qui sera déterminé par l'administration à ou près Conches.

Art. 2. Les travaux devront être achevés dans les délais ci-après fixés, savoir :

Pour la ligne de Lisieux à Honfleur, au 2 mai 1860 ;

Pour la ligne de Serquigny à Rouen, au 2 mai 1861 ;

Pour la ligne de Rennes à Saint-Malo, au 2 mai 1863 ;

Pour les lignes de Rennes à Redon et du Mans à Angers, au 2 mai 1864 ;

Pour la ligne de Saint-Cyr à Surdon, et pour l'embranchement de Laigle à Conches, au 2 mai 1864 ;

Pour la ligne d'Argentan à Granville, au 2 mai 1867 ;

Pour l'embranchement de Pont-l'Évêque à Trouville, au 2 mai 1863;

Pour la ligne de Paris à Dieppe, par Pontoise et Gisors, savoir :

Pour la section comprise entre la rive gauche de la Seine à Argenteuil et Gisors, au 2 mai 1863;

Pour la section de Gisors à Dieppe, au 2 mai 1867;

Pour la ligne de Rouen à Amiens, au 26 juin 1863.

En ce qui concerne la ligne de Rennes à Brest, le délai d'exécution des travaux à la charge de la compagnie est réglé par le titre I *bis* du présent cahier des charges.

Art. 3. Aucun travail ne pourra être entrepris, pour l'établissement des chemins de fer et de leurs dépendances, qu'avec l'autorisation de l'administration supérieure; à cet effet, les projets de tous les travaux à exécuter seront dressés en double expédition et soumis à l'approbation du Ministre, qui prescrira, s'il y a lieu, d'y introduire telles modifications que de droit : l'une de ces expéditions sera remise à la compagnie avec le visa du Ministre; l'autre demeurera entre les mains de l'administration.

Avant comme pendant l'exécution, la compagnie aura la faculté de proposer aux projets approuvés les modifications qu'elle jugerait utiles; mais ces modifications ne pourront être exécutées que moyennant l'approbation de l'administration supérieure.

Art. 4. La compagnie pourra prendre copie de tous les plans, nivellements et devis qui pourraient avoir été antérieurement dressés aux frais de l'État.

Art. 5. Le tracé et le profil du chemin de fer seront arrêtés sur la production de projets d'ensemble comprenant pour la ligne entière ou pour chaque section de la ligne :

1° Un plan général à l'échelle de un dix-millième;

2° Un profil en long à l'échelle de un cinq-millième pour les longueurs et de un millième pour les hauteurs, dont les cotes seront rapportées au niveau moyen de la mer pris pour plan de comparaison; au-dessous de ce profil, on indiquera, au moyen de trois lignes horizontales disposées à cet effet, savoir :

Les distances kilométriques du chemin de fer, comptées à partir de son origine;

La longueur et l'inclinaison de chaque pente ou rampe;

La longueur des parties droites et le développement des parties courbes du tracé, en faisant connaître le rayon correspondant à chacune de ces dernières;

3° Un certain nombre de profils en travers, y compris le profil type de la voie;

4° Un mémoire dans lequel seront justifiées toutes les dispositions essentielles du projet et un devis descriptif dans lequel seront reproduites, sous forme de tableaux, les indications relatives aux déclivités et aux courbes déjà données sur le profil en long.

La position des gares et stations projetées, celle des cours d'eau et des voies de communication traversés par le chemin de fer, des passages soit à niveau, soit en dessus, soit en dessous de la voie ferrée, devront être indiquées tant sur le plan que sur le profil en long; le tout sans préjudice des projets à fournir pour chacun de ces ouvrages.

Art. 6. Les terrains seront acquis et les ouvrages d'art seront exécutés immédiatement pour deux voies; les terrassements pourront être exécutés, et les rails pourront être posés pour une voie seulement, sauf l'établissement d'un certain nombre de gares d'évitement.

La compagnie sera tenue d'ailleurs d'établir la deuxième voie, soit sur la totalité du chemin, soit sur les parties qui lui seront désignées, lorsque l'insuffisance d'une seule voie, par suite du développement de la circulation, aura été constatée par l'administration.

Les terrains acquis par la compagnie pour l'établissement de la seconde voie ne pourront recevoir une autre destination.

Art. 7. La largeur de la voie entre les bords intérieurs des rails devra être de un mètre quarante-quatre centimètres (1ᵐ,44) à un mètre quarante-cinq centimètres ($1^m,45$). Dans les parties à deux voies, la largeur de l'entre-voie, mesurée entre les bords extérieurs des rails, sera de deux mètres ($2^m,00$).

La largeur des accotements, c'est-à-dire des parties comprises, de chaque côté, entre le bord extérieur du rail et l'arête supérieure du ballast, sera de un mètre ($1^m,00$) au moins.

On ménagera au pied de chaque talus du ballast une banquette de cinquante centimètres ($0^m,50$) de largeur.

La compagnie établira le long du chemin de fer des fossés ou rigoles qui seront jugés nécessaires pour l'assèchement de la voie et pour l'écoulement des eaux.

Les dimensions de ces fossés et rigoles seront déterminées par l'administration, suivant les circonstances locales, sur les propositions de la compagnie.

ART. 8. Les alignements seront raccordés entre eux par des courbes dont le rayon ne pourra être inférieur à trois cent cinquante mètres. Une partie droite de cent mètres au moins de longueur devra être ménagée entre deux courbes consécutives, lorsqu'elles seront dirigées en sens contraire.

Le maximum de l'inclinaison des pentes et rampes est fixé à dix millimètres par mètre.

Une partie horizontale de cent mètres au moins devra être ménagée entre deux fortes déclivités consécutives, lorsque ces déclivités se succéderont en sens contraires et de manière à verser leurs eaux au même point.

Les déclivités correspondant aux courbes de faible rayon devront être réduites autant que faire se pourra.

La compagnie aura la faculté de proposer aux dispositions de cet article et à celles de l'article précédent les modifications qui lui paraîtraient utiles; mais ces modifications ne pourront être exécutées que moyennant l'approbation préalable de l'administration supérieure.

ART. 9. Le nombre, l'étendue et l'emplacement des gares d'évitement seront déterminés par l'administration, la compagnie entendue.

Le nombre des voies sera augmenté, s'il y a lieu, dans

les gares et aux abords de ces gares, conformément aux décisions qui seront prises par l'administration, la compagnie en tendue.

Le nombre et l'emplacement des stations de voyageurs et des gares de marchandises seront également déterminés par l'administration, sur les propositions de la compagnie, après une enquête spéciale.

La compagnie sera tenue, préalablement à tout commencement d'exécution, de soumettre à l'administration le projet desdites gares, lequel se composera :

1° D'un plan à l'échelle de un cinq-centième, indiquant les voies, les quais, les bâtiments et leur distribution intérieure, ainsi que la disposition de leurs abords;

2° D'une élévation des bâtiments à l'échelle de un centimètre par mètre;

3° D'un mémoire descriptif dans lequel les dispositions essentielles du projet seront justifiées.

Art. 10. A moins d'obstacles locaux dont l'appréciation appartiendra à l'administration, le chemin de fer, à la rencontre des routes impériales ou départementales, devra passer, soit au-dessus, soit au-dessous de ces routes.

Les croisements à niveau seront tolérés pour les chemins vicinaux, ruraux ou particuliers.

Art. 11. Lorsque le chemin de fer devra passer au-dessus d'une route impériale ou départementale ou d'un chemin vicinal, l'ouverture du viaduc sera fixée par l'administration, en tenant compte des circonstances locales; mais cette ouverture ne pourra, dans aucun cas, être inférieure à huit mètres (8^m,00) pour la route impériale, à sept mètres (7^m,00) pour la route départementale, à cinq mètres (5^m,00) pour un chemin vicinal de grande communication, et à quatre mètres (4^m,00) pour un simple chemin vicinal.

Pour les viaducs de forme cintrée, la hauteur sous clef, à partir du sol de la route, sera de cinq mètres (5^m,00) au moins. Pour ceux qui seront formés de poutres horizontales en bois ou en fer, la hauteur sous poutre sera de quatre mètres trente centimètres ($4^m,30$) au moins.

La largeur entre les parapets sera au moins de huit mètres ($8^m,00$). La hauteur de ces parapets sera fixée par l'administration, et ne pourra, dans aucun cas, être inférieure à quatre-vingts centimètres ($0^m,80$).

Art. 12. Lorsque le chemin de fer devra passer au-dessous d'une route impériale ou départementale ou d'un chemin vicinal, la largeur entre les parapets du pont qui supportera la route ou le chemin sera fixée par l'administration, en tenant compte des circonstances locales; mais cette largeur ne pourra, dans aucun cas, être inférieure à huit mètres ($8^m,00$) pour la route impériale, à sept mètres ($7^m,00$) pour la route départementale, à cinq mètres ($5^m,00$) pour un chemin vicinal de grande communication, et à quatre mètres ($4^m,00$) pour un simple chemin vicinal.

L'ouverture du pont entre les culées sera au moins de huit mètres ($8^m,00$), et la distance verticale ménagée au-dessus des rails extérieurs de chaque voie pour le passage des trains ne sera pas inférieure à quatre mètres quatre-vingts centimètres ($4^m,80$) au moins.

Art. 13. Dans le cas où des routes impériales ou départementales, ou des chemins vicinaux, ruraux ou particuliers seraient traversés à leur niveau par le chemin de fer, les rails devront être posés sans aucune saillie ni dépression sur la surface de ces routes, et de telle sorte qu'il n'en résulte aucune gêne pour la circulation des voitures.

Le croisement à niveau du chemin de fer et des routes en pourra s'effectuer sous un angle de moins de quarante-cinq degrés.

Chaque passage à niveau sera muni de barrières; il y sera, en outre, établi une maison de garde, toutes les fois que l'utilité en sera reconnue par l'administration.

La compagnie devra soumettre à l'approbation de l'administration les projets types de ces barrières.

10.

ART. 14. Lorsqu'il y aura lieu de modifier l'emplacement ou le profil des routes existantes, l'inclinaison des pentes et rampes sur les routes modifiées ne pourra excéder trois centimètres (0^m,03) par mètre pour les routes impériales ou départementales, et cinq centimètres (0^m,05) pour les chemins vicinaux. L'administration restera libre, toutefois, d'apprécier les circonstances qui pourraient motiver une dérogation à cette clause, comme à celle qui est relative à l'angle de croisement des passages à niveau.

ART. 15. La compagnie sera tenue de rétablir et d'assurer, à ses frais, l'écoulement de toutes les eaux dont le cours serait arrêté, suspendu ou modifié par ses travaux.

Les viaducs à construire à la rencontre des rivières, des canaux et des cours d'eau quelconques auront au moins huit mètres (8^m,00) de largeur entre les parapets, sur les chemins à deux voies, et quatre mètres cinquante centimètres (4^m,50) sur les chemins à une voie. La hauteur de ces parapets sera fixée par l'administration et ne pourra être inférieure à quatre-vingts centimètres (0^m,80).

La hauteur et le débouché du viaduc seront déterminés, dans chaque cas particulier, par l'administration, suivant les circonstances locales.

ART. 16. Les souterrains à établir pour le passage du chemin de fer auront au moins huit mètres (8^m,00) de largeur entre les pieds-droits au niveau des rails et six mètres (6^m,00) de hauteur sous clef au-dessus de la surface des rails. La distance verticale entre l'intrados et le dessus des rails extérieurs de chaque voie ne sera pas inférieure à quatre mètres quatre-vingts centimètres (4^m,80). L'ouverture des puits d'aérage et de construction des souterrains sera entourée d'une margelle en maçonnerie de deux mètres (2^m,00) de hauteur. Cette ouverture ne pourra être établie sur aucune voie publique.

ART. 16 *bis*. Les articles 7, 8, 11, 12, 13, 14, 15 et 16 ci-dessus, relatifs aux conditions d'établissement du chemin de fer, ne s'appliquent pas aux voies, travaux et ouvrages d'art des lignes qui sont actuellement en exploitation ou en construction, et pour lesquelles les dispositions des projets approuvés sont maintenues.

Les parties de seconde voie et autres ouvrages qu'il pourra être nécessaire d'établir ultérieurement sur ces lignes seront exécutés conformément aux dispositions des projets précédemment approuvés pour les mêmes lignes.

Art. 17. A la rencontre des cours d'eau flottables ou navigables, la compagnie sera tenue de prendre toutes les mesures et de payer tous les frais nécessaires pour que le service de la navigation ou du flottage n'éprouve ni interruption ni entrave pendant l'exécution des travaux.

A la rencontre des routes impériales ou départementales et des autres chemins publics, il sera construit des chemins et ponts provisoires, par les soins et aux frais de la compagnie, partout où cela sera jugé nécessaire pour que la circulation n'éprouve ni interruption ni gêne.

Avant que les communications existantes puissent être interceptées, une reconnaissance sera faite par les ingénieurs de la localité, à l'effet de constater si les ouvrages provisoires présentent une solidité suffisante et s'ils peuvent assurer le service de la circulation.

Un délai sera fixé par l'administration pour l'exécution des travaux définitifs destinés à rétablir les communications interceptées.

Art. 18. La compagnie n'emploiera, dans l'exécution des ouvrages, que des matériaux de bonne qualité; elle sera tenue de se conformer à toutes les règles de l'art, de manière à obtenir une construction parfaitement solide.

Tous les aqueducs, ponceaux, ponts et viaducs à construire à la rencontre des divers cours d'eau et des chemins publics ou particuliers, seront en maçonnerie ou en fer, sauf les cas d'exception qui pourront être admis par l'administration.

Art. 19. Les voies seront établies d'une manière solide et avec des matériaux de bonne qualité.

Le poids des rails sera au moins de trente-cinq kilogrammes

par mètre courant sur les voies de circulation, si ces rails sont posés sur traverses, et de trente kilogrammes dans le cas où ils seraient posés sur longrines.

Art. 20. Le chemin de fer sera séparé des propriétés riveraines par des murs, haies ou toute autre clôture dont le mode et la disposition seront autorisés par l'administration, sur la proposition de la compagnie.

Art. 21. Tous les terrains nécessaires pour l'établissement du chemin de fer et de ses dépendances, pour la déviation des voies de communication et des cours d'eau déplacés et en général pour l'exécution des travaux, quels qu'ils soient, auxquels cet établissement pourra donner lieu, seront achetés et payés par la compagnie concessionnaire.

Les indemnités pour occupation temporaire ou pour détérioration de terrains, pour chômage, modification ou destruction d'usines, et pour tous dommages quelconques résultant des travaux, seront supportées et payées par la compagnie.

Art. 22. L'entreprise étant d'utilité publique, la compagnie est investie, pour l'exécution des travaux dépendant de sa concession, de tous les droits que les lois et règlements confèrent à l'administration en matière de travaux publics, soit pour l'acquisition des terrains par voie d'expropriation, soit pour l'extraction, le transport et le dépôt des terres, matériaux, etc.; et elle demeure en même temps soumise à toutes les obligations qui dérivent, pour l'administration, de ces lois et règlements.

Art. 23. Dans les limites de la zone frontière et dans le rayon de servitude des enceintes fortifiées, la compagnie sera tenue, pour l'étude et l'exécution de ses projets, de se soumettre à l'accomplissement de toutes les formalités et de toutes les conditions exigées par les lois, décrets et règlements concernant les travaux mixtes.

Art. 24. Si la ligne du chemin de fer traverse un sol déjà concédé pour l'exploitation d'une mine, l'administration déterminera les mesures à prendre pour que l'établissement du chemin de fer ne nuise pas à l'exploitation de la mine, et réciproquement pour que, le cas échéant, l'exploitation de la mine ne compromette pas l'existence du chemin de fer.

Les travaux de consolidation à faire dans l'intérieur de la mine à raison de la traversée du chemin de fer et tous les dommages résultant de cette traversée pour les concessionnaires de la mine seront à la charge de la compagnie.

Art. 25. Si le chemin de fer doit s'étendre sur des terrains renfermant des carrières ou les traverser souterrainement, il ne pourra être livré à la circulation avant que les excavations qui pourraient en compromettre la solidité aient été remblayées ou consolidées. L'administration déterminera la nature et l'étendue des travaux qu'il conviendra d'entreprendre à cet effet, et qui seront d'ailleurs exécutés par les soins et aux frais de la compagnie.

Art. 26. Pour l'exécution des travaux, la compagnie se soumettra aux décisions ministérielles concernant l'interdiction du travail les dimanches et jours fériés.

Art. 27. La compagnie exécutera les travaux par des moyens et des agents à son choix, mais en restant soumise au contrôle et à la surveillance de l'administration.

Ce contrôle et cette surveillance auront pour objet d'empêcher la compagnie de s'écarter des dispositions prescrites par le présent cahier des charges et de celles qui résulteront des projets approuvés.

Art. 28. A mesure que les travaux seront terminés sur des parties de chemin de fer susceptibles d'être livrées utilement à la circulation, il sera procédé, sur la demande de la compagnie, à la reconnaissance et, s'il y a lieu, à la réception provisoire de ces travaux par un ou plusieurs commissaires que l'administration désignera.

Sur le vu du procès-verbal de cette reconnaissance, l'Administration autorisera, s'il y a lieu, la mise en exploitation des parties dont il s'agit; après cette autorisation, la compagnie pourra mettre lesdites parties en service et y percevoir les taxes ci-après déterminées. Toutefois ces réceptions partielles ne deviendront définitives que par la réception générale et définitive du chemin de fer.

Art. 29. Après l'achèvement total des travaux et dans le délai qui sera fixé par l'administration, la compagnie fera faire à ses frais un bornage contradictoire et un plan cadastral du chemin de fer et de ses dépendances. Elle fera dresser également à ses frais, et contradictoirement avec l'administration, un état descriptif de tous les ouvrages d'art qui auront été exécutés, ledit état accompagné d'un atlas contenant les dessins cotés de tous lesdits ouvrages.

Une expédition dûment certifiée des procès-verbaux de bornage, du plan cadastral, de l'état descriptif et de l'atlas, sera dressée aux frais de la compagnie et déposée dans les archives du ministère.

Les terrains acquis par la compagnie postérieurement au bornage général, en vue de satisfaire aux besoins de l'exploitation, et qui, par cela même, deviendront partie intégrante du chemin de fer, donneront lieu, au fur et à mesure de leur acquisition, à des bornages supplémentaires, et seront ajoutés sur le plan cadastral; addition sera également faite sur l'atlas de tous les ouvrages d'art exécutés postérieurement à sa rédaction.

TITRE Ier *BIS*.

A. — L'État livrera à la compagnie les terrains, terrassements et ouvrages d'art du chemin de fer de Rennes à Brest et des stations dudit chemin, ainsi que les maisons de gardes des passages à niveau.

Les projets relatifs à l'emplacement et à l'étendue des stations seront communiqués à la compagnie avant d'être définitivement arrêtés par le Ministre.

B. — La compagnie sera tenue de prendre livraison des terrassements et des ouvrages d'art, à mesure qu'ils seront achevés entre deux stations principales, par sections contiguës, et sur la notification qui lui sera faite de leur achèvement. Il sera dressé procès-verbal de cette livraison, et la compagnie devra commencer immédiatement les travaux à sa charge.

Un an après la date du procès-verbal, il sera procédé à une reconnaissance définitive des travaux qui auront été livrés en vertu du paragraphe précédent, et cette reconnaissance sera constatée par un nouveau procès-verbal contradictoire, qui aura pour effet d'affranchir l'État de toute garantie pour les terrassements. Cette garantie d'ailleurs ne s'appliquera à aucune époque aux tassements qui pourraient se produire dans la plate-forme du chemin.

La garantie pour les ouvrages d'art et les maisons de gardes ne cessera qu'un an après le procès-verbal de reconnaissance définitive.

En aucun cas, la responsabilité de l'État, telle qu'elle est réglée par le présent article et pour les diverses natures d'ouvrages, ne pourra s'étendre au delà de la garantie matérielle des travaux.

C. — A dater de l'entrée en possession définie au paragraphe 1er de l'article précédent, la compagnie restera seule chargée de l'entretien des parties du chemin dont elle aura pris livraison, sans préjudice de la garantie stipulée audit article.

D. — Immédiatement après la prise de possession définitive, par la compagnie, de tout ou partie des travaux à la charge de l'État, il sera dressé, contradictoirement entre l'administration et ladite compagnie, un état des lieux.

Cet état comprendra :

1° La description de tous les travaux qui serviront d'emplacement au chemin de fer et à ses dépendances ;

2° L'état des travaux d'art et de terrassement comprenant les ponts, ponceaux, aqueducs, maisons de gardes et tous autres ouvrages construits en vertu des projets approuvés par l'administration supérieure.

E. — La compagnie exécutera à ses frais les travaux de toute nature relatifs à l'établissement des gares, stations et ateliers, sauf toutefois les terrassements et les ouvrages d'art qui lui sont livrés par l'État, ainsi qu'il est dit ci-dessus.

Elle fournira et posera à ses frais le ballast, la voie de fer et tous ses accessoires. Elle fournira les machines locomotives, les voitures de voyageurs, les wagons de marchandises, les grues et engins nécessaires pour le mouvement des marchandises, les pompes et réservoirs d'eau pour l'alimentation des machines, l'outillage des ateliers de réparation, et en général tout le matériel de transport, de chargement et de déchargement nécessaire à l'exploitation.

Elle établira à ses frais les clôtures nécessaires pour séparer le chemin de fer des propriétés riveraines et pour assurer la sûreté de la circulation.

Ne sont pas comprises dans les clôtures mises à la charge de la compagnie les barrières des passages à niveau, lesquelles seront exécutées par l'État et à ses frais.

A l'égard du ballast, il pourra, du consentement mutuel de l'État et de la compagnie, être fourni et posé par l'administration et, dans ce cas, la compagnie tiendra compte à l'État de la différence entre la dépense réelle faite par lui et celle que lui aurait imposée le simple établissement des terrassements sans le ballast.

F. — La compagnie sera tenue de commencer l'exploitation sur les sections qui lui auront été livrées par l'État à l'expiration du délai d'un an mentionné au premier paragraphe de l'article B ci-dessus.

TITRE II.

ENTRETIEN ET EXPLOITATION.

Art. 30. Le chemin de fer et toutes ses dépendances seront constamment entretenus en bon état, de manière que la circulation y soit toujours facile et sûre.

Les frais d'entretien et ceux auxquels donneront lieu les réparations ordinaires et extraordinaires seront entièrement à la charge de la compagnie.

Si le chemin de fer, une fois achevé, n'est pas constamment entretenu en bon état, il y sera pourvu d'office à la diligence de l'administration et aux frais de la compagnie, sans préjudice, s'il y a lieu, de l'application des dispositions indiquées ci-après dans l'article 40.

Le montant des avances faites sera recouvré au moyen de rôles que le préfet rendra exécutoires.

ART. 31. La compagnie sera tenue d'établir à ses frais, partout où besoin sera, des gardiens en nombre suffisant pour assurer la sécurité du passage des trains sur la voie et celle de la circulation ordinaire sur les points où le chemin de fer sera traversé à niveau par des routes ou chemins.

ART. 32. Les machines locomotives seront construites sur les meilleurs modèles; elles devront consumer leur fumée et satisfaire d'ailleurs à toutes les conditions prescrites ou à prescrire par l'administration pour la mise en service de ce genre de machines.

Les voitures de voyageurs devront également être faites d'après les meilleurs modèles, et satisfaire à toutes les conditions réglées ou à régler pour les voitures servant au transport des voyageurs sur les chemins de fer. Elles seront suspendues sur ressorts et garnies de banquettes.

Il y en aura de trois classes au moins :

Les voitures de première classe seront couvertes, garnies et fermées à glaces;

Celles de deuxième classe seront couvertes, fermées à glaces, et auront des banquettes rembourrées ;

Celles de troisième classe seront couvertes, fermées à vitres et munies de banquettes à dossier.

L'intérieur de chacun des compartiments de toute classe contiendra l'indication du nombre des places de ce compartiment.

L'administration pourra exiger qu'un compartiment de chaque classe soit réservé, dans les trains de voyageurs, aux femmes voyageant seules.

Les voitures de voyageurs, les wagons destinés au transport des marchandises, des chaises de poste, des chevaux ou des bestiaux, les plates-formes et, en général, toutes les parties du matériel roulant seront de bonne et solide construction.

La compagnie sera tenue, pour la mise en service de ce matériel, de se soumettre à tous les règlements sur la matière.

Les machines locomotives, tenders, voitures, wagons de toute espèce, plates-formes, composant le matériel roulant, seront constamment entretenus en bon état.

Art. 33. Des règlements d'administration publique, rendus après que la compagnie aura été entendue, détermineront les mesures et les dispositions nécessaires pour assurer la police et l'exploitation du chemin de fer, ainsi que la conservation des ouvrages qui en dépendent.

Toutes les dépenses qu'entraînera l'exécution des mesures prescrites en vertu de ces règlements seront à la charge de la compagnie.

La compagnie sera tenue de soumettre à l'approbation de l'administration les règlements relatifs au service et à l'exploitation du chemin de fer.

Les règlements dont il s'agit dans les deux paragraphes précédents seront obligatoires, non seulement pour la compagnie concessionnaire, mais encore pour toutes celles qui obtiendraient ultérieurement l'autorisation d'établir des lignes de chemin de fer d'embranchement ou de prolongement, et, en général, pour toutes les personnes qui emprunteraient l'usage du chemin de fer.

Le Ministre déterminera, sur la proposition de la compagnie, le minimum et le maximum de vitesse des convois de voyageurs et de marchandises et des convois spéciaux des postes, ainsi que la durée du trajet.

Art. 34. Pour tout ce qui concerne l'entretien et les réparations du chemin de fer et de ses dépendances, l'entretien du matériel et le service de l'exploitation, la compagnie sera soumise au contrôle et à la surveillance de l'administration.

Outre la surveillance ordinaire, l'administration déléguera, aussi souvent qu'elle le jugera utile, un ou plusieurs commissaires pour reconnaître et constater l'état du chemin de fer, en ses dépendances et du matériel.

TITRE III.

DURÉE, RACHAT ET DÉCHÉANCE DE LA CONCESSION.

ART. 35. La durée de la concession, pour l'ensemble des lignes mentionnées à l'article premier du présent cahier des charges, sera de quatre-vingt-dix-neuf ans (99 ans). Elle commencera à courir le premier janvier mil huit cent cinquante-huit (1er janvier 1858), et finira le trente et un décembre mil neuf cent cinquante-six (31 décembre 1956).

ART. 36. A l'époque fixée pour l'expiration de la concession, et par le seul fait de cette expiration, le Gouvernement sera subrogé à tous les droits de la compagnie sur le chemin de fer et ses dépendances, et il entrera immédiatement en jouissance de tous ses produits.

La compagnie sera tenue de lui remettre en bon état d'entretien le chemin de fer et tous les immeubles qui en dépendent, quelle qu'en soit l'origine, tels que les bâtiments des gares et stations, les remises, ateliers et dépôts, les maisons de garde, etc. Il en sera de même de tous les objets immobiliers dépendant également dudit chemin, tels que les barrières et clôtures, les voies, changements de voies, plaques tournantes, réservoirs d'eau, grues hydrauliques, machines fixes, etc.

Dans les cinq dernières années qui précéderont le terme de la concession, le Gouvernement aura le droit de saisir les revenus du chemin de fer et de les employer à rétablir en bon état le chemin de fer et ses dépendances, si la compagnie ne se mettait pas en mesure de satisfaire pleinement et entièrement à cette obligation.

En ce qui concerne les objets mobiliers, tels que le matériel roulant, les matériaux, combustibles et approvisionnements de tout genre, le mobilier des stations, l'outillage des ateliers et des gares, l'État sera tenu, si la compagnie le requiert, de reprendre tous ces objets sur l'estimation qui en sera faite à dire d'experts; et, réciproquement, si l'État le requiert, la compagnie sera tenue de les céder de la même manière.

Toutefois l'État ne pourra être tenu de reprendre que les approvisionnements nécessaires à l'exploitation du chemin pendant six mois.

ART. 37. A toute époque après l'expiration de quinze années, à partir du 1er janvier 1869, le Gouvernement aura la faculté de racheter la concession entière du chemin de fer.

Pour régler le prix du rachat, on relèvera les produits nets annuels obtenus par la compagnie pendant les sept années qui auront précédé celle où le rachat sera effectué ; on en déduira les produits nets des deux plus faibles années, et l'on établira le produit net moyen des cinq autres années.

Ce produit net moyen formera le montant d'une annuité qui sera due et payée à la compagnie pendant chacune des années restant à courir sur la durée de la concession.

Dans aucun cas, le montant de l'annuité ne sera inférieur au produit net de la dernière des sept années prises pour terme de comparaison.

La compagnie recevra, en outre, dans les trois mois qui suivront le rachat, les remboursements auxquels elle aurait droit à l'expiration de la concession, selon l'article 36 ci-dessus.

ART. 38. La compagnie est dispensée de tout cautionnement, à raison de la concession des lignes nouvelles.

ART. 39. Faute par la compagnie d'avoir terminé les travaux dans le délai fixé par l'article 2, faute aussi par elle d'avoir rempli les diverses obligations qui lui sont imposées par le présent cahier des charges, elle encourra la déchéance, et il sera pourvu, tant à la continuation et à l'achèvement des travaux, qu'à l'exécution des autres engagements contractés par la compagnie, au moyen d'une adjudication que l'on ouvrira sur une mise à prix des ouvrages exécutés, des matériaux approvisionnés et des parties du chemin de fer déjà livrées à l'exploitation.

Les soumissions pourront être inférieures à la mise à prix.

La nouvelle compagnie sera soumise aux clauses du présent cahier des charges, et la compagnie évincée recevra d'elle le prix que la nouvelle adjudication aura fixé.

Si l'adjudication ouverte n'amène aucun résultat, une seconde adjudication sera tentée sur les mêmes bases, après un délai de trois mois; si cette seconde tentative reste également sans résultat, la compagnie sera définitivement déchue de tous droits, et alors les ouvrages exécutés, les matériaux approvisionnés et les parties de chemin de fer déjà livrées à l'exploitation appartiendront à l'État.

Art. 40. Si l'exploitation du chemin de fer vient à être interrompue en totalité ou en partie, l'administration prendra immédiatement, aux frais et risques de la compagnie, les mesures nécessaires pour assurer provisoirement le service.

Si, dans les trois mois de l'organisation du service provisoire, la compagnie n'a pas valablement justifié qu'elle est en état de reprendre et de continuer l'exploitation, et si elle ne l'a pas effectivement reprise, la déchéance pourra être prononcée par le Ministre. Cette déchéance prononcée, le chemin de fer et toutes ses dépendances seront mis en adjudication, et il sera procédé ainsi qu'il est dit à l'article précédent.

Art. 41. Les dispositions des deux articles qui précèdent cesseraient d'être applicables, et la déchéance ne serait pas encourue, dans le cas où le concessionnaire n'aurait pu remplir ses obligations par suite de circonstances de force majeure dûment constatées.

TITRE IV.

TAXES ET CONDITIONS RELATIVES AU TRANSPORT DES VOYAGEURS ET DES MARCHANDISES.

Art. 42. Pour indemniser la compagnie des travaux et dépenses qu'elle s'engage à faire par le présent cahier des charges, et sous la condition expresse qu'elle en remplira exactement toutes les obligations, le Gouvernement lui accorde l'autorisation de percevoir, pendant toute la durée de la concession, les droits de péage et les prix de transport ci-après déterminés :

	PRIX		
TARIF. 1° PAR TÊTE ET PAR KILOMÈTRE.	de PÉAGE.	de TRANS- PORT.	TOTAUX.
	fr. c.	fr. c.	fr. c.

Grande vitesse.

Voya-geurs. Voitures couvertes, garnies et fermées à glaces (1re classe)................	0 067	0 033	0 10
Voitures couvertes, fermées à glaces et à banquettes rembourrées (2e classe)...	0 050	0 025	0 075
Voitures couvertes et fermées à vitres (3e classe).....................	0 037	0 018	0 055
En-fants. Au-dessous de trois ans, les enfants ne payent rien, à la condition d'être portés sur les genoux des personnes qui les accompagnent.			
De trois à sept ans, ils payent demi-place, et ont droit à une place distincte; toutefois, dans un même compartiment, deux enfants ne pourront occuper que la place d'un voyageur.			
Au-dessus de sept ans, ils payent place entière.			
Chiens transportés dans les trains de voyageurs....	0 010	0 005	0 015
(Sans que la perception puisse être inférieure à 0 fr. 30 cent.)			

Petite vitesse.

Bœufs, vaches, taureaux, chevaux, mulets, bêtes de trait..............................	0 07	0 03	0 10
Veaux et porcs........................	0 025	0 015	0 04
Moutons, brebis, agneaux, chèvres............	0 01	0 01	0 02
(Lorsque les animaux ci-dessus dénommés se-ront, sur la demande des expéditeurs, transportés à la vitesse des trains de voyageurs, les prix seront doublés.)			

	PRIX		
2° PAR TONNE ET PAR KILOMÈTRE.	de PÉAGE.	de TRANS-PORT.	TOTAUX.
	fr. c.	fr. c.	fr. c.
Marchandises transportées à grande vitesse.			
Huîtres. — Poissons frais. — Denrées. — Excédents de bagage et marchandises de toute classe transportées à la vitesse des trains de voyageurs......	0 20	0 16	0 36
Marchandises transportées à petite vitesse.			
1re classe : Spiritueux. — Huiles. — Bois de menuiserie, de teinture et autres bois exotiques. — Produits chimiques non dénommés. — Œufs. — Viande fraîche. — Gibier. — Sucre. — Café. — Drogues. — Épiceries. — Tissus. — Denrées coloniales. — Objets manufacturés. — Armes ..	0 09	0 07	0 16
2e classe : Blés. — Grains. — Farines. — Légumes farineux. — Riz, maïs, châtaignes et autres denrées alimentaires non dénommées. — Chaux et plâtre. — Charbon de bois. — Bois à brûler dit *de corde*. — Perches. — Chevrons. — Planches. — Madriers. — Bois de charpente. — Marbre en bloc. — Albâtre. — Bitume. — Cotons. — Laines. Vins. — Vinaigres. — Boissons. — Bière. — Levure sèche. — Coke. — Fers. — Cuivres. — Plomb et autres métaux ouvrés ou non. — Fontes moulées.	0 08	0 06	0 14
3° classe : Houille. — Marne. — Cendres. — Fumiers et engrais. — Pierres à chaux et à plâtre. — Pavés et matériaux pour la construction et la réparation des routes. — Pierres de taille et produits de carrières. — Minerais de fer et autres. — Fonte brute. — Sel. — Moellons. — Meulières. — Cailloux. — Sable. — Argiles. — Briques. — Ardoises.	0 06	0 04	0 10
3° VOITURES ET MATÉRIEL ROULANT TRANSPORTÉS À PETITE VITESSE.			
(Par pièce et par kilomètre.)			
Wagon ou chariot pouvant porter de 3 à 6 tonnes..	0 09	0 06	0 15
Wagon ou chariot pouvant porter plus de 6 tonnes..	0 12	0 08	0 20
Locomotive pesant de 12 à 18 tonnes (ne traînant pas de convoi)......	1 80	1 20	3 00
Locomotive pesant plus de 18 tonnes (ne traînant pas de convoi)	2 25	1 50	3 75

	PRIX		
	de PÉAGE.	de TRANSPORT.	TOTAUX.
3° VOITURES ET MATÉRIEL ROULANT TRANSPORTÉS À PETITE VITESSE. (Suite.)	fr. c.	fr. c.	fr. c.
Tender de 7 à 10 tonnes......................	0 90	0 60	1 50
Tender de plus de 10 tonnes..................	1 35	0 90	2 25
Les machines locomotives seront considérées comme ne traînant pas de convoi, lorsque le convoi remorqué, soit de voyageurs, soit de marchandises, ne comportera pas un péage au moins égal à celui qui serait perçu sur la locomotive avec son tender, marchant sans rien traîner.			
Le prix à payer pour un wagon chargé ne pourra jamais être inférieur à celui qui serait dû pour un wagon marchant à vide.			
Voiture à deux ou quatre roues, à un fond et à une seule banquette dans l'intérieur.............	0 15	0 10	0 25
Voiture à quatre roues, à deux fonds, et à deux banquettes dans l'intérieur, omnibus, diligences, etc...........................	0 18	0 14	0 32
Lorsque, sur la demande des expéditeurs, les transports auront lieu à la vitesse des trains de voyageurs, les prix ci-dessus seront doublés.			
Dans ce cas, deux personnes pourront, sans supplément de prix, voyager dans les voitures à une banquette, et trois dans les voitures à deux banquettes, omnibus, diligences, etc.; les voyageurs excédant ce nombre payeront le prix des places de deuxième classe.			
Voitures de déménagement à deux ou à quatre roues, à vide..............................	0 12	0 08	0 20
Ces voitures, lorsqu'elles seront chargées, payeront en sus des prix ci-dessus, par tonne de chargement et par kilomètre................	0 08	0 06	0 14
4° SERVICE DES POMPES FUNÈBRES ET TRANSPORT DES CERCUEILS.			
Grande vitesse.			
Une voiture des pompes funèbres, renfermant un ou plusieurs cercueils, sera transportée aux mêmes prix et conditions qu'une voiture à quatre roues, à deux fonds et à deux banquettes.......	0 36	0 28	0 64
Chaque cercueil confié à l'administration du chemin de fer sera transporté dans un compartiment isolé, au prix de.....................	0 18	0 12	0 30

Les prix déterminés ci-dessus pour les transports à grande vitesse ne comprennent pas l'impôt dû à l'État.

Il est expressément entendu que les prix de transport ne seront dus à la compagnie qu'autant qu'elle effectuerait elle-même ces transports à ses frais et par ses propres moyens; dans le cas contraire, elle n'aura droit qu'aux prix fixés pour le péage.

La perception aura lieu d'après le nombre de kilomètres parcourus. Tout kilomètre entamé sera payé comme s'il avait été parcouru en entier.

Si la distance parcourue est inférieure à six kilomètres, elle sera comptée pour six kilomètres.

Le poids de la tonne est de mille kilogrammes.

Les fractions de poids ne seront comptées, tant pour la grande que pour la petite vitesse, que par centième de tonne ou par dix kilogrammes.

Ainsi, tout poids compris entre zéro et dix kilogrammes payera comme dix kilogrammes; entre dix et vingt kilogrammes, comme vingt kilogrammes, etc.

Toutefois, pour les excédents de bagages et marchandises à grande vitesse, les coupures seront établies : 1° de zéro à cinq kilogrammes; 2° au-dessus de cinq jusqu'à dix kilogrammes; 3° au-dessus de dix kilogrammes par fraction indivisible de dix kilogrammes.

Quelle que soit la distance parcourue, le prix d'une expédition quelconque, soit en grande, soit en petite vitesse, ne poura être moindre de quarante centimes.

Dans le cas où le prix moyen de l'hectolitre de blé s'élèverait sur les marchés régulateurs de la quatrième classe, deuxième section, à vingt francs ou au-dessus, le Gouvernement pourra exiger de la compagnie que le tarif du transport des blés, grains, riz, maïs, farines et légumes farineux, péage compris, ne puisse s'élever au maximum qu'à dix centimes (0^{f}10^c), par tonne et par kilomètre.

A$_{RT}$. 43. A moins d'une autorisation spéciale et révocable de l'administration, tout train régulier de voyageurs devra contenir des voitures de toute classe en nombre suffisant pour toutes les personnes qui se présenteraient dans les bureaux du chemin de fer.

Dans chaque train de voyageurs, la compagnie aura la faculté de placer des voitures à compartiments spéciaux pour lesquels il sera établi des prix particuliers, que l'administration fixera sur la proposition de la compagnie ; mais le nombre des places à donner dans ces compartiments ne pourra dépasser le cinquième du nombre total des places du train.

Art. 44. Tout voyageur dont le bagage ne pèsera pas plus de trente kilogrammes n'aura à payer, pour le port de ce bagage, aucun supplément du prix de sa place.

Cette franchise ne s'appliquera pas aux enfants transportés gratuitement, et elle sera réduite à vingt kilogrammes pour les enfants transportés à moitié prix.

Art. 45. Les animaux, denrées, marchandises, effets et autres objets non désignés dans le tarif seront rangés, pour les droits à percevoir, dans les classes avec lesquelles ils auront le plus d'analogie, sans que jamais, sauf les exceptions formulées aux articles 46 et 47 ci-après, aucune marchandise non dénommée puisse être soumise à une taxe supérieure à celle de la première classe du tarif ci-dessus.

Les assimilations de classes pourront être provisoirement réglées par la compagnie ; mais elles seront soumises immédiatement à l'administration, qui prononcera définitivement.

Art. 46. Les droits de péage et les prix de transport déterminés au tarif ne sont point applicables à toute masse indivisible pesant plus de trois mille kilogrammes (3,000^k).

Néanmoins, la compagnie ne pourra se refuser à transporter les masses indivisibles pesant de trois mille à cinq mille kilogrammes ; mais les droits de péage et les prix de transport seront augmentés de moitié.

La compagnie ne pourra être contrainte à transporter les masses pesant plus de cinq mille kilogrammes (5,000^k).

Si, nonobstant la disposition qui précède, la compagnie transporte des masses indivisibles pesant plus de cinq mille kilogrammes, elle devra, pendant trois mois au moins, accorder les mêmes facilités à tous ceux qui en feraient la demande.

Dans ce cas, les prix de transport seront fixés par l'Administration sur la proposition de la compagnie.

Art. 47. Les prix de transport déterminés au tarif ne sont point applicables :

1° Aux denrées et objets qui ne sont pas nommément énoncés dans le tarif, et qui ne pèseraient pas deux cents kilogrammes sous le volume d'un mètre cube ;

2° Aux matières inflammables ou explosibles, aux animaux et objets dangereux, pour lesquels des règlements de police prescriraient des précautions spéciales ;

3° Aux animaux dont la valeur déclarée excéderait cinq mille francs ;

4° A l'or et à l'argent, soit en lingots, soit monnayés ou travaillés, au plaqué d'or ou d'argent, au mercure et au platine, ainsi qu'aux bijoux, dentelles, pierres précieuses, objets d'art et autres valeurs ;

5° Et, en général, à tous paquets, colis ou excédents de bagages, pesant isolément quarante kilogrammes et au-dessous.

Toutefois les prix de transport déterminés au tarif sont applicables à tous paquets ou colis, quoique emballés à part, s'ils font partie d'envois pesant ensemble plus de quarante kilogrammes d'objets envoyés par une même personne à une même personne. Il en sera de même pour les excédents de bagages qui pèseraient ensemble ou isolément plus de quarante kilogrammes.

Le bénéfice de la disposition énoncée dans le paragraphe précédent, en ce qui concerne les paquets et colis, ne peut être invoqué par les entrepreneurs de messageries et de roulage et autres intermédiaires de transport, à moins que les articles par eux envoyés ne soient réunis en un seul colis.

Dans les cinq cas ci-dessus spécifiés, les prix de transport seront arrêtés annuellement par l'administration, tant pour la grande que pour la petite vitesse, sur la proposition de la compagnie.

En ce qui concerne les paquets ou colis mentionnés au paragraphe 5 ci-dessus, les prix de transport devront être calculés de telle manière qu'en aucun cas un de ces paquets ou colis ne puisse payer un prix plus élevé qu'un article de même nature pesant plus de quarante kilogrammes.

Art. 48. Dans le cas où la compagnie jugerait convenable, soit pour le parcours total, soit pour les parcours partiels de la voie de fer, d'abaisser, avec ou sans conditions, au-dessous des limites déterminées par le tarif les taxes qu'elle est autorisée à percevoir, les taxes abaissées ne pourront être relevées qu'après un délai de trois mois au moins pour les voyageurs et d'un an pour les marchandises.

Toute modification de tarif proposée par la compagnie sera annoncée un mois d'avance par des affiches.

La perception des tarifs modifiés ne pourra avoir lieu qu'avec l'homologation de l'administration supérieure, conformément aux dispositions de l'ordonnance du 15 novembre 1846.

La perception des taxes devra se faire indistinctement et sans aucune faveur.

Tout traité particulier qui aurait pour effet d'accorder à un ou plusieurs expéditeurs une réduction sur les tarifs approuvés demeure formellement interdit.

Toutefois cette disposition n'est pas applicable aux traités qui pourraient intervenir entre le Gouvernement et la compagnie dans l'intérêt des services publics, ni aux réductions ou remises qui seraient accordées par la compagnie aux indigents.

En cas d'abaissement des tarifs, la réduction portera proportionnellement sur le péage et sur le transport.

Art. 49. La compagnie sera tenue d'effectuer constamment avec soin, exactitude et célérité, et sans tour de faveur, le transport des voyageurs, bestiaux, denrées, marchandises et objets quelconques qui lui seront confiés.

Les colis, bestiaux et objets quelconques seront inscrits, à la gare d'où ils partent et à la gare où ils arrivent, sur des registres spéciaux, au fur et à mesure de leur réception; mention sera faite, sur les registres de la gare de départ, du prix total dû pour leur transport.

Pour les marchandises ayant une même destination, les expéditions auront lieu suivant l'ordre de leur inscription à la gare de départ.

Toute expédition de marchandises sera constatée, si l'expéditeur le demande, par une lettre de voiture, dont un exemplaire restera aux mains de la compagnie et l'autre aux mains de l'expéditeur. Dans le cas où l'expéditeur ne demanderait pas de lettre de voiture, la compagnie sera tenue de lui délivrer un récépissé qui énoncera la nature et le poids du colis, le prix total du transport et le délai dans lequel ce transport devra être effectué.

ART. 50. Les animaux, denrées, marchandises et objets quelconques seront expédiés et livrés de gare en gare, dans les délais résultant des conditions ci-après exprimées :

1° Les animaux, denrées, marchandises et objets quelconques, à grande vitesse, seront expédiés par le premier train de voyageurs comprenant des voitures de toute classe, et correspondant avec leur destination, pourvu qu'ils aient été présentés à l'enregistrement trois heures avant le départ de ce train.

Ils seront mis à la disposition des destinataires, à la gare, dans le délai de deux heures après l'arrivée du même train ;

2° Les animaux, denrées, marchandises et objets quelconques, à petite vitesse, seront expédiés dans le jour qui suivra celui de la remise; toutefois, l'administration supérieure pourra étendre ce délai à deux jours.

Le maximum de durée du trajet sera fixé par l'administration, sur la proposition de la compagnie, sans que ce maximum puisse excéder vingt-quatre heures par fraction indivisible de cent vingt-cinq kilomètres.

Les colis seront mis à la disposition des destinataires dans le jour qui suivra celui de leur arrivée effective en gare.

Le délai total résultant des trois paragraphes ci-dessus sera seul obligatoire pour la compagnie.

Il pourra être établi un tarif réduit, approuvé par le Ministre, pour tout expéditeur qui acceptera des délais plus longs que ceux déterminés ci-dessus pour la petite vitesse.

Pour le transport des marchandises, il pourra être établi, sur la proposition de la compagnie, un délai moyen entre ceux de la grande et de la petite vitesse. Le prix correspondant à ce délai sera un prix intermédiaire entre ceux de la grande et de la petite vitesse.

L'administration supérieure déterminera, par des règlements spéciaux, les heures d'ouverture et de fermeture des gares et stations, tant en hiver qu'en été, ainsi que les dispositions relatives aux denrées apportées par les trains de nuit et destinées à l'approvisionnement des marchés des villes.

Lorsque la marchandise devra passer d'une ligne sur une autre sans solution de continuité, les délais de livraison et d'expédition au point de jonction seront fixés par l'administration, sur la proposition de la compagnie.

ART. 51. Les frais accessoires non mentionnés dans les tarifs, tels que ceux d'enregistrement, de chargement, de déchargement et de magasinage dans les gares et magasins du chemin de fer, seront fixés annuellement par l'administration, sur la proposition de la compagnie.

ART. 52. La compagnie sera tenue de faire, soit par elle-même, soit par un intermédiaire dont elle répondra, le factage et le camionnage pour la remise au domicile des destinataires de toutes les marchandises qui lui sont confiées.

Le factage et le camionnage ne seront point obligatoires en dehors du rayon de l'octroi, non plus que pour les gares qui desserviraient, soit une population agglomérée de moins de cinq mille habitants, soit un centre de population de cinq mille habitants situé à plus de cinq kilomètres de la gare du chemin de fer.

Les tarifs à percevoir seront fixés par l'administration, sur la proposition de la compagnie; ils seront applicables à tout le monde sans distinction.

Toutefois les expéditeurs et destinataires resteront libres de faire eux-mêmes, et à leurs frais, le factage et le camionnage des marchandises.

Art. 53. A moins d'une autorisation spéciale de l'administration, il est interdit à la compagnie, conformément à l'article 14 de la loi du 15 juillet 1845, de faire directement ou indirectement avec des entreprises de transport de voyageurs ou de marchandises par terre ou par eau, sous quelque dénomination ou forme que ce puisse être, des arrangements qui ne seraient pas consentis en faveur de toutes les entreprises desservant les mêmes voies de communication.

L'administration, agissant en vertu de l'article 33 ci-dessus, prescrira les mesures à prendre pour assurer la plus complète égalité entre les diverses entreprises de transport dans leurs rap-ports avec le chemin de fer.

TITRE V.
STIPULATIONS RELATIVES À DIVERS SERVICES PUBLICS.

Art. 54. Les militaires ou marins voyageant en corps, aussi bien que les militaires ou marins voyageant isolément pour cause de service, envoyés en congé limité ou en permission, ou rentrant dans leurs foyers après libération, ne seront assujettis, eux, leurs chevaux et leurs bagages, qu'au quart de la taxe du tarif fixé par le présent cahier des charges.

Si le Gouvernement avait besoin de diriger des troupes et un matériel militaire ou naval sur l'un des points desservis par le chemin de fer, la compagnie serait tenue de mettre immédiatement à sa disposition, pour la moitié de la taxe du même tarif, tous ses moyens de transport.

Art. 55. Les fonctionnaires ou agents chargés de l'inspection, du contrôle et de la surveillance du chemin de fer seront transportés gratuitement dans les voitures de la compagnie.

La même faculté est accordée aux agents des contributions indirectes et des douanes chargés de la surveillance des chemins de fer dans l'intérêt de la perception de l'impôt.

Art. 56. Le service des lettres et dépêches sera fait comme il suit :

1° A chacun des trains de voyageurs et de marchandises circulant aux heures ordinaires de l'exploitation, la compagnie sera tenue de réserver gratuitement deux compartiments spéciaux d'une voiture de deuxième classe, ou un espace équivalent, pour recevoir les lettres, les dépêches et les agents nécessaires au service des postes, le surplus de la voiture restant à la disposition de la compagnie.

2° Si le volume des dépêches ou la nature du service rend insuffisante la capacité de deux compartiments à deux banquettes, de sorte qu'il y ait lieu de substituer une voiture spéciale aux wagons ordinaires, le transport de cette voiture sera également gratuit.

Lorsque la compagnie voudra changer les heures de départ de ses convois ordinaires, elle sera tenue d'en avertir l'administration des postes quinze jours à l'avance.

3° Un train spécial régulier, dit *train journalier de la poste*, sera mis gratuitement chaque jour, à l'aller et au retour, à la disposition du Ministre des finances, pour le transport des dépêches sur toute l'étendue de la ligne.

4° L'étendue du parcours, les heures de départ et d'arrivée, soit de jour, soit de nuit, la marche et les stationnements de ce convoi, sont réglés par le Ministre de l'agriculture, du commerce et des travaux publics et le Ministre des finances, la compagnie entendue.

5° Indépendamment de ce train, il pourra y avoir tous les jours, à l'aller et au retour, un ou plusieurs convois spéciaux, dont la marche sera réglée comme il est dit ci-dessus. La rétribution payée à la compagnie pour chaque convoi ne pourra excéder soixante-quinze centimes par kilomètre parcouru pour la première voiture et vingt-cinq centimes pour chaque voiture en sus de la première.

6° La compagnie pourra placer dans les convois spéciaux de la poste des voitures de toutes classes, pour le transport, à son profit, des voyageurs et des marchandises.

7° La compagnie ne pourra être tenue d'établir des convois spéciaux, ou de changer les heures de départ, la marche ou le stationnement de ces convois, qu'autant que l'administration l'aura prévenue, par écrit, quinze jours à l'avance.

8°. Néanmoins, toutes les fois qu'en dehors des services réguliers l'administration requerra l'expédition d'un convoi extraordinaire, soit de jour soit de nuit, cette expédition devra être faite immédiatement, sauf l'observation des règlements de police. Le prix sera ultérieurement réglé, de gré à gré ou à dire d'experts, entre l'administration et la compagnie.

9° L'administration des postes fera construire à ses frais les voitures qu'il pourra être nécessaire d'affecter spécialement au transport et à la manutention des dépêches; elle réglera la forme et les dimensions de ces voitures, sauf l'approbation, par le Ministre de l'agriculture, du commerce et des travaux publics, des dispositions qui intéressent la régularité et la sécurité de la circulation; elles seront montées sur châssis et sur roues; leur poids ne dépassera pas huit mille kilogrammes, chargement compris. L'administration des postes fera entretenir à ses frais ses voitures spéciales; toutefois l'entretien des châssis et des roues sera à la charge de la compagnie.

10° La compagnie ne pourra réclamer aucune augmentation des prix ci-dessus indiqués lorsqu'il sera nécessaire d'employer des plates-formes au transport des malles-poste ou des voitures spéciales en réparation.

11° La vitesse moyenne des convois spéciaux mis à la disposition de l'administration des postes ne pourra être moindre de quarante kilomètres à l'heure, temps d'arrêt compris; l'administration pourra consentir une vitesse moindre, soit à raison des pentes, soit à raison des courbes à parcourir, ou bien exiger une plus grande vitesse, dans le cas où la compagnie obtiendrait plus tard dans la marche de son service une vitesse supérieure.

12° La compagnie sera tenue de transporter gratuitement, par tous les convois de voyageurs, tout agent des postes chargé d'une mission ou d'un service accidentel et porteur d'un ordre de service régulier délivré à Paris par le directeur général des postes.

Il sera accordé à l'agent des postes en mission une place de voiture de deuxième classe, ou de première classe, si le convoi ne comporte pas de voiture de deuxième classe,

13° La compagnie sera tenue de fournir à chacun des points extrêmes de la ligne, ainsi qu'aux principales stations intermédiaires qui seront désignées par l'administration des postes, un emplacement sur lequel l'administration pourra faire construire des bureaux de poste ou d'entrepôt des dépêches et des hangars pour le chargement et le déchargement des malles-postes. Les dimensions de cet emplacement seront, au maximum, de soixante-quatre mètres carrés dans les gares des départements, et du double à Paris.

14° La valeur locative du terrain ainsi fourni par la compagnie lui sera payée de gré à gré, ou à dire d'experts.

15° La position sera choisie de manière que les bâtiments qui y seront construits aux frais de l'administration des postes ne puissent entraver en rien le service de la compagnie.

16° L'administration se réserve le droit d'établir à ses frais, sans indemnité, mais aussi sans responsabilité pour la compagnie, tous poteaux ou appareils nécessaires à l'échange des dépêches sans arrêt de train, à la condition que ces appareils, par leur nature ou leur position, n'apportent pas d'entraves aux différents services de la ligne ou des stations.

17° Les employés chargés de la surveillance du service, les agents préposés à l'échange ou à l'entrepôt des dépêches auront accès dans les gares ou stations pour l'exécution de leur service, en se conformant aux règlements de police intérieure de la compagnie.

Art. 57. La compagnie sera tenue, à toute réquisition, de faire partir, par convoi ordinaire, les wagons ou voitures cellulaires employés au transport des prévenus, accusés ou condamnés.

Les wagons et les voitures employés au service dont il s'agit seront construits aux frais de l'État ou des départements; leurs formes et dimensions seront déterminées de concert par le Ministre de l'intérieur et par le Ministre de l'agriculture, du commerce et des travaux publics, la compagnie entendue.

Les employés d'administration, les gardiens et les prisonniers placés dans les wagons ou voitures cellulaires ne seront assujettis qu'à la moitié de la taxe applicable aux places de la troisième classe, telle qu'elle est fixée par le présent cahier des charges.

Les gendarmes placés dans les mêmes voitures ne payeront que le quart de la même taxe.

Le transport des wagons et des voitures sera gratuit.

Dans le cas où l'administration voudrait, pour le transport des prisonniers, faire usage des voitures de la compagnie, celle-ci serait tenue de mettre à sa disposition un ou plusieurs compartiments spéciaux de voitures de deuxième classe à deux banquettes. Le prix de location en sera fixé à raison de vingt centimes (0^f20^c) par compartiment et par kilomètre.

Les dispositions qui précèdent seront applicables au transport des jeunes délinquants recueillis par l'administration pour être transférés dans les établissements d'éducation.

Art. 58. Le Gouvernement se réserve la faculté de faire, le long des voies, toutes les constructions, de poser tous les appareils nécessaires à l'établissement d'une ligne télégraphique, sans nuire au service du chemin de fer.

Sur la demande de l'administration des lignes télégraphiques, il sera réservé, dans les gares des villes et des localités qui seront désignées ultérieurement, le terrain nécessaire à l'établissement des maisonnettes destinées à recevoir le bureau télégraphique et son matériel.

La compagnie concessionnaire sera tenue de faire garder par ses agents les fils et les appareils des lignes électriques, de donner aux employés télégraphiques connaissance de tous les accidents qui pourraient survenir et de leur en faire connaître les causes. En cas de rupture du fil télégraphique, les employés de la compagnie auront à raccrocher provisoirement les bouts séparés d'après les instructions qui leur seront données à cet effet.

Les agents de la télégraphie voyageant pour le service de la ligne électrique auront le droit de circuler gratuitement dans les voitures du chemin de fer.

En cas de rupture du fil télégraphique ou d'accidents graves, une locomotive sera mise immédiatement à la disposition de l'inspecteur télégraphique de la ligne pour le transporter sur le lieu de l'accident avec les hommes et les matériaux nécessaires à la réparation. Ce transport sera gratuit, et il devra être effectué dans des conditions telles qu'il ne puisse entraver en rien la circulation publique.

Dans le cas où des déplacements de fils, appareils ou poteaux deviendraient nécessaires par suite de travaux exécutés sur le chemin, ces déplacements auraient lieu, aux frais de la compagnie, par les soins de l'administration des lignes télégraphiques.

La compagnie pourra être autorisée et au besoin requise par le Ministre de l'agriculture, du commerce et des travaux publics, agissant de concert avec le Ministre de l'intérieur, d'établir à ses frais les fils et appareils télégraphiques destinés à transmettre les signaux nécessaires pour la sûreté et la régularité de son exploitation.

Elle pourra, avec l'autorisation du Ministre de l'intérieur, se servir des poteaux de la ligne télégraphique de l'État, lorsqu'une semblable ligne existera le long de la voie.

La compagnie sera tenue de se soumettre à tous les règlements d'administration publique concernant l'établissement et l'emploi de ces appareils, ainsi que l'organisation, aux frais de la compagnie, du contrôle de ce service par les agents de l'État.

TITRE VI.

CLAUSES DIVERSES.

ART. 59. Dans le cas où le Gouvernement ordonnerait ou autoriserait la construction de routes impériales, départementales ou vicinales, de chemins de fer ou de canaux qui traverseraient la ligne objet de la présente concession, la compagnie ne pourra s'opposer à ces travaux; mais toutes les dispositions nécessaires seront prises pour qu'il n'en résulte aucun obstacle à la construction ou au service du chemin de fer, ni aucuns frais pour la compagnie.

ART. 60. Toute exécution ou autorisation ultérieure de route, de canal, de chemin de fer, de travaux de navigation dans la contrée où est situé le chemin de fer objet de la présente concession, ou dans toute autre contrée voisine ou éloignée, ne pourra donner ouverture à aucune demande d'indemnité de la part de la compagnie.

ART. 61. Le Gouvernement se réserve expressément le droit d'accorder de nouvelles concessions de chemins de fer s'embranchant sur le chemin qui fait l'objet du présent cahier des charges, ou qui seraient établis en prolongement du même chemin.

La compagnie ne pourra mettre aucun obstacle à ces embranchements, ni réclamer, à l'occasion de leur établissement, aucune indemnité quelconque, pourvu qu'il n'en résulte aucun obstacle à la circulation ni aucuns frais particuliers pour la compagnie.

Les compagnies concessionnaires de chemins de fer d'embranchement ou de prolongement auront la faculté, moyennant les tarifs ci-dessus déterminés et l'observation des règlements de police et de service établis ou à établir, de faire circuler leurs voitures, wagons et machines sur le chemin de fer objet de la présente concession, pour lequel cette faculté sera réciproque à l'égard desdits embranchements et prolongements.

Dans le cas où les diverses compagnies ne pourraient s'entendre entre elles sur l'exercice de cette faculté, le Gouvernement statuerait sur les difficultés qui s'élèveraient entre elles à cet égard.

Dans le cas où une compagnie d'embranchement ou de prolongement joignant la ligne qui fait l'objet de la présente concession n'userait pas de la faculté de circuler sur cette ligne, comme aussi dans le cas où la compagnie concessionnaire de cette dernière ligne ne voudrait pas circuler sur les prolongements et embranchements, les compagnies seraient tenues de s'arranger entre elles de manière que le service de transport ne soit jamais interrompu aux points de jonction des diverses lignes.

Celle des compagnies qui se servira d'un matériel qui ne serait pas sa propriété payera une indemnité en rapport avec l'usage et la détérioration de ce matériel. Dans le cas où les compagnies ne se mettraient pas d'accord sur la quotité de l'indemnité ou sur les moyens d'assurer la continuation du service sur toute la ligne, le Gouvernement y pourvoirait d'office et prescrirait toutes les mesures nécessaires.

La compagnie pourra être assujettie, par les décrets qui seront ultérieurement rendus pour l'exploitation des chemins de fer de prolongement ou d'embranchement joignant celui qui lui est concédé, à accorder aux compagnies de ces chemins une réduction de péage ainsi calculée :

1° Si le prolongement ou l'embranchement n'a pas plus de cent kilomètres, dix pour cent (10 p. o/o) du prix perçu par la compagnie;

2° Si le prolongement ou l'embranchement excède cent kilomètres, quinze pour cent (15 p. o/o);

3° Si le prolongement ou l'embranchement excède deux cents kilomètres, vingt pour cent (20 p. o/o);

4° Si le prolongement ou l'embranchement excède trois cents kilomètres, vingt-cinq pour cent (25 p. o/o).

Art. 62. La compagnie sera tenue de s'entendre avec tout propriétaire de mines ou d'usines qui, offrant de se soumettre aux conditions prescrites ci-après, demanderait un nouvel embranchement; à défaut d'accord, le Gouvernement statuera sur la demande, la compagnie entendue.

Les embranchements seront construits aux frais des propriétaires de mines et d'usines, et de manière qu'il ne résulte de leur établissement aucune entrave à la circulation générale, aucune cause d'avarie pour le matériel ni aucuns frais particuliers pour la compagnie.

Leur entretien devra être fait avec soin, aux frais de leurs propriétaires et sous le contrôle de l'administration. La compagnie aura le droit de faire surveiller par ses agents cet entretien, ainsi que l'emploi de son matériel sur les embranchements.

L'administration pourra, à toutes époques, prescrire les modifications qui seraient jugées utiles dans la soudure, le tracé ou l'établissement de la voie desdits embranchements, et les changements seront opérés aux frais des propriétaires.

L'administration pourra même, après avoir entendu les propriétaires, ordonner l'enlèvement temporaire des aiguilles de soudure, dans le cas où les établissements embranchés viendraient à suspendre en tout ou en partie leurs transports.

La compagnie sera tenue d'envoyer ses wagons sur tous les embranchements autorisés destinés à faire communiquer des établissements de mines ou d'usines avec la ligne principale du chemin de fer.

La compagnie amènera ses wagons à l'entrée des embranchements.

Les expéditeurs ou destinataires feront conduire les wagons dans leurs établissements pour les charger ou décharger et les ramèneront au point de jonction avec la ligne principale, le tout à leurs frais.

Les wagons ne pourront, d'ailleurs, être employés qu'au transport d'objets et marchandises destinés à la ligne principale du chemin de fer.

Le temps pendant lequel les wagons séjourneront sur les embranchements particuliers ne pourra excéder six heures lorsque l'embranchement n'aura pas plus d'un kilomètre. Le temps sera augmenté d'une demi-heure par kilomètre en sus du premier, non compris les heures de la nuit, depuis le coucher jusqu'au lever du soleil.

Dans le cas où les limites de temps seraient dépassées nonobstant l'avertissement spécial donné par la compagnie, elle pourra exiger une indemnité égale à la valeur du droit de loyer des wagons pour chaque période de retard après l'avertissement.

Les traitements des gardiens d'aiguille et des barrières des embranchements autorisés par l'administration seront à la charge des propriétaires des embranchements. Ces gardiens seront nommés et payés par la compagnie, et les frais qui en résulteront lui seront remboursés par lesdits propriétaires.

En cas de difficulté, il sera statué par l'administration, la compagnie entendue.

Les propriétaires d'embranchements seront responsables des avaries que le matériel pourrait éprouver pendant son parcours ou son séjour sur ces lignes.

Dans le cas d'inexécution d'une ou de plusieurs des conditions énoncées ci-dessus, le préfet pourra, sur la plainte de la compagnie et après avoir entendu le propriétaire de l'embranchement, ordonner par un arrêté la suspension du service et faire supprimer la soudure, sauf recours/ à l'administration supérieure et sans préjudice de tous dommages-intérêts que la compagnie serait en droit de répéter pour la non-exécution de ces conditions.

Pour indemniser la compagnie de la fourniture et de l'emploi de son matériel sur les embranchements, elle est autorisée à percevoir un prix fixe de douze centimes (o^{f}12^c) par tonne pour le premier kilomètre, et, en outre, quatre centimes (o^{f}04^c) par tonne et par kilomètre en sus du premier, lorsque la longueur de l'embranchement excédera un kilomètre.

Tout kilomètre entamé sera payé comme s'il avait été parcouru en entier.

Le chargement et le déchargement sur les embranchements s'opéreront aux frais des expéditeurs ou destinataires, soit qu'ils les fassent eux-mêmes, soit que la compagnie du chemin de fer consente à les opérer. Dans ce dernier cas, ces frais seront l'objet d'un règlement arrêté par l'administration supérieure, sur la proposition de la compagnie.

Tout wagon envoyé par la compagnie sur un embranchement devra être payé comme wagon complet, lors même qu'il ne serait pas complètement chargé.

La surcharge, s'il y en a, sera payée au prix du tarif légal et au prorata du poids réel. La compagnie sera en droit de refuser les chargements qui dépasseraient le maximum de trois mille cinq cents kilogrammes déterminé en raison des dimensions actuelles des wagons.

Le maximum sera révisé par l'administration de manière à être toujours en rapport avec la capacité des wagons.

Les wagons seront pesés à la station d'arrivée par les soins et aux frais de la compagnie.

ART. 63. La contribution foncière sera établie en raison de la surface des terrains occupés par le chemin de fer et ses dépendances ; la cote en sera calculée, comme pour les canaux, conformément à la loi du 25 avril 1803.

Les bâtiments et magasins dépendant de l'exploitation du

chemin de fer seront assimilés aux propriétés bâties de la localité. Toutes les contributions auxquelles ces édifices pourront être soumis seront, aussi bien que la contribution foncière, à la charge de la compagnie.

ART. 64. Les agents et gardes que la compagnie établira, soit pour la perception des droits, soit pour la surveillance et la police du chemin de fer et de ses dépendances, pourront être assermentés et seront, dans ce cas, asssimilés aux gardes champêtres.

ART. 65. Un règlement d'administration publique désignera, la compagnie entendue, les emplois dont la moitié devra être réservée aux anciens militaires de l'armée de terre et de mer libérés du service.

ART. 66. Il sera institué près de la compagnie un ou plusieurs inspecteurs ou commissaires, spécialement chargés de surveiller les opérations de la compagnie pour tout ce qui ne rentre pas dans les attributions des ingénieurs de l'État.

ART. 67. Les frais de visite, de surveillance et de réception des travaux, et les frais de contrôle de l'exploitation seront supportés par la compagnie. Ces frais comprendront le traitement des inspecteurs ou commissaires dont il a été question dans l'article précédent.

Afin de pourvoir à ces frais, la compagnie sera tenue de verser chaque année à la caisse centrale du trésor public une somme de cent vingt francs par chaque kilomètre de chemin de fer concédé. Toutefois, cette somme sera réduite à cinquante francs par kilomètre pour les sections non encore livrées à l'exploitation.

Dans lesdites sommes n'est pas comprise celle qui sera déterminée en exécution de l'article 58 ci-dessus, pour frais de contrôle du service télégraphique de la compagnie par les agents de l'État.

Si la compagnie ne verse pas les sommes ci-dessus réglées aux époques qui auront été fixées, le préfet rendra un rôle exécutoire, et le montant en sera recouvré comme en matière de contributions publiques.

Art. 68. La compagnie devra faire élection de domicile à Paris. Dans le cas où elle ne l'aurait pas fait, toute notification ou signification à elle adressée sera valable lorsqu'elle sera faite au secrétariat général de la préfecture de la Seine.

Art. 69. Les contestations qui s'élèveraient entre la compagnie et l'administration au sujet de l'exécution et de l'interprétation des clauses du présent cahier des charges seront jugées administrativement par le conseil de préfecture du département de la Seine, sauf recours au Conseil d'État.

Art. 70. Le présent cahier des charges, la convention des 29 juillet 1858 et 11 juin 1859, et le traité y annexé, ne seront passibles que du droit fixe d'un franc.

Arrêté à Paris, le 11 juin 1859.

Le Ministre de l'agriculture, du commerce et des travaux publics,
Signé E. ROUHER.

DÉCRET DU 31 AOÛT 1860

qui déclare d'utilité publique l'établissement des lignes de chemin de fer de Mayenne à Laval,..............................

NAPOLÉON, par la grâce de Dieu et la volonté nationale, EMPEREUR DES FRANÇAIS, à tous présents et à venir, SALUT.

Sur le rapport de notre Ministre secrétaire d'État au département de l'agriculture, du commerce et des travaux publics;

Vu les avant-projets présentés pour l'établissement des chemins de fer ci-après désignés:

1° De Mayenne à Laval;

Vu les pièces des enquêtes ouvertes sur ces avant-rojets, en exécution de l'article 3 de la loi du 3 mai 1841, et notamment les procès-verbaux des commissions d'enquête, en date des 14 juin, 8 juin, 25 juin et 2 juillet 1860 ;

Vu les avis des préfets des départements traversés par les lignes projetées ;

Vu les avis du conseil général des ponts et chaussées des 2 juillet, 9 et 13 août 1860 ;

Vu la loi du 1er août 1860, qui autorise notre Ministre de l'agriculture, du commerce et des travaux publics, dans le cas où les chemins susmentionnés ne seraient pas immédiatement concédés, à entreprendre les travaux aussitôt que l'utilité publique desdits chemins aura été déclarée, après l'accomplissement des formalités prescrites par les lois et règlements ;

Vu l'article 4 du sénatus-consulte du 25 décembre 1852 ;

Notre Conseil d'État entendu,

AVONS DÉCRÉTÉ et DÉCRÉTONS ce qui suit :

ART. 1er. Est déclaré d'utilité publique l'établissement des lignes de chemins de fer ci-après :

1° De Mayenne à Laval ;

. . . .

ART. 2. Notre Ministre secrétaire d'État au département de l'agriculture, du commerce et des travaux publics est chargé de l'exécution du présent décret, lequel sera inséré au *Bulletin des lois*.

Fait à Thonon, le 31 août 1860.

Signé NAPOLÉON.

Par l'Empereur :

Le Ministre secrétaire d'état au département de l'agriculture, du commerce et des travaux publics,

Signé E. ROUHER.

DÉCRET DU 3 OCTOBRE 1860

qui déclare d'utilité publique l'établissement du chemin de fer de Caen à Flers.

NAPOLÉON, par la grâce de Dieu et la volonté nationale, EMPEREUR DES FRANÇAIS, à tous présents et à venir, SALUT.

Sur le rapport de notre Ministre secrétaire d'État au département de l'agriculture, du commerce et des travaux publics ;

Vu l'avant-projet présenté pour l'établissement d'un chemin de fer de Caen à Flers ;

Vu les pièces de l'enquête ouverte sur cet avant-projet, dans les départements de l'Orne et du Calvados, en exécution de l'article 3 de la loi du 3 mai 1841, et notamment les procès-verbaux des commissions d'enquête, en date des 11 juillet et 13 août 1860 ;

Vu l'avis des préfets des départements traversés par le chemin projeté ;

Vu la loi du 1er août 1860, qui autorise notre Ministre de l'agriculture, du commerce et des travaux publics, dans le cas où le chemin susmentionné ne serait pas immédiatement concédé, à entreprendre les travaux aussitôt que l'utilité publique dudit chemin aura été déclarée, après l'accomplissement des formalités prescrites par les lois et règlements ;

Vu l'article 4 du sénatus-consulte du 25 décembre 1852 ;

Notre Conseil d'État entendu,

AVONS DÉCRÉTÉ et DÉCRÉTONS ce qui suit :

ART. 1er. Est déclaré d'utilité publique l'établissement du chemin de fer de Caen à Flers.

ART. 2. Notre Ministre secrétaire d'État au département de l'agriculture, du commerce et des travaux publics, est chargé de l'exécution du présent décret, lequel sera inséré au *Bulletin des lois.*

Fait au palais de Saint-Cloud, le 3 octobre 1860.

Signé NAPOLÉON.

Par l'Empereur :

Le Ministre secrétaire d'État au département de l'agriculture du commerce et des travaux publics,

Signé E. ROUHER.

DÉCRET DU 14 JUIN 1861

qui déclare d'utilité publique l'établissement d'un chemin de fer de Napoléonville à Saint-Brieuc.

NAPOLÉON, par la grâce de Dieu et la volonté nationale, EMPEREUR DES FRANÇAIS, à tous présents et à venir, SALUT.

Sur le rapport de notre Ministre secrétaire d'État au département de l'agriculture, du commerce et des travaux publics ;

Vu l'avant-projet, ensemble les plans et devis relatifs à l'établissement d'un chemin de fer de Napoléonville à Saint-Brieuc, desquels il résulte que la dépense dudit chemin est évaluée approximativement à la somme de neuf millions de francs ;

Vu le dossier de l'enquête ouverte sur cet avant-projet, conformément à l'article 3 de la loi du 3 mai 1841, dans les départements du Morbihan et des Côtes-du-Nord, et notamment les procès-verbaux des commissions d'enquête, en date des 29 décembre 1860 et 7 janvier 1861 ;

Vu les avis du conseil général des ponts et chaussées, en date des 4 octobre 1860 et 8 avril 1861 ;

Vu l'avis du comité consultatif des chemins de fer, en date du 27 avril 1861 ;

Vu la loi du 3 mai 1841, sur l'expropriation pour cause d'utilité publique ;

Vu le sénatus-consulte du 25 décembre 1852, art. 4;

Notre Conseil d'État entendu,

AVONS DÉCRÉTÉ et DÉCRÉTONS ce qui suit :

ART. 1er. Est déclaré d'utilité publique l'établissement d'un chemin de fer de Napoléonville à Saint-Brieuc.

ART. 2. Il sera pourvu ultérieurement aux voies et moyens d'exécution, dans les formes et conditions déterminées par l'article 4 du sénatus-consulte du 25 décembre 1852.

ART. 3. Notre Ministre de l'agriculture, du commerce et des travaux publics est chargé de l'exécution du présent décret, lequel sera inséré au *Bulletin des lois*.

Fait au palais de Fontainebleau, le 14 juin 1861

Signé NAPOLÉON.

Par l'Empereur :

Le Ministre secrétaire d'État au département de l'agriculture, du commerce et des travaux publics,

Signé E. ROUHER.

DÉCRET DU 14 JUIN 1861

qui déclare d'utilité publique l'établissement d'un chemin de fer d'embranchement de Louviers sur la ligne de Paris à Rouen.

NAPOLÉON, par la grâce de Dieu et la volonté nationale, EMPEREUR DES FRANÇAIS, à tous présents et à venir, SALUT.

Sur le rapport de notre Ministre secrétaire d'État au département de l'agriculture, du commerce et des travaux publics;

Vu l'avant-projet, ensemble les plans et devis relatifs à l'établissement d'un chemin de fer de Louviers sur la ligne de Paris à Rouen, desquels il résulte que la dépense dudit chemin est évaluée à la somme de un million cinq cent mille francs;

Vu le dossier de l'enquête ouverte sur cet avant-projet, conformément à l'article 3 de la loi du 3 mai 1841, dans le département de l'Eure, et notamment le procès-verbal de la commission d'enquête, en date des 5 et 20 août 1860;

Vu l'avis du conseil général des ponts et chaussées, du 28 janvier 1861;

Vu l'avis du comité consultatif des chemins de fer, du 20 avril 1861;

Vu la loi du 3 mai 1841, sur l'expropriation pour cause d'utilité publique;

Vu le sénatus-consulte du 25 décembre 1852, art. 4;

Notre Conseil d'État entendu;

AVONS DÉCRÉTÉ et DÉCRÉTONS ce qui suit :

ART. 1er. Est déclaré d'utilité publique l'établissement d'un chemin de fer d'embranchement de Louviers sur la ligne de Paris à Rouen.

ART. 2. Il sera pourvu ultérieurement aux voies et moyens d'exécution dans les formes et conditions déterminées par l'article 4 du sénatus-consulte du 25 décembre 1852.

ART. 3. Notre Ministre secrétaire d'État au département de l'agriculture, du commerce et des travaux publics est chargé de l'exécution du présent décret, qui sera inséré au *Bulletin des lois.*

Fait au palais de Fontainebleau, le 14 juin 1861.

Signé NAPOLÉON.

Par l'Empereur :

Le Ministre secrétaire d'État au département de l'agriculture, du commerce et des travaux publics,

Signé E. ROUHER.

DÉCRET DU 14 JUIN 1861

qui déclare d'utilité publique le prolongement du chemin de fer de ceinture de Paris, sur la rive gauche de la Seine, entre Auteuil et la gare d'Orléans.

NAPOLÉON, par la grâce de Dieu et la volonté nationale, EMPEREUR DES FRANÇAIS, à tous présents et à venir, SALUT.

Sur le rapport de notre Ministre secrétaire d'État au département de l'agriculture, du commerce et des travaux publics;

Vu les décrets des 10 décembre 1851 et 18 août 1852, concernant l'exécution d'un chemin de fer de ceinture de Paris, dans les parties comprises entre la gare d'Orléans et celles de Batignolles, et entre ce point et Auteuil;

Vu l'avant-projet relatif au prolongement dudit chemin, sur la rive gauche de la Seine, entre Auteuil et la gare d'Orléans, d'après lequel la dépense est évaluée à vingt-deux millions de francs;

Vu le dossier de l'enquête ouverte, dans le département de la Seine, sur cet avant-projet, conformément à l'article 3 de la loi du 3 mai 1841, et notamment le procès-verbal de la commission d'enquête, en date des 10 et 19 novembre 1860;

Vu les avis du conseil général des ponts et chaussées, en date des 21 juin 1860 et 28 janvier 1861;

Vu l'avis du comité consultatif des chemins de fer, en date du 20 avril 1861;

Vu la loi du 3 mai 1841, sur l'expropriation pour cause d'utilité publique;

Vu le sénatus-consulte du 25 décembre, 1852 art. 4;

Notre Conseil d'État entendu,

AVONS DÉCRÉTÉ et DÉCRÉTONS ce qui suit:

ART. Ier. Est déclaré d'utilité publique le prolongement du chemin de fer de ceinture de Paris, sur la rive gauche de la Seine, entre Auteuil et la gare d'Orléans.

Art. 2. Il sera pourvu ultérieurement aux voies et moyens d'exécution dans les formes et conditions déterminées par l'article 4 du sénatus-consulte du 25 décembre 1852.

Art. 3. Notre Ministre secrétaire d'État au département de l'agriculture, du commerce et des travaux publics est chargé de l'exécution du présent décret, lequel sera inséré au *Bulletin des lois*.

Fait au palais de Fontainebleau, le 14 juin 1861.

Signé NAPOLÉON.

Par l'Empereur :

Le Ministre secrétaire d'État au département de l'agriculture, du commerce et des travaux publics,

Signé E. ROUHER.

DÉCRET DU 11 AOUT 1862

qui déclare d'utilité publique l'établissement d'un chemin de fer du Grand-Parc à Rouen, par la vallée de Darnetal.

NAPOLÉON, par la grâce de Dieu et la volonté nationale, EMPEREUR DES FRANÇAIS, à tous présents et à venir, SALUT.

Sur le rapport de notre Ministre secrétaire d'État au département de l'agriculture, du commerce et des travaux publics ;

Vu l'avant-projet du chemin de fer de Rouen à Amiens, par la vallée de Darnetal, notamment en ce qui concerne la partie comprise entre Rouen et le lieu dit *le Grand-Parc* ;

Vu les pièces de l'enquête ouverte dans le département de la Seine-Inférieure, et spécialement le procès-verbal de la commission d'enquête, en date des 3, 4, 5, 6, 21 et 25 octobre 1859 ;

Vu l'avis du conseil général des ponts et chaussées, en date du 24 mai 1860 ;

Vu la loi du 3 mai 1841, sur l'expropriation pour cause d'utilité publique ;

Vu le sénatus-consulte en date du 25 décembre 1852 ;

Notre Conseil d'État entendu,

Avons décrété et décrétons ce qui suit :

Art. 1er. Est déclaré d'utilité publique l'établissement d'un chemin de fer du Grand-Parc à Rouen, par la vallée de Darnetal.

Art. 2. Il sera pourvu ultérieurement aux voies et moyens d'exécution dans les formes et conditions déterminées par l'article 4 du sénatus-consulte du 25 décembre 1852.

Art. 3. Notre Ministre de l'agriculture, du commerce et des travaux publics est chargé de l'exécution du présent décret.

Fait au palais des Tuileries, le 11 août 1862.

Signé NAPOLÉON.

Par l'Empereur :

Le Ministre secrétaire d'État au département de l'agriculture, du commerce et des travaux publics],

Signé E. Rouher.

DÉCRET DU 27 DÉCEMBRE 1862

relatif au tracé du chemin de fer de Rouen à Amiens.

NAPOLÉON, par la grâce de Dieu et la volonté nationale, Empereur des Français, à tous présents et à venir, salut.

Sur le rapport de notre Ministre secrétaire d'État au département de l'agriculture, du commerce et des travaux publics ;

Vu notre décret du 26 juin 1857, qui a constitué le réseau

du Nord ; la convention y annexée, du 21 du même mois, et notamment l'article 2 de ladite convention, portant :

« Un décret, rendu en conseil d'État, statuera, les deux com-
« pagnies entendues du Nord et de l'Ouest, sur le tracé définitif
« du chemin de fer de Rouen à Amiens et sur des points de rac-
« cordement avec la ligne de Rouen au Havre ou à Dieppe ; »

Vu les lois et décrets du 11 juin 1859, relatifs aux chemins de fer du Nord et de l'Ouest, ensemble les conventions y an- nexées, des 24 et 29 juillet 1858 et 11 juin 1859 ;

Vu notre décret du 16 août 1862, lequel a statué sur le tracé définitif du chemin de fer précité entre Amiens et le Grand-Parc ;

Vu les avant-projets présentés pour l'établissement du che- min de fer de Rouen à Amiens, entre le Grand-Parc et la ligne de Rouen à Dieppe, d'une part, et entre le Grand-Parc et la ville de Rouen par Darnetal, d'autre part ;

Vu les pièces de l'enquête ouverte dans le département de la Seine-Inférieure, et spécialement les procès-verbaux de la commission d'enquête, en date des 3, 4, 5, 6, 21 et 25 oc- tobre 1859 ;

Vu les lettres des compagnies du Nord et de l'Ouest, en date du 11 décembre 1862, par lesquelles ces compagnies déclarent s'engager à construire, en exécution des conventions des 24 et 29 juillet 1858 et 11 juin 1859, la double branche dirigée du Grand-Parc sur la ligne de Rouen à Dieppe, d'une part, et sur Rouen par Darnetal, d'autre part, en considérant comme main- tenues les conditions financières stipulées par les conventions précitées, en ce qui concerne la garantie d'intérêt attribuée au chemin de fer de Rouen à Amiens ;

Vu le traité passé, à la date de ce jour, entre les compagnies du Nord et de l'Ouest, pour régler les conditions d'établissement et d'exploitation de la double ligne de Rouen à Amiens par le Grand-Parc ;

Vu l'avis du conseil général des ponts et chaussées, en date du 24 mai 1860 ;

Vu le décret du 26 juin 1857 et l'article 2 de la convention annexée audit décret ;

Vu le décret du 11 août 1862, qui déclare d'utilité publique l'établissement d'un chemin de fer du Grand-Parc à Rouen, par la vallée de Darnetal.

Vu le sénatus-consulte du 25 décembre 1852, art. 4 ;

Notre Conseil d'État entendu,

AVONS DÉCRÉTÉ et DÉCRÉTONS ce qui suit :

ART. 1er. Le chemin de fer de Rouen à Amiens, dans la partie comprise entre le Grand-Parc et Rouen, se composera d'une double branche dirigée, d'une part, sur le chemin de Rouen à Dieppe, en un point à déterminer par l'administration entre les stations de Clères et de Saint-Victor, et, d'autre part, sur Rouen par Darnetal.

ART. 2. Est approuvé le traité passé, à la date de ce jour, entre les compagnies des chemins de fer du Nord et de l'Ouest.

Une copie certifiée du traité susénoncé restera annexée au présent décret.

ART. 3. Ledit traité ne sera passible que du droit fixe de un franc.

ART. 4. Notre Ministre de l'agriculture, du commerce et des travaux publics, est chargé de l'exécution du présent décret, qui sera inséré au *Bulletin des lois.*

Fait au palais des Tuileries, le 27 décembre 1862.

Signé NAPOLÉON.

Par l'Empereur ;

Le Ministre secrétaire d'État au département de l'agriculture, du commerce et des travaux publics,

Signé E. ROUHER.

Traité entre la compagnie des chemins de fer de l'Ouest
et la compagnie des chemins de fer du Nord.

Entre les soussignés, MM. *Simons* et *de Kersaint*, président et membre du conseil d'administration de la compagnie de l'Ouest, agissant au nom de ladite compagnie, en vertu des pouvoirs qui leur ont été conférés par délibération dudit conseil d'administration, en date du 4 décembre 1862,

D'une part ;

Et MM. le baron *James de Rothschild, Delebecque, de Saint-Dizier* et marquis *Dalon*, président, vice-président et membre du conseil d'administration de la compagnie du Nord, agissant au nom de ladite compagnie, en vertu des pouvoirs qui leur ont été conférés par délibération dudit conseil d'administration en date du 19 décembre 1862,

D'autre part ;

Par addition au traité passé entre les deux compagnies, à la date du 11 juin 1837, et approuvé par décrets des 26 juin 1857 et 11 juin 1859, il a été convenu ce qui suit :

La concession du chemin de fer de Rouen à Amiens ayant été accordée par le Gouvernement et acceptée par les deux compagnies de l'Ouest et du Nord, dans l'intention spéciale d'établir une communication directe entre la Seine-Inférieure et les départements du nord et du nord-est de la France, la compagnie du Nord, chargée de l'exploitation dudit chemin, s'interdit de faire sur cette ligne, soit directement, soit indirectement, aucun transport dirigé de Rouen et des au-delà jusqu'au Havre ou sur Paris et les au-delà, dans toutes les directions, et *vice versa.*

Les produits de ces transports, dans le cas où il en serait effectué contrairement à la clause ci-dessus énoncée, seront exclusivement attribués à la compagnie de l'Ouest et pour la totalité des prix perçus par la compagnie du Nord, tant sur la ligne de Rouen à Amiens que sur les autres lignes des réseaux de l'Ouest ou du Nord qui auraient été parcourues.

La nouvelle gare à établir à Rouen, près du boulevard Martainville, en conformité de la décision ministérielle en date de ce jour, sera exclusivement affectée au service de la ligne de Rouen à Amiens, et, à raison de la construction de cette nouvelle gare, il est reconnu par la compagnie du Nord qu'il n'y a pas lieu de créer sur la ligne de Rouen au Havre, entre les deux gares de Saint-Sever et la rue Verte, une station nouvelle en communication avec celle de Martainville.

Il ne sera établi de raccordement de la section du Grand-Parc à Rouen par Darnetal avec la ligne de Rouen au Havre, entre les gares de Saint-Sever et de la rue Verte, qu'autant qu'il aura été reconnu par les deux compagnies que ce raccordement est nécessaire et peut être exécuté sans danger pour la sécurité de l'exploitation sur la ligne principale, et que l'administration aura donné son approbation aux dispositions proposées à cet effet par les deux compagnies.

Pour les voyageurs ou les marchandises qui seront transportés du Grand-Parc aux gares de la rue Verte et de Saint-Sever ou au delà dans la direction de Paris et *vice versa*, la compagnie de l'Ouest consent, sur le parcours compris entre le point de raccordement avec la ligne de Dieppe et la gare de la rue Verte, une réduction de tarif équivalente à douze kilomètres, sans que, dans aucun cas, les taxes à percevoir pour les localités situées entre les deux points ci-dessus énoncés puissent être supérieures à celles qui seraient perçues pour la distance entière entre les mêmes points.

Cette dernière disposition cesserait d'avoir son effet dans le cas, prévu ci-dessus, où il serait établi un raccordement entre la section du Grand-Parc à Martainville et la ligne de Rouen au Havre.

Fait en double à Paris, le 27 décembre 1862.

Approuvé l'écriture :
Signé Baron *James de Rothschild*

Approuvé l'écriture :
Signé *Delebecque.*

Approuvé l'écriture :
Signé *A. Saint-Dizier.*

Approuvé l'écriture :
Signé *Dalon.*

Approuvé l'écriture:
Signé *E. Simons.*

Approuvé l'écriture :
Signé *de Kersaint.*

Enregistré à Paris, le 19 février 1863, folio 768, case 3. Reçu deux francs quarante centimes, décime compris, folio 742. Reçu pour timbre et amende soixante et un francs cinquante centimes. Signé *Beau.*

LOI DU 11 JUIN 1863

qui approuve les articles 2, 3, 4, 7, 8, 9 et 10 d'une convention
passée entre le Ministre de l'agriculture, du commerce et des tra-
vaux publics et la compagnie des chemins de fer de l'Ouest.

NAPOLÉON, par la grâce de Dieu et la volonté nationale,
EMPEREUR DES FRANÇAIS, à tous présents et à venir, SALUT.

AVONS SANCTIONNÉ ET SANCTIONNONS, PROMULGUÉ ET PROMULGUONS
ce qui suit :

LOI.

Extrait du procès-verbal du Corps législatif.

LE CORPS LÉGISLATIF A ADOPTÉ LE PROJET DE LOI dont la teneur
suit :

ARTICLE UNIQUE. Sont approuvés les articles 2, 3, 4, 7, 8, 9
et 10, de la convention ci-annexée, passée, le 1ᵉʳ mai 1863,
entre le Ministre de l'agriculture, du commerce et des travaux
publics et la compagnie des chemins de fer de l'Ouest, lesdits
articles relatifs aux engagements mis à la charge du Trésor par
cette convention.

Délibéré en séance publique, à Paris, le 5 mai 1863.

Le Président,
Signé Duc DE MORNY.

Les Secrétaires,
Signé Comte JOACHIM MURAT, comte LE PELETIER d'AUNAY,
marquis DE TALHOUET, DE SAINT-GERMAIN.

Extrait du procès-verbal du Sénat.

Le Sénat ne s'oppose pas à la promulgation de la loi qui
approuve les articles 2, 3, 4, 7, 8, 9 et 10 d'une convention

passée entre le Ministre de l'agriculture, du commerce et des travaux publics et la compagnie des chemins de fer de l'Ouest.

Délibéré et voté en séance, au palais du Sénat, le 8 mai 1863.

Le Président,

Signé TROPLONG.

Les Secrétaires,

Signé Baron de HEECKEREN, A. LE ROY DE SAINT-ARNAUD,
baron T. DE LACROSSE.

Vu et scellé du sceau du Sénat

Le Sénateur secrétaire,

Signé Baron T. DE LACROSSE.

MANDONS et ORDONNONS que les présentes, revêtues du sceau de l'État et insérées au *Bulletin des lois*, soient adressées aux cours, aux tribunaux et aux autorités administratives, pour qu'ils les inscrivent sur leurs registres, les observent et les fassent observer, et notre Ministre secrétaire d'État au département de la justice est chargé d'en surveiller la publication.

Fait au palais de Fontainebleau, le 11 juin 1863.

Signé NAPOLÉON.

Par l'Empereur :

Le Ministre d'État,

Signé A. WALEWSKI.

Vu et scellé du grand sceau :

*Le Garde des sceaux, Ministre secrétaire
d'État au département de la justice,*

Signé DELANGLE.

DÉCRET DU 11 JUIN 1863

qui approuve la convention passée, le 1ᵉʳ mai 1863, entre le Ministre de l'agriculture, du commerce et des travaux publics et la compagnie des chemins de fer de l'Ouest.

NAPOLÉON, par la grâce de Dieu et la volonté nationale, EMPEREUR DES FRANÇAIS, à tous présents et à venir, SALUT.

Sur le rapport de notre Ministre secrétaire d'État au département de l'agriculture, du commerce et des travaux publics ;

Vu les loi et décret du 11 juin 1859, ensemble la convention y annexée des 29 juillet 1858 et 11 juin 1859;

Vu la loi du 1er août 1860 et les décrets des 3 octobre et 31 août de ladite année, relatifs aux chemins de fer de Caen à Flers et de Mayenne à Laval;

Vu la loi du 2 juillet 1861 et les décrets du 14 juin précédent, relatifs aux chemins de fer de Louviers à la ligne de Paris à Rouen et de Napoléonville à Saint-Brieuc;

Vu la loi du 3 mai 1841;

Vu le sénatus-consulte du 25 décembre 1852, art. 4;

Vu la convention provisoire passée, le 1er mai 1863, entre notre Ministre de l'agriculture, du commerce et des travaux publics et la compagnie des chemins de fer de l'Ouest, ladite convention portant concession de plusieurs lignes de chemins de fer ci-dessus énoncées et modifiant différentes dispositions de la convention susvisée des 29 juillet 1858 et 11 juin 1859;

Vu l'avis émis par notre Ministre des finances, conformément au décret du 1er décembre 1861;

Vu la loi, en date de ce jour, qui ratifie les engagements mis à la charge du Trésor par ladite convention;

Notre Conseil d'État entendu,

Avons décrété et décrétons ce qui suit :

Art. 1er. La convention provisoire passée, le 1er mai 1863, entre notre Ministre secrétaire d'État au département de l'agriculture, du commerce et des travaux publics et la compagnie des chemins de fer de l'Ouest, et dont l'objet est ci-dessus énoncé, est et demeure approuvée.

Ladite convention restera annexée au présent décret.

Art. 2. Notre Ministre de l'agriculture, du commerce et des

13.

travaux publics est chargé de l'exécution du présent décret, lequel sera inséré au *Bulletin des lois.*

Fait au palais de Fontainebleau, le 11 juin 1863.

Signé NAPOLÉON.

Par l'Empereur :

Le Ministre secrétaire d'État au département de l'agriculture, du commerce et des travaux publics,

Signé E. ROUHER.

CONVENTION.

L'an mil huit cent soixante-trois et le premier mai ;

Entre le Ministre de l'agriculture, du commerce et des travaux publics, agissant au nom de l'État, et sous la réserve de l'approbation des présentes par décret de l'Empereur, et par la loi en ce qui concerne les clauses financières,

D'une part ;

Et la société anonyme établie à Paris sous la dénomination de *Compagnie des chemins de fer de l'Ouest,* ladite compagnie représentée par MM. *Ernest Simons, Charles Laffitte* et *Charles Rivet,* président et membres du conseil d'administration, élisant domicile au siège de ladite société, à Paris, à l'embarcadère desdits chemins, rue Saint-Lazare, et agissant en vertu des pouvoirs qui leur ont été conférés par délibération dudit conseil, en date du 16 mars 1863, et sous la réserve de l'approbation des présentes par l'assemblée générale des actionnaires, dans un délai de six mois au plus tard,

D'autre part,

Il a été dit et convenu ce qui suit :

ART. 1er. Le Ministre de l'agriculture, du commerce et des travaux publics, au nom de l'État, concède à la compagnie des chemins de fer de l'Ouest, qui accepte, les chemins de fer ci-après désignés :

De Caen à Flers ;

De Mayenne à Laval ;

De Louviers à la ligne de Paris à Rouen;
De Napoléonville à Saint-Brieuc.

La compagnie s'engage à exécuter les chemins susénoncés dans un délai de huit ans, à partir du décret qui approuvera la présente convention.

Art. 2. Le Ministre de l'agriculture, du commerce et des travaux publics s'engage, au nom de l'État, à payer à la compagnie, à titre de subvention, pour l'exécution des chemins mentionnés à l'article qui précède, une somme de vingt et un millions trois cent mille francs (21,300,000^f), savoir :

De Caen à Flers..................... 7,500,000^f

De Mayenne à Laval................ 2,250,000

De Louviers à la ligne de Paris à Rouen... 800,000

De Napoléonville à Saint-Brieuc........ 10,750,000

Des sommes ci-dessus énoncées seront respectivement déduites les dépenses faites par l'État sur les trois premières de ces lignes antérieurement au décret qui approuvera les présentes.

Les subventions ci-dessus énoncées seront versées en seize payements semestriels égaux, échéant le 1er juin et le 1er décembre de chaque année, et dont le premier sera effectué le 1er juin 1865.

La compagnie devra justifier, avant chaque payement, de l'emploi, sur chacune des lignes auxquelles s'appliquent lesdites subventions, en achats de terrains ou en travaux et approvisionnements sur place, d'une somme double de celle qu'elle aura à recevoir. Le dernier versement ne sera fait qu'après l'ouverture de chaque ligne.

Le Gouvernement aura la faculté, à la date du 1er juin 1865 et avant le payement du premier terme, de convertir l'ensemble des subventions ci-dessus énoncées en quatre-vingt-douze annuités, comprenant l'intérêt et l'amortissement calculés au taux de quatre et demi pour cent et payables en deux termes, le 1er juin et le 1er décembre de chaque année, le premier de ces termes échéant le 1er juin 1865.

Toutefois, si, au 1ᵉʳ juin 1869 ou à une époque antérieure, le Gouvernement, après avoir opté pour le payement par annuités, croit devoir renoncer à ce mode de libération, la portion de la subvention restant due à la compagnie sera soldée en termes égaux, payables le 1ᵉʳ juin et le 1ᵉʳ décembre de chaque année, et dont le dernier écherra le 1ᵉʳ décembre 1872.

Pour établir le chiffre du capital restant à solder à titre de subvention, les annuités précédemment payées seront imputées sur le montant des termes auxquels la compagnie aurait eu droit en vertu du paragraphe 3 du présent article, en tenant compte des intérêts à quatre et demi pour cent, à partir de l'échéance de chaque terme.

Aʀᴛ. 3. Le Ministre de l'agriculture, du commerce et des travaux publics, au nom de l'État, s'engage à concéder à la compagnie de l'Ouest, dans le cas où l'utilité publique en serait reconnue, après l'accomplissement des formalités prescrites par la loi du 3 mai 1841, le chemin de fer de Flers à Mayenne, lequel sera réuni aux chemins déjà concédés de Caen à Flers et de Mayenne à Laval, pour former la ligne unique de Caen à Laval.

La compagnie s'engage à exécuter ledit chemin dans un délai de huit années à dater du décret de concession définitive à intervenir et moyennant une subvention de dix millions sept cent mille francs (10,700,000ᶠ), laquelle sera payée dans les formes et suivant les conditions énoncées à l'article 2 ci-dessus, à partir du 1ᵉʳ juin qui en suivra la concession définitive. Le nombre des annuités, s'il y a lieu, sera égal au nombre d'années restant à courir à partir de cette dernière date jusqu'à l'expiration de la concession de la compagnie.

L'engagement ci-dessus énoncé sera considéré comme nul et non avenu, dans le cas où son exécution n'aurait pas été réclamée, soit par le Gouvernement, soit par la compagnie, dans un délai de quatre années, à partir de la ratification des présentes, et dans le cas où, l'accomplissement de cet engagement ayant été réclamé, l'utilité publique n'aurait pas été déclarée dans un délai de huit ans, à partir de ladite époque.

Art. 4. Les chemins de fer concédés à titre, soit définitif, soit éventuel, par les articles 2 et 3 ci-dessus, seront compris dans le nouveau réseau de la compagnie de l'Ouest.

Les chemins de Caen à Cherbourg, avec embranchement sur Saint-Lô, et de Mézidon au Mans, avec embranchement sur Falaise, qui, en vertu de la convention des 29 juillet 1858 et 11 juin 1859, sont compris dans l'ancien réseau, feront désormais partie du nouveau.

Les lignes énoncées au présent article seront soumises à toutes les dispositions relatives à ce réseau, telles qu'elles résultent de la convention des 29 juillet 1858 et 11 juin 1859, ainsi que de la présente convention.

Art. 5. Lesdits chemins seront régis par le cahier des charges annexé à la convention des 29 juillet 1858 et 11 juin 1859, sous la réserve des conditions ci-après :

Les terrains seront acquis pour deux voies; les terrassements et les ouvrages d'art pourront n'être exécutés que pour une voie; le rayon des courbes pourra être réduit à trois cents mètres. Le maximum de l'inclinaison des pentes et rampes est fixé à quinze millimètres par mètre sans préjudice de la faculté, accordée à la compagnie par l'article 8 du cahier des charges, de proposer des modifications aux présentes dispositions.

Art. 6. Les dispositions de l'article 42 du cahier des charges sont modifiées ainsi qu'il suit :

La troisième classe de marchandises mentionnée audit article sera définie de la manière suivante :

	PRIX		
	de PÉAGE.	de TRANS-PORT.	TOTAL.
	fr. c.	fr. c.	fr. c.
3ᵉ classe. — Pierres de taille et produits de carrières, minerais autres que le minerai de fer, fonte brute, sel, moellons, meulières, argiles, briques et ardoises	0 06	0 04	0 10

Il sera établi une quatrième classe de marchandises dans les conditions ci-après :

4ᵉ classe. — Houilles, marnes, cendres, fumiers, engrais, pierres à chaux et à plâtre, pavés et matériaux pour la construction et la réparation des routes, minerais de fer, cailloux et sables.		PRIX		
		de PÉAGE.	de TRANS-PORT.	TOTAUX.
		fr. c.	fr. c.	fr. c.
	Pour les parcours de 0 à 100 kilomètres, sans que la taxe puisse être supérieure à 5 francs............	0 05	0 03	0 08
	Pour les parcours de 101 à 300 kilomètres, sans que la taxe puisse être supérieure à 12 francs......	0 03	0 02	0 05
	Au-delà de 300 kilomètres.	0 025	0 015	0 04

Art. 7. Les paragraphes 2 et 3 de l'article 7 de la convention des 29 juillet 1858 et 11 juin 1859 seront remplacés par les dispositions suivantes :

Le capital garanti par l'État ne pourra excéder, pour l'ensemble des lignes du nouveau réseau, concédées à titre, soit définitif, soit éventuel, la somme totale de cinq cent soixante et dix millions de francs (570,000,000ᶠ).

Dans le cas où la concession éventuelle de la ligne de Flers à Mayenne ne serait pas rendue définitive, la somme ci-dessus de cinq cent soixante et dix millions sera diminuée de neuf millions (9,000,000ᶠ).

Celles des lignes du nouveau réseau dont la mise en exploitation sera postérieure au 1ᵉʳ janvier 1865 ne participeront à la garantie d'intérêt qu'à partir du 1ᵉʳ janvier 1870; jusqu'à cette époque, elles resteront soumises aux dispositions du paragraphe 4 de l'article 7 précité de la convention de 1858 et 1859.

Art. 8. Les paragraphes 3 et 4 de l'article 8 de la convention susénoncée de 1859 sont modifiés ainsi qu'il suit :

A partir du 1ᵉʳ janvier qui suivra l'achèvement complet de l'ensemble des lignes comprises, soit dans l'ancien, soit dans le nouveau réseau, toute la portion des produits nets de l'ancien réseau qui excédera un revenu net moyen de trente-quatre mille cinq cents francs (34,500ᶠ) par kilomètre sera appliquée, concurremment avec les produits nets du nouveau réseau, à couvrir l'intérêt et l'amortissement garantis par l'État.

Dans les années comprises entre le 1ᵉʳ janvier 1865 et l'époque de l'achèvement complet de l'ensemble des lignes du nouveau réseau, le chiffre ci-dessus fixé sera réduit de deux cents francs (200ᶠ) par chaque longueur de cent kilomètres (100ᵏ) du nouveau réseau non livré à l'exploitation, sans toutefois que la réduction totale puisse excéder douze cents francs (1,200ᶠ).

ART. 9. Le paragraphe 1ᵉʳ de l'article 10 de la convention de 1858 et 1859 est modifié ainsi qu'il suit :

Lorsque l'ensemble des produits nets, tant de l'ancien que du nouveau réseau, excédera la somme nécessaire pour représenter à la fois un revenu net moyen de trente-quatre mille cinq cents francs par kilomètre sur l'ancien réseau et un intérêt de six pour cent du capital effectivement dépensé pour la construction des lignes du nouveau réseau, l'excédent sera partagé par moitié entre l'État et la compagnie.

ART. 10. Le Gouvernement se réserve la faculté de racheter à la compagnie de l'Ouest le chemin de fer d'Auteuil.

Le prix de ce rachat sera fixé dans les formes prescrites par la loi du 29 mai 1845 et modifiées par celle du 1ᵉʳ août 1860.

ART. 11. La présente convention ne sera passible que du droit fixe de un franc.

Fait à Paris, le 1ᵉʳ mai 1863.

Le Ministre de l'agriculture, du commerce et des travaux publics,

Signé E. ROUHER.

Approuvé l'écriture :   Approuvé l'écriture :
Signé *E. Simons.*   Signé *Charles Rivet.*

Approuvé l'écriture :
Signé *Ch. Laffitte.*

Enregistré à Paris, le 17 juin 1863, folio 76, recto, case 5. Reçu deux francs, décimes, quarante centimes.   Signé *Badereau.*

DÉCRET DU 13 AOÛT 1864

qui déclare d'utilité publique l'établissement du chemin de fer de Flers
à Mayenne, et rend définitive la concession dudit chemin, accordée
à titre éventuel à la compagnie de l'Ouest.

NAPOLÉON, par la grâce de Dieu et la volonté nationale, EMPEREUR DES FRANÇAIS, à tous présents et à venir, SALUT.

Sur le rapport de notre Ministre secrétaire d'État au département de l'agriculture, du commerce et des travaux publics;

Vu les loi et décret du 11 juin 1863, approuvant la convention passée avec la compagnie du chemin de fer de l'Ouest, le 1ᵉʳ mai 1863;

Vu ladite convention, et notamment l'article 3 de cette convention, ainsi conçu :

« Le Ministre de l'agriculture, du commerce et des travaux
« publics, au nom de l'État, s'engage à concéder à la compagnie
« de l'Ouest, dans le cas où l'utilité publique en serait reconnue
« après l'accomplissement des formalités prescrites par la loi du
« 3 mai 1841, le chemin de fer de Flers à Mayenne, lequel
« sera réuni aux chemins déjà concédés de Caen à Flers et de
« Mayenne à Laval, pour former la ligne unique de Caen à
« Laval.

« La compagnie s'engage à exécuter ledit chemin dans un délai
« de huit années, à dater du décret de concession définitive à
« intervenir . . . . »

Vu l'avant-projet relatif à l'établissement de cette ligne ;

Vu les pièces de l'enquête ouverte dans les départements de l'Orne et de la Mayenne, et notamment les procès-verbaux des commissions d'enquête, en date des 17, 19 et 20 décembre 1863;

Vu l'avis du conseil général des ponts et chaussées, en date du 30 mai 1864;

Vu l'avis du comité consultatif des chemins de fer, en date du 30 juillet 1864;

Vu la loi du 3 mai 1841, sur l'expropriation pour cause d'utilité publique;

Vu le sénatus consulte du 25 décembre 1852, art. 4;

Notre Conseil d'État entendu,

Avons décrété et décrétons ce qui suit:

Art. 1er. Est déclaré d'utilité publique l'établissement du chemin de fer de Flers à Mayenne.

En conséquence, la concession dudit chemin, accordée à titre éventuel à la compagnie de l'Ouest par la convention susmentionnée du 1er mai 1863, est déclarée définitive.

Art. 2. Le chemin se détachera de la ligne d'Argentan à Granville, en un point voisin de Flers, passera à ou près Domfront et Passais, et rejoindra la ligne de Mayenne à Laval en un point qui sera déterminé par l'administration supérieure, sur la proposition de la compagnie.

Art. 3. Les terrains seront acquis pour deux voies; les terrassements et les ouvrages d'art pourront n'être exécutés que pour une voie; le rayon des courbes pourra être réduit à trois cents mètres (300^m). Le maximum de l'inclinaison des pentes et rampes est fixé à quinze millimètres (0^m,015) par mètre, sans préjudice de la faculté accordée à la compagnie, par l'article 8 du cahier des charges, de proposer des modifications aux présentes dispositions.

Art. 4. Notre Ministre secrétaire d'État au département de l'agriculture, du commerce et des travaux publics est chargé de l'exécution du présent décret, qui sera inséré au *Bulletin des lois.*

Fait au palais de Saint-Cloud, le 13 août 1864.

Signé NAPOLÉON.

Par l'Empereur :

Le Ministre secrétaire d'État au département de l'agriculture, du commerce et des travaux publics,

Signé : Armand Béhic.

LOI DU 10 JUILLET 1865

qui approuve les clauses financières de la convention passée, le 31 mai 1865, entre le Ministre de l'agriculture, du commerce et des travaux publics et la compagnie des chemins de fer de l'Ouest, pour la concession du chemin de fer de ceinture de Paris (rive gauche).

NAPOLÉON, par la grâce de Dieu et la volonté nationale, EMPEREUR DES FRANÇAIS, à tous présents et à venir, SALUT.

AVONS SANCTIONNÉ et SANCTIONNONS, PROMULGUÉ et PROMULGUONS ce qui suit :

LOI.

Extrait du procès-verbal du Corps législatif.

LE CORPS LÉGISLATIF A ADOPTÉ LE PROJET DE LOI dont la teneur suit :

ARTICLE UNIQUE. Sont approuvés les articles 3, 4, 7, 8 et 9 de la convention passée, le 31 mai 1865, entre le Ministre de l'agriculture, du commerce et des travaux publics et la compagnie des chemins de fer de l'Ouest, lesdits articles relatifs aux engagements mis à la charge du Trésor par cette convention.

Délibéré en séance publique, à Paris, le 3 juillet 1865.

Le Vice - Président,

Signé SCHNEIDER.

Les Secrétaires,

Signé LAFOND DE SAINT-MÛR, comte LE PELETIER D'AUNAY, SÉVERIN ABBATUCCI, ALFRED DARIMON.

Extrait du procès-verbal du Sénat.

Le Sénat ne s'oppose pas à la promulgation de la loi portant approbation des clauses financières de la convention concernant la concession du chemin de fer de ceinture de Paris (rive gauche).

Délibéré et voté en séance, au palais du Sénat, le 6 juillet 1865.

Le Président,

Signé TROPLONG.

Les Secrétaires,

Signé P. BOUDET, DUMAS, comte de BÉARN.

Vu et scellé du sceau du Sénat :

Le Sénateur secrétaire,

Signé P. BOUDET.

MANDONS et ORDONNONS que les présentes, revêtues du sceau de l'État et insérées au *Bulletin des lois*, soient adressées aux cours, aux tribunaux et aux autorités administratives, pour qu'ils les inscrivent sur leurs registres, les observent et les fassent observer, et notre Ministre secrétaire d'État au département de la justice et des cultes est chargé d'en surveiller la publication.

Fait au palais des Tuileries, le 10 juillet 1865.

Signé NAPOLÉON.

Vu et scellé du grand sceau :

Le Garde des sceaux, Ministre secrétaire d'État au département de la justice et des cultes,

Signé J. BAROCHE.

Par l'Empereur :

Le Ministre d'État,

Signé E. ROUHER.

DÉCRET DU 18 JUILLET 1865

qui approuve la convention passée, le 31 mai 1865, entre le Ministre de l'agriculture, du commerce et des travaux publics et la compagnie des chemins de fer de l'Ouest, pour la concession du chemin de fer de ceinture de Paris (rive gauche).

NAPOLÉON, par la grâce de Dieu et la volonté nationale, EMPEREUR DES FRANÇAIS, à tous présents et à venir, SALUT.

Sur le rapport de notre Ministre secrétaire d'État au département de l'agriculture, du commerce et des travaux publics;

Vu notre décret du 14 juin 1861, qui déclare d'utilité publique l'établissement du chemin de fer de ceinture (rive gauche);

Vu la loi du 2 juillet 1861, qui autorise l'exécution de plusieurs chemins de fer, et notamment du chemin de fer de ceinture susmentionné;

Vu la loi du 3 mai 1841;

Vu le sénatus-consulte du 25 décembre 1852, art. 4;

Vu la convention provisoire passée, le 31 mai 1865, entre notre Ministre de l'agriculture, du commerce et des travaux publics et la compagnie des chemins de fer de l'Ouest, ladite convention portant concession du chemin de fer de ceinture (rive gauche);

Notre Conseil d'État entendu,

AVONS DÉCRÉTÉ et DÉCRÉTONS ce qui suit :

ART. 1er. La convention provisoire passée, le 31 mai 1865, entre notre Ministre de l'agriculture, du commerce et des travaux publics et la compagnie des chemins de fer de l'Ouest, et dont l'objet est ci-dessus énoncé, est et demeure approuvée.

Ladite convention restera annexée au présent décret.

ART. 2. Notre Ministre de l'agriculture, du commerce et des travaux publics est chargé de l'exécution du présent décret, lequel sera inséré au *Bulletin des lois.*

Fait au palais des Tuileries, le 18 juillet 1865.

Signé NAPOLÉON.

Par l'Empereur :

Le Ministre d'État, chargé de l'intérim du ministère de l'agriculture, du commerce et des travaux publics,

Signé E. ROUHER.

CONVENTION.

L'an mil huit cent soixante-cinq et le trente et un mai,

Entre le Ministre de l'agriculture, du commerce et des travaux publics, agissant au nom de l'État, sous la réserve de l'approbation des présentes par décret de l'Empereur, et par la loi, en ce qui concerne les clauses financières,

D'une part ;

Et la société anonyme établie à Paris sous la dénomination de *Compagnie des chemins de fer de l'Ouest*, ladite compagnie représentée par MM. *Alfred Leroux, Édouard Blount* et *Henri de l'Espée*, président et membres du conseil d'administration, élisant domicile au siège de ladite société, à Paris, à l'embarcadère desdits chemins, rue Saint-Lazare, et agissant en vertu des pouvoirs qui leur ont été conférés par délibération dudit conseil, en date du 13 avril 1865, et sous la réserve de l'approbation des présentes par l'assemblée générale des actionnaires, dans un délai d'un an au plus tard,

D'autre part,

Il a été dit et convenu ce qui suit :

ART. 1er. Le Ministre de l'agriculture, du commerce et des travaux publics, au nom de l'État, concède à la compagnie des chemins de fer de l'Ouest, qui l'accepte, et sous la réserve de la clause de rachat énoncée à l'article 9 ci-après, le chemin de fer de ceinture de Paris (rive gauche), ledit chemin partant de la gare d'Auteuil et se reliant, à son autre extrémité, avec le chemin de ceinture (rive droite) et la ligne d'Orléans.

Ladite concession est faite dans les conditions prévues par le titre Ier *bis* du cahier des charges annexé à la convention des 29 juillet 1858 et 11 juin 1859.

ART. 2. Le Ministre de l'agriculture, du commerce et des travaux publics, au nom de l'État, s'engage à concéder à la compagnie de l'Ouest, dans le cas où l'utilité publique en serait reconnue, après l'accomplissement des formalités prescrites par la loi du 3 mai 1841 :

Un raccordement du chemin de fer de ceinture (rive droite) avec le chemin de fer d'Auteuil.

La compagnie s'engage à exécuter le raccordement susmentionné à ses frais, risques et périls, et dans un délai de quatre ans, à partir du décret qui en rendra la concession définitive.

L'engagement ci-dessus énoncé sera considéré comme nul et non avenu :

1° Dans le cas où, dans un délai de quatre ans, à partir de la ratification des présentes, l'exécution de cet engagement n'aurait pas été réclamée, soit par le Gouvernement, soit par la compagnie ;

2° Dans le cas où, l'accomplissement de cet engagement ayant été réclamé, l'utilité publique n'aurait pas été déclarée dans un délai de huit ans, à partir de ladite époque.

Art. 3. Les lignes énoncées aux articles 1er et 2 ci-dessus feront partie du nouveau réseau de la compagnie des chemins de fer de l'Ouest, tel qu'il est défini à l'article 6 de la convention des 29 juillet 1858 et 11 juin 1859. En conséquence, le capital garanti par l'État et dont le maximum est fixé par l'article 7 de la cnovention du 1er mai 1863, approuvée par la loi du 11 juin suivant, à la somme de cinq cent soixante et dix millions de francs (570,000,000f), sera augmenté du montant des dépenses admises au compte de premier établissement pour les lignes concédées par la présente convention à titre, soit définitif, soit éventuel.

Art. 4. Le revenu net moyen kilométrique réservé à l'ancien réseau, en vertu de l'article 8 de la convention du 1er mai 1863, relatif à la garantie d'intérêt, sera augmenté à raison de douze francs (12f) par chaque million admis au compte de premier établissement pour les lignes mentionnées dans les articles 1er et 2 ci-dessus et suivant les conditions prévues par l'article 3.

Art. 5. Lesdits chemins de fer seront régis par le cahier des charges annexé à la convention des 29 juillet 1858 et 11 juin 1859, auquel est soumis l'ensemble des lignes formant l'ancien et le nouveau réseau de la compagnie des chemins de fer de l'Ouest, sauf toutefois les modifications ci-après :

Les prix de transport des marchandises à petite vitesse seront partagés en deux classes : la première, comprenant les objets énoncés à la première et à la deuxième classe du tarif fixé par le cahier des charges susénoncé, sera taxée, par tonne et par kilomètre, à seize centimes, ci 16ᶜ

La deuxième, comprenant les objets énoncés à la troisième et à la quatrième classe, telles qu'elles sont déterminées par l'article 6 de la convention du 1ᵉʳ mai 1863, sera taxée, par tonne et par kilomètre, à dix centimes, ci. 10

Art. 6. La compagnie s'engage à exécuter et exploiter à ses frais, risques et périls, comme chemin de fer provisoire :

Un embranchement se détachant du chemin de fer de ceinture (rive gauche), près du viaduc du Point-du-Jour, et aboutissant au Champ de Mars, près du pont d'Iéna.

Ledit embranchement devra être terminé et livré à l'exploitation le 31 octobre 1866.

La compagnie s'engage, en outre, à exécuter sur la ligne de Paris à Auteuil les travaux d'appropriation et d'installation nécessaires pour y permettre le passage des trains de marchandises.

Art. 7. Pendant toute la durée de l'exploitation de l'embranchement provisoire énoncé à l'article précédent, les intérêts et l'amortissement du capital affecté à sa construction seront payés au moyen des produits de cette ligne.

L'excédent, s'il en existe, sera déduit du compte de premier établissement. En cas d'insuffisance, ces intérêts et amortissement seront portés audit compte.

L'administration déterminera, la compagnie entendue, l'époque à laquelle ledit embranchement devra être supprimé et les lieux rétablis dans leur premier état. Lorsque la suppression en aura été opérée, la somme qui sera admise au compte de premier établissement, après déduction de la valeur des matériaux, et, s'il y a lieu, de l'excédent des produits, sera ajoutée au capital du nouveau réseau, dans les conditions fixées par l'article 3 ci-dessus.

La somme employée sur la ligne d'Auteuil, pour les travaux d'appropriation et d'installation nécessaires pour le passage des trains de marchandises, sera ajoutée, dans les mêmes conditions, au capital du nouveau réseau.

Art. 8. La compagnie s'engage à verser au Trésor public, jusqu'à concurrence de cinq millions de francs (5,000,000'), dans le délai d'une année, à partir de la ratification de la présente convention, et par payements trimestriels égaux, la somme nécessaire pour l'achèvement du chemin de fer de ceinture (rive gauche).

Ladite somme, augmentée du montant des intérêts, calculés au taux de quatre et demi pour cent, sera ajoutée au chiffre des subventions dues à la compagnie de l'Ouest et sera remboursée à ladite compagnie, dans les formes et suivant les conditions énoncées à l'article 2 de la convention du 1er mai 1863, à partir du 1er juin qui suivra le dernier versement.

Art. 9. Le Gouvernement se réserve, pendant un délai de huit ans, à partir du décret qui approuvera la présente convention, de racheter à la compagnie de l'Ouest, soit ensemble, soit séparément, d'une part, le chemin de fer d'Auteuil, y compris le raccordement de ce chemin avec le chemin de ceinture (rive droite); de l'autre, le chemin de fer de ceinture (rive gauche).

Le prix de ce rachat sera fixé dans les formes prescrites par la loi du 29 mai 1845 et modifiées par celle du 1er août 1860.

L'article 10 de la convention du 1er mai 1863 est et demeure annulé.

ART. 10. La présente convention ne sera passible que du droit fixe de un franc.

Fait à Paris, les jour, mois et an que dessus.

Signé ARMAND BÉHIC.

Approuvé l'écriture :

Signé *Alfred Leroux.*

Approuvé l'écriture :

Signé *H. de l'Espée.*

Approuvé l'écriture :

Signé *E. Blount.*

Enregistré à Paris, le 20 juillet 1865, folio 86 verso, case 6. Reçu deux francs ; décime, trente centimes.

Signé *Badereau.*

———

DÉCRET DU 18 SEPTEMBRE 1865

qui déclare d'utilité publique le raccordement du chemin de fer de cein-
ture de Paris (rive droite) avec le chemin de fer d'Auteuil, et rend
définitive la concession dudit raccordement, accordée à titre éven-
tuel à la compagnie des chemins de fer de l'Ouest.

NAPOLÉON, par la grâce de Dieu et la volonté nationale, EMPEREUR DES FRANÇAIS, à tous présents et à venir, SALUT.

Sur le rapport de notre Ministre secrétaire d'État au département de l'agriculture, du commerce et des travaux publics ;

Vu la loi du 10 juillet 1865 et le décret du 18 du même mois, qui approuvent la convention passée, le 31 mai 1865, avec la compagnie des chemins de fer de l'Ouest, pour la concession du chemin de fer de ceinture (rive gauche) ;

Vu ladite convention, et notamment l'article 2, qui est ainsi conçu :

« Le Ministre de l'agriculture, du commerce et des travaux « publics, au nom de l'État, s'engage à concéder à la compagnie

14.

« de l'Ouest, dans le cas où l'utilité publique en serait reconnue, « après l'accomplissement des formalités prescrites par la loi du « 3 mai 1841 :

« Un raccordement du chemin de fer de ceinture (rive droite) « avec le chemin de fer d'Auteuil.

« La compagnie s'engage à exécuter le raccordement susmen- « tionné, à ses frais, risques et périls, dans un délai de quatre « ans, à partir du décret qui en rendra la concession définitive. »

Vu l'avant-projet présenté par la compagnie de l'Ouest pour l'établissement dudit raccordement ;

Vu les pièces de l'enquête à laquelle cet avant-projet a été soumis dans le département de la Seine, notamment le procès-verbal de la commission d'enquête, en date du 20 juillet 1865 ;

Vu, le procès-verbal des conférences tenues, les 8, 13 et 17 juillet 1865, entre les officiers du génie militaire et les ingénieurs des divers services intéressés ;

Vu l'avis du conseil général des ponts et chaussées, en date du 31 juillet 1865 ;

Vu la loi du 3 mai 1841, sur l'expropriation pour cause d'utilité publique ;

Vu le sénatus-consulte du 25 décembre 1852, art. 4 ;

Notre Conseil d'État entendu,

Avons décrété et décrétons ce qui suit :

Art. 1er. Est déclaré d'utilité publique le raccordement du chemin de fer de ceinture (rive droite) avec la ligne d'Auteuil.

En conséquence, la concession dudit raccordement, accordée à titre éventuel à la compagnie des chemins de fer de l'Ouest par la convention susvisée du 31 mai 1865, est rendue définitive.

Art. 2. Notre Ministre secrétaire d'État au département de l'agriculture, du commerce et des travaux publics est chargé de l'exécution du présent décret, qui sera inséré au *Bulletin des lois*.

Fait à Biarritz, le 18 septembre 1865.

Signé NAPOLÉON.

Par l'Empereur :

Le Ministre de l'agriculture,
du commerce et des travaux publics,

Signé ARMAND BÉHIC.

DÉCRET DU 19 JUIN 1868

qui déclare d'utilité publique l'établissement d'un chemin de fer de Sottevast, sur la ligne de Paris à Cherbourg, à Coutances.

NAPOLÉON, par la grâce de Dieu et la volonté nationale, EMPEREUR DES FRANÇAIS, à tous présents et à venir, SALUT.

Sur le rapport de notre Ministre secrétaire d'État au département de l'agriculture, du commerce et des travaux publics ;

Vu l'avant-projet d'un chemin de fer de Sottevast à Coutances ;

Vu le dossier de l'enquête à laquelle cet avant-projet a été soumis dans le département de la Manche, notamment les procès-verbaux de la commission d'enquête, en date des 20 août 1865 et 26 août 1866 ;

Vu les avis du conseil général des ponts et chaussées, en date des 5 octobre 1863, 16 juin 1864, 9 février et 10 août 1865, 7 mars 1867 ;

Vu les avis du comité consultatif des chemins de fer, en date des 17 février et 3 mars 1866, 13 et 27 avril 1867 ;

Vu l'avis de la commission mixte des travaux publics, en date du 8 juin 1867 ;

Vu les adhésions données par nos Ministres de la guerre et de la marine, en date des 24 et 27 juin 1867;

Vu la loi du 3 mai 1841, sur l'expropriation pour cause d'utilité publique;

Vu le sénatus-consulte du 25 décembre 1852 art. 4;

Notre Conseil d'État entendu,

AVONS DÉCRÉTÉ et DÉCRÉTONS ce qui suit :

ART. 1er. Est déclaré d'utilité publique l'établissement d'un chemin de fer de Sottevast, sur la ligne de Paris à Cherbourg, à Coutances, en passant par ou près Bricquebec, la Haye-du-Puits et Lessay.

ART. 2. Il sera pourvu ultérieurement aux voies et moyens d'exécution, dans les formes et conditions déterminées par l'article 4 du sénatus-consulte du 25 décembre 1852.

ART. 3. Notre Ministre au département de l'agriculture, du commerce et des travaux publics est chargé de l'exécution du présent décret, qui sera inséré au *Bulletin des lois*.

Fait au palais de Fontainebleau, le 19 juin 1868.

Signé NAPOLÉON.

Par l'Empereur :

Le Ministre Secrétaire d'État au département de l'agriculture, du commerce et des travaux publics,

Signé DE FORCADE.

LOI DU 4 JUILLET 1868

qui approuve les articles 2, 3, 5, 6, 7 et 8 d'une convention passée entre le Ministre de l'agriculture, du commerce et des travaux publics et la compagnie des chemins de fer de l'Ouest.

NAPOLÉON, par la grâce de Dieu et la volonté nationale, EMPEREUR DES FRANÇAIS, à tous présents et à venir, SALUT.

AVONS SANCTIONNÉ et SANCTIONNONS, PROMULGUÉ et PROMULGUONS ce qui suit :

LOI.

Extrait du procès-verbal du Corps législatif.

LE CORPS LÉGISLATIF A ADOPTÉ LE PROJET DE LOI dont la teneur suit :

ARTICLE UNIQUE. Sont approuvés les articles 2, 3, 5, 6, 7 et 8 de la convention ci-annexée passée, le 4 juillet 1868, entre le Ministre de l'agriculture, du commerce et des travaux publics et la compagnie des chemins de fer de l'Ouest, lesdits articles relatifs aux engagements mis à la charge du Trésor par cette convention.

Délibéré en séance publique, à Paris, le 6 juin 1868.

Le Président,
Signé SCHNEIDER.

Les Secrétaires,
Signé MARTEL, MÈGE, DE GUILLOUTET, marquis DE CONEGLIANO.

Extrait du procès-verbal du Sénat.

Le Sénat ne s'oppose pas à la promulgation de la loi qui approuve les stipulations financières d'une convention passée entre le Ministre de l'agriculture, du commerce et des travaux publics, au nom de l'État, et la compagnie des chemins de fer de l'Ouest.

Délibéré et voté en séance, au palais du Sénat, le 30 juin 1868.

Le Président,
Signé TROPLONG.

Les Secrétaires,
Signé CHAIX D'EST-ANGE, DE MENTQUE, général DE LA RUE.

Vu et scellé du sceau du Sénat :
Le Sénateur secrétaire,
Signé CHAIX D'EST-ANGE.

MANDONS et ORDONNONS que les présentes, revêtues du sceau de l'État et insérées au *Bulletin des lois,* soient adressées aux cours, aux tribunaux et aux autorités administratives, pour qu'ils les inscrivent sur leurs registres, les observent et les fassent observer, et notre Ministre secrétaire d'État au département de la justice et des cultes est chargé d'en surveiller la publication.

Fait au palais des Tuileries, le 4 juillet 1868.

Signé NAPOLÉON.

Vu et scellé du grand sceau :
Le Garde des sceaux,
Ministre secrétaire d'État
au département de la justice et des cultes,
Signé J. BAROCHE.

Par l'Empereur :
Le Ministre d'État,
Signé E. ROUHER.

DÉCRET DU 4 JUILLET 1868

qui approuve la convention passée, le même jour, entre le Ministre de l'agriculture, du commerce et des travaux publics et la compagnie des chemins de fer de l'Ouest.

NAPOLÉON, par la grâce de Dieu et la volonté nationale, EMPEREUR DES FRANÇAIS, à tous présents et à venir, SALUT.

Sur le rapport de notre Ministre secrétaire d'État au département de l'agriculture, du commerce et des travaux publics ;

Vu le décret du 11 juin 1859 et la convention y annexée des 29 juillet 1858 et 11 juin 1859;

Vu les loi et décret du 11 juin 1863 et la convention y annexée du 1er mai 1863;

Vu la loi du 10 juillet 1865, ensemble le décret du 18 juillet 1865 et la convention y annexée du 31 mai 1865;

Vu l'avant-projet d'un chemin de fer de Sablé à Châteaubriant et d'un autre chemin de Laval à Angers, le dossier de l'enquête à laquelle ce projet a été soumis, et notamment les procès-verbaux des commissions d'enquête, en date des 9, 14 avril et 28 mai 1864, 8, 16 janvier, 2 et 12 mars 1867;

Vu l'avant-projet d'un chemin de fer de Saint-Lô à la ligne de Rennes à Brest, le dossier de l'enquête à laquelle cet avant-projet a été soumis, et notamment le procès-verbal des commissions d'enquête, en date des 10, 22 août, 25 novembre 1865, et 26 août 1866;

Vu les avis du conseil général des ponts et chaussées, en date des 5 octobre 1863, 16 juin 1864, 9 février et 10 août 1865 et 7 mars 1867;

Vu les avis du comité consultatif des chemins de fer, en date des 17 février et 3 mars 1866, 13 et 27 avril 1867;

Vu l'avis de la commission mixte des travaux publics, en date du 8 juin 1867;

Vu les adhésions données par nos Ministres de la guerre et de la marine, en date des 24 et 27 juin 1867;

Vu la loi du 3 mai 1841;

Vu le sénatus-consulte du 25 décembre 1852, art. 4;

Vu la convention passée, le 4 juillet 1868, entre notre Ministre de l'agriculture, du commerce et des travaux publics et la compagnie des chemins de fer de l'Ouest, ladite convention portant concession de plusieurs lignes de chemins de fer ci-dessus énoncées et modifiant différentes dispositions des conventions susvisées des 29 juillet 1858 et 11 juin 1859, 1er mai 1863 et 31 mai 1865;

Vu la loi, en date de ce jour, qui ratifie les engagements mis à la charge du Trésor pour ladite convention;

Notre Conseil d'État entendu,

Avons décrété et décrétons ce qui suit :

Art. 1er. La convention provisoire passée, le 4 juillet 1868, entre notre Ministre secrétaire d'État au département de l'agriculture, du commerce et des travaux publics et la compagnie des chemins de fer de l'Ouest, est et demeure approuvée.

Art. 2. Notre Ministre secrétaire d'État au département de l'agriculture, du commerce et des travaux publics est chargé de l'exécution du présent décret, qui sera inséré au *Bulletin des lois*.

Fait au palais des Tuileries, le 4 juillet 1868.

Signé NAPOLÉON.

Par l'Empereur :

Le Ministre secrétaire d'État au département. l'agriculture du commerce et des travaux publics,

Signé DE FORCADE.

Convention passée entre le Ministre de l'agriculture, du commerce et des travaux publics, au nom de l'État, et la compagnie des chemins de fer de l'Ouest.

L'an mil huit cent soixante-huit, et le quatre juillet,

Entre le Ministre de l'agriculture, du commerce et des travaux publics, agissant au nom de l'État, sous la réserve de l'approbation des présentes par décret de l'Empereur, et par la loi en ce qui concerne les clauses financières,

D'une part ;

Et la société anonyme établie à Paris sous la dénomination de *Compagnie des chemins de fer de l'Ouest*, ladite compagnie représentée par MM. *Alfred Le Roux, Charles Laffitte* et *Charles Rivet*, président et membres du conseil d'administration, élisant domicile au siège de ladite société, à Paris, à l'embarcadère desdits chemins, rue Saint-Lazare ; et agissant en vertu des pouvoirs qui leur ont été conférés par délibérations dudit conseil des 9 mai 1867 et 2 avril 1868, et sous la réserve de l'approbation des présentes par l'assemblée générale des actionnaires dans un délai d'un an au plus tard.

D'autre part,

Il a été dit et convenu ce qui suit :

ART. 1ᵉʳ. Le Ministre de l'agriculture, du commerce et des travaux publics, au nom de l'État, fait concession à la compagnie des chemins de fer de l'Ouest, qui l'accepte, des chemins de fer ci-après désignés :

De Sablé à Châteaubriant, par ou près Château-Gontier;

De Laval à la ligne du Mans à Angers, à ou près Angers, par ou près Château-Gontier ;

De Saint-Lô à la ligne de Rennes à Brest, à ou près Lamballe, en passant par ou près Coutances, Avranches et Dol.

La direction du tracé de cette dernière ligne, d'une part, entre Coutances et Avranches, et, d'autre part, entre Dol et Lamballe, sera déterminée par décrets délibérés en Conseil d'État.

La compagnie s'engage à exécuter les chemins de fer susénoncés dans un délai de huit ans, à partir du 1ᵉʳ janvier 1870.

ART. 2. Le Ministre de l'agriculture, du commerce et des travaux publics s'engage, au nom de l'État, à payer à la compagnie, à titre de subvention, pour l'exécution des chemins mentionnés à l'article 1ᵉʳ, une somme de cinquante millions, savoir :

Ligne de Sablé à Châteaubriant. 12,000.000ᶠ
Ligne de Laval à Angers.   12,000,000
Ligne de Saint-Lô à la ligne de Rennes à Brest.   26,000,000

Sera compris dans les sommes ci-dessus énoncées le montant des subventions qui seraient fournies, soit en terrains, soit en argent, par les départements, les communes et les propriétaires intéressés.

Les subventions énoncées au paragraphe 1ᵉʳ seront versées en seize termes semestriels égaux, échéant le 1ᵉʳ juin et le 1ᵉʳ décembre de chaque année, et dont le premier sera payé le 1ᵉʳ juin 1870.

La compagnie devra justifier, avant chaque payement, de l'emploi sur chacune des lignes auxquelles s'appliquent lesdites subventions, en achat de terrains, en travaux ou en approvisionnements sur place, d'une somme double de celle qu'elle aura à recevoir.

Le dernier versement ne sera fait qu'après l'ouverture de chaque ligne.

Le Gouvernement aura la faculté, à la date du 1ᵉʳ juin 1870 et avant le payement du premier terme, de convertir l'ensemble des subventions ci-dessus énoncées en quatre-vingt-sept (87) annuités, comprenant l'intérêt et l'amortissement calculés au taux de quatre et demi pour cent (4 1/2 p. o/o), payables en deux termes, le 1ᵉʳ juin et le 1ᵉʳ décembre de chaque année, le premier de ces termes échéant le 1ᵉʳ juin 1870.

Toutefois, si, au 1ᵉʳ juin 1874 ou à une époque antérieure, le Gouvernement, après avoir opté pour le payement par annuités, croit devoir renoncer à ce mode de libération, la portion de la subvention restant due à la compagnie sera soldée en termes égaux, payables le 1ᵉʳ juin et le 1ᵉʳ décembre de chaque année, et dont le dernier écherra le 1ᵉʳ décembre 1877.

Les délais fixés par le paragraphe qui précède seront appliqués au payement des subventions allouées à la compagnie par la convention du 1ᵉʳ mai 1863.

Pour établir le chiffre du capital restant à solder à titre de subvention, les annuités précédemment payées seront imputées sur le montant des termes auxquels la compagnie aurait eu droit en vertu du paragraphe 2 du présent article, en tenant compte des intérêts à quatre et demi pour cent (4 1/2 p. o/o), à partir de l'échéance de chaque terme.

Le Gouvernement aura, en outre, la faculté de substituer au payement des subventions ci-dessus déterminées la livraison par l'État des terrains, terrassements et ouvrages d'art des chemins susénoncés et de leurs stations, ainsi que des maisons de gardes des passages à niveau.

La compagnie s'engage, dans ce cas, à prendre à sa charge toutes les autres dépenses relatives à l'établissement et à l'exploitation desdits chemins, y compris la construction des bâtiments des stations.

Le tout conformément aux dispositions du cahier des charges supplémentaire annexé à la convention des 29 juillet 1858 et 11 juin 1859.

L'option qui sera faite par le Gouvernement devra être notifiée à la compagnie avant l'époque fixée par le présent article pour le payement du premier terme des subventions.

Art. 3. Les chemins de fer concédés en vertu de l'article 1er ci-dessus seront compris dans le nouveau réseau de la compagnie de l'Ouest. Ils seront soumis, notamment en ce qui touche la garantie d'intérêt et le partage des bénéfices entre l'État et la compagnie, à toutes les dispositions relatives à ce réseau, telles qu'elles résultent de la convention des 29 juillet 1858 et 11 juin 1859, de celle du 1er mai 1863, ainsi que de la présente convention.

Art. 4. Lesdits chemins seront régis par le cahier des charges annexé à la convention des 29 juillet 1858 et 11 juin 1859, sous la réserve des modifications stipulées par les articles 5 et 6 de la convention du 1er mai 1863.

Dans le cas prévu au dernier paragraphe de l'article 42 du cahier des charges précité, le maximum du tarif applicable au transport des blés, grains, riz, maïs, farines et légumes farineux péage compris, sera abaissé à sept centimes (0f,07c) par tonne et par kilomètre sur toutes les lignes tant de l'ancien que du nouveau réseau.

Art. 5. Le paragraphe 2 de l'article 7 de la convention du 1er mai 1863 et l'article 3 de la convention du 31 mai 1865, déterminant le maximum du capital garanti, seront remplacés par les dispositions suivantes :

Le maximum du capital garanti par l'État pour l'ensemble des lignes du nouveau réseau, tel qu'il est défini par l'article 6 de la convention des 29 juillet 1858 et 11 juin 1859, par l'article 4 de la convention du 1er mai 1863, par l'article 3 de la convention du 31 mai 1865 et par l'article 3 de la présente convention, est fixé à la somme de sept cent dix-neuf millions (719,000,000').

Néanmoins ladite somme de sept cent dix-neuf millions de francs sera successivement augmentée, à la fin de chaque exercice, pour l'application de la garantie d'intérêt comme pour le partage des bénéfices, du montant des dépenses qui, dans une période de dix années, auront été faites conformément à des projets préalablement approuvés par des décrets délibérés en Conseil d'État pour des travaux complémentaires, tels que l'agrandissement de gares, l'augmentation du matériel roulant, la pose de secondes voies ou de voies de garage sur les lignes tant de l'ancien que du nouveau réseau.

En conséquence de cette disposition, et par modification du paragraphe 5 de l'article 11 de la convention des 29 juillet 1858 et 11 juin 1859, les dépenses supplémentaires prévues au paragraphe précédent seront ajoutées successivement au compte de premier établissement du nouveau réseau pendant le délai de dix ans ci-dessus énoncé.

Ce délai courra du 1er janvier 1868 pour les lignes mises en exploitation avant cette époque.

En ce qui concerne les lignes terminées postérieurement au 1er janvier 1868, le délai courra à partir du 1er janvier qui suivra la mise en exploitation de chaque ligne.

Le montant total des dépenses supplémentaires prévues par le présent article ne pourra excéder le chiffre de cent vingt-quatre millions (124,000,000'), de telle sorte que l'ensemble du capital garanti ne pourra, en aucun cas, excéder la somme totale de huit cent quarante-trois millions (843,000,000').

Toutefois, après l'expiration de ce délai de dix ans, la compagnie pourra être autorisée, s'il y a lieu, par décrets délibérés en Conseil d'État, à prélever, avant tout partage des bénéfices sur l'ensemble des produits nets de l'ancien et du nouveau réseau, l'intérêt et l'amortissement des dépenses faites, sur l'un ou l'autre de ces réseaux, pour l'établissement de travaux qui seraient reconnus être de premier établissement.

Art. 6. Toute somme dépensée dans le cours d'une année, pour travaux complémentaires, sur une ligne livrée à l'exploita-

tion avant le commencement de ladite année, ne participera à
la garantie d'intérêt qu'à partir de l'exercice suivant. L'intérêt et
l'amortissement afférents à l'exercice pendant lequel les dépenses
auront été faites seront portés au compte de premier établissement.

La présente disposition sera appliquée au règlement définitif
des comptes de la garantie d'intérêt à partir du 1er janvier 1865.

Art. 7. L'article 8 de la convention du 1er mai 1863 et l'article 4 de la convention du 31 mai 1865 seront remplacés par
les dispositions suivantes :

A partir du 1er janvier qui suivra l'achèvement complet de l'ensemble des lignes comprises, soit dans l'ancien, soit dans le nouveau réseau, toute la portion des produits nets de l'ancien réseau
qui excédera un revenu net moyen de trente-cinq mille neuf
cents francs (35,900f) par kilomètre sera appliquée, concurremment avec les produits du nouveau réseau, à couvrir l'intérêt et
l'amortissement garantis par l'État.

Le chiffre ci-dessus énoncé de trente-cinq mille neuf cents
francs sera successivement augmenté, pour chaque exercice, de
douze francs (12f) par chaque somme d'un million de francs dépensée suivant les conditions et dans les délais prévus par le
paragraphe 3 et l'article 5 de la présente convention.

Dans les années comprises entre le 1er janvier 1865 et le
1er janvier qui suivra l'achèvement complet de l'ensemble des
lignes du nouveau réseau, le revenu kilométrique, calculé conformément aux dispositions des paragraphes 2 et 3 du présent
article, sera réduit de deux cents francs (200f) par chaque longueur de cent kilomètres (100k) du nouveau réseau à laquelle
la garantie d'intérêt ne serait pas encore appliquée, sans toutefois que la réduction totale puisse excéder deux mille francs
(2,000f).

Art. 8. L'article 9 de la convention du 1er mai 1863 est
modifié ainsi qu'il suit :

Lorsque l'ensemble des produits nets tant de l'ancien que du
nouveau réseau excédera la somme nécessaire pour représenter
à la fois, sur l'ancien réseau, le revenu net moyen calculé conformément aux dispositions de l'article précédent, et, sur le

nouveau réseau, l'intérêt à six pour cent (6 p. o/o) du capital effectivement dépensé pour la construction des lignes dudit réseau ; l'excédent sera partagé par moitié entre l'État et la compagnie.

ART. 9. La compagnie s'engage à réduire de treize kilomètres la distance soumise au tarif, pour les voyageurs ainsi que pour les marchandises en provenance des sections de chemins de fer de Dieppe ou d'Amiens à Étaimpuis et à destination des sections de Motteville au Havre ou à Fécamp, et réciproquement.

Dans aucun cas, les taxes à percevoir pour les localités intermédiaires entre Étaimpuis et Motteville ne seront supérieures à celles qui seront perçues pour les transports entre ces deux points.

ART. 10. La présente convention ne sera passible que du droit fixe de un franc.

Le Ministre de l'agriculture, du commerce et des travaux publics,

Signé DE FORCADE.

Approuvé l'écriture :

Signé *Alfred Le Roux.*

Approuvé l'écriture :

Signé *Ch. Laffitte.*

Approuvé l'écriture :

Signé *Charles Rivet.*

LOI DU 23 MARS 1874

relative à la déclaration d'utilité publique de plusieurs chemins de fer.

(Promulguée au *Journal officiel* du 27 mars 1874.)

L'ASSEMBLÉE NATIONALE A ADOPTÉ LA LOI dont la teneur suit :

. . . .

ART. 11. Si des compagnies de chemins de fer déjà existantes ou à créer et concessionnaires de lignes venant s'embrancher sur les lignes concédées par la présente loi, empruntent des parties de ces lignes, ces compagnies ne payeront le prix du péage que pour le nombre de kilomètres réellement parcourus, un kilomètre entamé étant d'ailleurs considéré comme parcouru.

Dans le cas où le service de ces mêmes chemins de fer devrait être établi dans les gares appartenant aux compagnies rendues concessionnaires ou adjudicataires par la présente loi, la redevance à payer à ces compagnies sera réglée, d'un commun accord, entre les deux compagnies intéressées, et, en cas de dissentiment, par voie d'arbitrage.

En cas de désaccord sur le principe ou l'exercice de l'usage commun desdites gares, il sera statué par le Ministre, les deux compagnies entendues.

ART. 12. En ce qui concerne les compagnies déjà existantes, si le Gouvernement exerce le droit qui lui est réservé par l'article 37 du cahier des charges de racheter la concession entière, la compagnie pourra demander que les lignes dont la concession remonte à moins de quinze ans soient évaluées, non d'après leurs produits nets, mais d'après leur prix réel de premier établissement.

. . . .

Délibéré en séance publique, à Versailles, le 23 mars 1874.

Le Président,

Signé BUFFET.

Les Secrétaires,

Signé Vicomte BLIN DE BOURDON, LOUIS DE SÉGUR

L. GRIVART, FÉLIX VOISIN.

LE PRÉSIDENT DE LA RÉPUBLIQUE PROMULGUE LA PRÉSENTE LOI.

Signé Mᵃˡ DE MAC MAHON, duc DE MAGENTA.

Le Ministre des travaux publics,

Signé R. DE LARCY.

_____

DÉCRET DU 6 JUILLET 1875

qui déclare d'utilité publique l'établissement d'un chemin de fer d'embranchement partant d'un point de la ligne de Sablé à Châteaubriant, vers Chemazé, et aboutissant à ou près Craon.

LE PRÉSIDENT DE LA RÉPUBLIQUE FRANÇAISE,

Sur le rapport du Ministre des travaux publics,

Vu le décret du 11 juin 1859 et la convention y annexée des 29 juillet 1858 et 11 juin 1859;

Vu les loi et décret du 4 juillet 1868, ensemble la convention portant la même date;

Vu le décret du 9 janvier 1872 et la convention y annexée portant la même date;

Vu l'avant-projet d'un chemin de fer d'embranchement partant d'un point à déterminer sur la ligne de Sablé à Châteaubriant, vers Chemazé, et aboutissant à ou près Craon;

Vu le dossier de l'enquête à laquelle cet avant-projet a été soumis, et notamment le procès-verbal de la commission d'enquête, en date des 22 juin et 18 juillet 1874;

Vu l'avis du conseil général des ponts et chaussées, en date du 20 juillet 1874;

Vu la loi du 3 mai 1841;

Le Conseil d'État entendu,

DÉCRÈTE :

ART. 1er. Le tracé de la ligne de Sablé à Châteaubriant, passant par Segré, sera complété par un embranchement partant d'un point de cette ligne vers Chemazé et aboutissant à ou près Craon.

L'établissement de cet embranchement est déclaré d'utilité publique.

Art. 2. L'embranchement énoncé à l'article précédent sera exécuté par la compagnie de l'Ouest, comme partie intégrante de la ligne de Sablé à Châteaubriant, aux clauses et conditions de la convention du 4 juillet 1868, et dans les délais fixés pour l'exécution des lignes de Laval à Angers et de Sablé à Châteaubriant.

Art. 3. Le Ministre des travaux publics est chargé de l'exécution du présent décret, qui sera inséré au *Bulletin des lois*.

Fait à Versailles, le 6 juillet 1875.

Signé Mal DE MAC MAHON.

Le Ministre des travaux publics,
Signé E. CAILLAUX.

DÉCRET DU 17 AOÛT 1875

qui déclare d'utilité publique l'établissement d'un chemin de fer d'embranchement de la gare de Conflans, sur la ligne de Paris au Havre, à la ligne de Paris à Dieppe, par Pontoise.

LE PRÉSIDENT DE LA RÉPUBLIQUE FRANÇAISE,

Sur le rapport du Ministre des travaux publics,

Vu le décret du 11 juin 1859 et la convention y annexée des 29 juillet 1858 et 11 juin 1859;

Vu les loi et décret du 4 juillet 1868, ensemble la convention portant la même date;

Vu l'avant-projet d'un chemin de fer partant de la gare de Conflans, sur la ligne de Paris au Havre, et aboutissant à la ligne de Paris à Pontoise, aux abords de la gare de cette dernière ville;

Vu le dossier de l'enquête à laquelle cet avant-projet a été soumis, et notamment le procès-verbal de la commission d'enquête, en date des 22 et 28 juillet 1871;

Vu les lois du 3 mai 1841 et du 27 juillet 1870;

15.

Le Conseil d'État entendu,

DÉCRÈTE :

ART. 1ᵉʳ. Est déclaré d'utilité publique l'établissement d'un chemin de fer d'embranchement, de douze kilomètres de longueur, de la gare de Conflans, sur la ligne de Paris au Havre, à la ligne de Paris à Dieppe, par Pontoise, aux abords de la gare de cette ville.

ART. 2. Ledit chemin de fer sera exécuté par la compagnie de l'Ouest, dans le délai de deux ans, et sera soumis aux dispositions du cahier des charges qui régit l'ensemble des concessions faites à cette compagnie.

Les conditions financières applicables au chemin de fer ci-dessus énoncé seront réglées ultérieurement par une loi.

ART. 3. Le Ministre des travaux publics est chargé de l'exécution du présent décret, qui sera inséré au *Bulletin des lois*.

Fait à Paris, le 17 août 1875.

Signé Mᵃˡ DE MAC MAHON.

Le Ministre des travaux publics,
Signé E. CAILLAUX.

LOI DU 31 DÉCEMBRE 1875

qui déclare d'utilité publique l'établissement de plusieurs chemins de fer et approuve la convention passée avec la compagnie de l'Ouest pour la concession desdits chemins de fer.

(Promulguée au *Journal officiel* du 18 janvier 1876.)

L'ASSEMBLÉE NATIONALE A ADOPTÉ LA LOI dont la teneur suit :

ART. 1ᵉʳ. Est déclaré d'utilité publique l'établissement des chemins de fer ci-après :

1° De Harfleur à Montivilliers ;

2° Raccordement, à Rouen, des lignes de Paris à Rouen et de Rouen à Amiens ;

3° De Beuzeville à Lillebonne et Port-Jérôme, par Bolbec;

4° De Motteville à Saint-Valery-en-Caux;

5° Raccordement de la ligne de Paris à Rouen à celle de Paris à Argenteuil, près Colombes, d'une part, et à celle de Paris à Versailles (rive droite), vers Courbevoie, d'autre part;

6° Du pont de l'Alma aux Moulineaux;

7° De la gare d'Auteuil à la porte de Boulogne;

8° De la gare de Sillé-le-Guillaume, sur la ligne de Paris à Rennes, à la Hutte, par Fresnay;

9° De la Hutte à Mamers, sur la ligne de Mamers à Sᵗ-Calais;

10° De Châteaubriant à Redon;

11° Des Moulineaux à Courbevoie, formant le prolongement de la ligne du pont de l'Alma aux Moulineaux;

12° De Plouaret à Lannion;

13° De Barentin à Duclair et Caudebec;

14° D'un point du chemin de fer de Paris à Versailles (rive gauche), à déterminer près de la gare de Versailles, à la rue de la Bibliothèque, près de l'entrée du Palais.

ART. 2. Est approuvée la convention provisoire passée, le 31 décembre 1875, entre le Ministre des travaux publics et la compagnie de l'Ouest.

ART. 3. Ladite convention, annexée à la présente loi, ne sera passible que du droit fixe de trois francs.

Délibéré en séance publique, à Versailles, le 31 décembre 1875.

Le Président,

Signé Duc D'AUDIFFRET-PASQUIER.

Les Secrétaires,

Signé LOUIS DE SÉGUR, Vᵗᵉ BLIN DE BOURDON, FÉLIX VOISIN, ÉTIENNE LAMY, T. DUCHÂTEL.

LE PRÉSIDENT DE LA RÉPUBLIQUE PROMULGUE LA PRÉSENTE LOI.

Signé Mᵃˡ DE MAC MAHON, duc DE MAGENTA.

Le Ministre des travaux publics,

Signé E. CAILLAUX.

CONVENTION.

L'an mil huit cent soixante-quinze et le trente et un décembre,

Entre le Ministre des travaux publics, agissant au nom de l'État, sous la réserve de l'approbation des présentes par une loi,

D'une part;

Et la société anonyme établie à Paris sous la dénomination de *Compagnie des chemins de fer de l'Ouest*, ladite compagnie représentée par MM. *Alfred Le Roux, duc de Noailles*, général baron *de Chabaud La Tour*, président et membres du conseil d'administration, élisant domicile au siège de ladite société, à Paris, à l'embarcadère desdits chemins, rue Saint-Lazare, et agissant en vertu des pouvoirs qui leur ont été conférés par délibération dudit conseil en date du 31 juillet 1875, et sous la réserve de l'approbation des présentes par l'assemblée générale des actionnaires, dans un délai d'un an au plus tard,

D'autre part,

Il a été dit et convenu ce qui suit :

ART. 1er. Le Ministre des travaux publics, au nom de l'État, concède à la compagnie des chemins de fer de l'Ouest, qui accepte, les chemins de fer ci-après :

1° De Harfleur à Montivilliers;

2° Raccordement, à Rouen, des lignes de Paris à Rouen et de Rouen à Amiens;

3° De Beuzeville à Lillebonne et Port-Jérôme, par Bolbec;

4° De Motteville à Saint-Valery-en-Caux;

5° Raccordement de la ligne de Paris à Rouen à celle de Paris à Argenteuil, près Colombes, d'une part, et à celle de Paris à Versailles (rive droite), vers Courbevoie, d'autre part;

6° Du pont de l'Alma aux Moulineaux;

7° De la gare d'Auteuil à la porte de Boulogne;

8° De la gare de Sillé-le-Guillaume, sur la ligne de Paris à Rennes, à la Hutte, par Fresnay ;

9° De la Hutte à Mamers, sur la ligne de Mamers à Saint-Calais ;

10° De Châteaubriant à Redon ;

11° Des Moulineaux à Courbevoie ;

12° De Plouaret à Lannion ;

13° De Barentin à Duclair et Caudebec ;

14° De Conflans, sur la ligne de Paris au Havre, à la ligne de Paris à Dieppe, par Pontoise, aux abords de la gare de cette dernière ville, avec gare fluviale à l'embouchure de l'Oise dans la Seine ;

15° De Sottevast à Coutances ;

16° De Motteville à Clères ;

17° De Chemazé, sur la ligne de Sablé à Châteaubriant, à Craon.

ART. 2. La compagnie s'engage à exécuter les chemins de fer énoncés à l'article 1er ci-dessus dans le délai de six ans, à partir de l'approbation, par l'administration, des projets définitifs de chacun de ces chemins.

La compagnie devra produire ces projets définitifs dans un délai de deux ans, à dater du 1er janvier qui suivra la loi approbative de la présente convention. Faute par elle d'avoir présenté ces projets dans le délai ci-dessus énoncé, le délai d'exécution de chaque ligne sera réduit d'un temps égal au retard apporté à la production desdits projets.

La compagnie s'engage, en outre, à exécuter, dans le délai de trois mois, un embranchement partant d'un point du chemin de fer de Versailles (rive gauche), à déterminer aux abords de la gare de Versailles, et aboutissant à la rue de la Bibliothèque, près de l'entrée de la cour du palais, en vue de desservir les Assemblées législatives, ledit embranchement devant emprunter l'avenue de Sceaux et la place d'Armes et être établi sans clôture et sans que les rails forment saillie sur la voie publique.

Lesdits chemins de fer seront soumis au cahier des charges

qui régit l'ensemble des concessions faites à la compagnie de l'Ouest, et, en conséquence, leur concession expirera, comme celle de toutes les lignes régies par le même cahier des charges, le trente et un décembre mil neuf cent cinquante-six (31 décembre 1956).

Ils seront soumis, en outre, aux dispositions de l'article 11 et du premier paragraphe de l'article 12 de la loi du 23 mars 1874.

Dans tous les cas où l'administration le jugera utile, il pourra être accolé aux ponts établis par la compagnie pour le service du chemin de fer une voie charretière ou une passerelle pour piétons.

L'excédent de dépense qui en résultera sera supporté par l'État, le département ou les communes intéressées, après évaluation contradictoire des ingénieurs de l'État et de ceux de la compagnie. A défaut d'accord entre les ingénieurs de l'État et ceux de la compagnie, l'excédent de dépense sera réglé par un décret rendu en Conseil d'État.

Les ouvrages d'art pourront n'être exécutés que pour une voie sur les chemins où cette disposition sera jugée compatible avec les besoins de la circulation, et sous les conditions auxquelles l'administration croira devoir subordonner cette autorisation.

Dans le cas où les transports de voyageurs et de marchandises en destination ou en provenance de la ligne de Pontoise à Dieppe, par Gisors, emprunteraient la ligne de Paris à Conflans et à Pontoise, les prix appliqués à ces transports ne pourront, dans aucun cas, être supérieurs à ceux qui auraient été perçus par la voie d'Argenteuil, à raison de la différence des parcours.

Art. 3. Le Ministre des travaux publics, au nom de l'État, s'engage à payer à la compagnie, à titre de subvention, pour l'exécution des lignes mentionnées ci-après, une somme de trente millions (30,000,000^f), savoir :

De Beuzeville à Port-Jérôme, par Bolbec... 3,000,000^f

De Motteville à Saint-Valery............ 4,000,000

De Châteaubriant à Redon............. 6,000,000

De Plouaret à Lannion.............. 3,000,000ᶠ

De Barentin à Duclair et Caudebec....... 2,000,000

De Sottevast à Coutances............. 12,000,000

Lesdites subventions seront payées en seize termes semestriels, échéant le 1ᵉʳ juin et le 1ᵉʳ décembre de chaque année, et dont le premier écherra le 1ᵉʳ juin 1877.

La compagnie devra justifier, avant chaque payement, de l'emploi sur chacune des lignes auxquelles s'appliquent lesdites subventions, en achats de terrains ou en travaux et approvisionnements sur place, d'une somme double de celle qu'elle aura à recevoir. Le dernier versement ne sera fait qu'après l'ouverture de chaque ligne.

Le Gouvernement aura la faculté, à dater du 1ᵉʳ juin 1877, de convertir chacun de ces seize termes semestriels, au fur et à mesure de leur échéance, en annuités payables par termes semestriels, le 1ᵉʳ juin et le 1ᵉʳ décembre de chaque année, et dont le dernier écherra le premier décembre mil neuf cent cinquante et un (1ᵉʳ décembre 1951).

Ces annuités, comprenant l'intérêt et l'amortissement de chaque terme, seront calculées, lors de l'échéance de chacun de ces termes, à un taux fixé provisoirement à cinq francs soixante-quinze centimes pour cent francs (5ᶠ 75ᶜ p. o/o).

Le taux définitif sera arrêté, après le payement intégral des subventions, d'après le prix moyen des négociations de l'ensemble des obligations émises par la compagnie du 1ᵉʳ juin 1877 au 1ᵉʳ décembre 1884. Ce prix moyen sera arrêté déduction faite de l'intérêt couru au jour de la vente des titres, ainsi que de tous droits à la charge de la compagnie, dont ces titres sont ou seront frappés et de tous autres frais accessoires dont la compagnie justifiera.

Le taux définitif ci-dessus mentionné sera arrêté dans les formes prescrites par le décret du 6 mai 1863, portant règlement des justifications à faire par la compagnie pour l'application de la garantie d'intérêt et du partage des bénéfices.

Il sera tenu compte respectivement à la compagnie et à l'État, avec intérêts simples à cinq pour cent (5 p. o/o), des insuffisances ou des excédents que présenteraient, sur le règlement définitif des annuités, les payements calculés au taux provisoire de cinq francs soixante-quinze centimes pour cent.

Si, à la date du 1ᵉʳ juin 1881 ou à une date antérieure, le Gouvernement, après avoir opté pour le payement par annuités, croit devoir renoncer à ce mode de libération, la portion de la subvention restant due à la compagnie sera soldée en termes égaux, payables le 1ᵉʳ juin et le 1ᵉʳ décembre de chaque année, et dont le dernier écherra le 1ᵉʳ décembre 1884. Pour établir le chiffre du capital restant à solder à titre de subvention, les annuités précédemment payées seront imputées sur le montant des termes auxquels la compagnie aurait eu droit en vertu du paragraphe 2 du présent article, en tenant compte des intérêts à cinq pour cent (5 p. o/o), à partir de l'échéance de chaque terme.

Art. 4. La compagnie est autorisée à recevoir des départements, des communes et des particuliers, en sus des subventions de l'État, les subventions en nature ou en argent qui lui seraient consenties pour l'exécution des lignes concédées par la présente convention.

Les terrains domaniaux occupés par la gare des Matelots, à Versailles, resteront annexés gratuitement au chemin de fer de Paris à Rennes.

Art. 5. Les lignes concédées par la présente convention feront partie du nouveau réseau.

En conséquence, lesdites lignes seront soumises, en ce qui touche la garantie d'intérêt et le partage des bénéfices, aux dispositions qui régissent le nouveau réseau en vertu tant des conventions antérieures que de la présente convention.

Art. 6. Le paragraphe 2 de l'article 5 de la convention du 4 juillet 1868 est modifié ainsi qu'il suit :

Le maximum du capital garanti par l'État pour l'ensemble des lignes comprises dans le nouveau réseau, fixé à la somme de sept cent dix-neuf millions par le paragraphe 2 de l'article 5 de la convention en date du 4 juillet 1868, sera augmenté de soixante-quinze millions (75,000,000ᶠ) et porté à sept cent quatre-vingt-quatorze millions (794,000,000^f), non compris les dépenses complémentaires prévues par l'article 5 de la convention du 4 juillet 1868 et fixées au chiffre maximum de cent vingt-quatre millions.

Les dépenses qui doivent être autorisées par décrets délibérés en Conseil d'État, pour travaux complémentaires de premier établissement, tels que : agrandissement de gares, augmentation du matériel roulant, pose de secondes voies ou de voies de garage sur les lignes tant de l'ancien que du nouveau réseau, seront imputées sur ladite somme de cent vingt-quatre millions, laquelle fait l'objet d'un compte distinct, sans que cette imputation soit subordonnée à l'épuisement du capital de sept cent dix-neuf millions garanti en vertu de la convention du 4 juillet 1868, lequel demeure affecté aux dépenses de premier établissement des lignes du nouveau réseau, ainsi que des gares mixtes.

ART. 7. Les lignes de :

Sablé à Châteaubriant,

Laval à Angers,

Saint-Lô à la ligne de Rennes à Brest,

concédées en vertu de la convention du 4 juillet 1868, seront partagées en sections formant chacune une ligne distincte, de la manière suivante :

Sablé à Château-Gontier,

Château-Gontier à Châteaubriant, par Segré,

Laval à Château-Gontier,

Château-Gontier à Angers,

Saint-Lô à Coutances,

Coutances à Avranches,

Avranches à Dol,

Dol à Lamballe.

En conséquence, la garantie d'intérêt sera appliquée aux dépenses d'établissement de ces lignes, à partir du 1er janvier qui suivra la mise en exploitation de chacune d'elles.

ART. 8. Le compte de premier établissement des lignes de l'ancien et du nouveau réseau sera arrêté provisoirement, tant pour l'application de la garantie d'intérêt que pour l'exercice du droit de partage des bénéfices, avant le 1er janvier qui suivra leur mise en exploitation.

Ce compte sera arrêté définitivement après un délai de dix ans, lequel courra à partir du 1er janvier 1878 pour les lignes mises en exploitation avant cette époque, et pour les lignes terminées postérieurement au 1er janvier 1878, à partir du 1er janvier qui suivra la mise en exploitation de chaque ligne.

En aucun cas, le capital garanti ne pourra excéder la somme déterminée à l'article 6 de la présente convention. Toutefois, après l'expiration de ce délai de dix ans, la compagnie pourra être autorisée, s'il y a lieu, par décrets délibérés en Conseil d'État, à prélever, avant tout partage des bénéfices, sur l'ensemble des produits nets de l'ancien et du nouveau réseau, l'intérêt et l'amortissement des dépenses faites, sur l'un ou l'autre de ces réseaux, pour l'exécution de travaux qui seraient reconnus être de premier établissement.

Art. 9. A dater du 1er janvier qui suivra la mise en exploitation de l'ensemble des lignes nouvelles concédées en vertu de la présente convention, le revenu net réservé à l'ancien réseau, lequel est fixé par la convention du 4 juillet 1868 à trente-deux millions trois cent dix mille francs (32,310,000f); à raison de trente-cinq mille neuf cents francs par kilomètre, pour neuf cents kilomètres, sera augmenté de la différence entre l'intérêt et l'amortissement effectifs des obligations émises par la compagnie et l'intérêt et l'amortissement garantis par l'État, savoir :

1° Pour le capital de premier établissement des lignes annexées au nouveau réseau en vertu de la présente convention, sans que ce capital puisse excéder la somme de soixante-quinze millions (75,000,000f);

2° Pour les dépenses complémentaires restant à imputer sur le capital de cent vingt-quatre millions fixé par l'article 5 de la convention du 4 juillet 1868;

Le tout conformément aux dispositions des paragraphes 5, 6 et 7 de l'article 3 de la présente convention.

Jusqu'à l'époque déterminée par le premier paragraphe du présent article, les dispositions de l'article 7 de la convention du 4 juillet 1868 continueront à recevoir leur application.

Jusqu'à la même époque, les intérêts et l'amortissement des obligations émises pour l'exécution des lignes concédées par la présente convention seront payés au moyen des produits des sections de ces lignes qui seront mises successivement en exploitation. En cas d'insuffisance, ces intérêts et amortissement seront portés au compte de premier établissement.

Art. 10. L'article 8 de la convention du 4 juillet 1868 est remplacé par la disposition suivante :

Lorsque l'ensemble des produits nets tant de l'ancien que du nouveau réseau excédera la somme nécessaire pour représenter à la fois, sur l'ancien réseau, le revenu net moyen, calculé conformément aux dispositions de l'article 9 de la présente convention, et, sur le nouveau réseau, d'une part, l'intérêt à six pour cent (6 p. o/o) du capital effectivement dépensé pour la construction des lignes dudit réseau concédées en vertu des conventions antérieures à la convention actuelle, y compris les dépenses complémentaires desdites lignes, et, d'autre part, l'intérêt à six et demi pour cent (6^f 50° p. o/o) sur le capital de premier établissement des lignes annexées audit réseau par la présente convention et les dépenses complémentaires de ces lignes, l'excédent sera partagé par moitié entre l'État et la compagnie.

Art. 11. Sont compris dans les comptes annuels de l'exploitation :

Le fonds fixe d'amortissement des actions (deux cent soixante-dix-sept mille francs); les travaux de grosse réparation ou de réfection des lignes, les travaux accessoires à exécuter successivement dans les gares ou sur les quais des ports, et dont l'imputation sur ces comptes aura été autorisée par le Ministre des travaux publics; les dépenses et les recettes des correspondances par voie de terre ou voie maritime autorisées par le Ministre des travaux publics et les correspondances par voie de fer faisant suite aux lignes de la compagnie et approuvées par décrets délibérés en Conseil d'État.

Les dépenses faites ou restant à faire pour la réparation des dommages causés en 1870 et en 1871 par la guerre et par l'insurrection seront imputées au compte des cent vingt-quatre millions, déduction faite des sommes reçues ou à recevoir par la compagnie à titre d'indemnité.

ART. 12. Dans le cas où l'une des compagnies d'Orléans, de l'Est, du Nord, de Paris-Lyon-Méditerranée ou du Midi appliquerait aux voitures des trois classes, sur l'ensemble de son réseau, un système de chauffage agréé par M. le Ministre des travaux publics, la compagnie de l'Ouest s'engage, si elle en est requise par le Ministre, à mettre en pratique sur son réseau, pour tous les trains dont le trajet excédera une durée de deux heures, soit ce même système de chauffage, soit tout autre système jugé préférable et agréé par le Ministre. La mise en pratique de ce système aura lieu suivant les délais qui seront prescrits par le Ministre.

La compagnie s'engage, en outre, dès à présent, à chauffer désormais les compartiments des dames seules dans les trois classes.

Approuvé l'écriture :

Signé *Alfred Le Roux,*
Président.

Approuvé l'écriture :

Signé Duc *de Noailles.*

Approuvé l'écriture :

Signé Gal Bon *de Chabaud La Tour.*

Le Ministre des travaux publics,

Signé E. CAILLAUX.

Vu pour être annexé à la loi adoptée par l'Assemblée nationale dans sa séance du 31 décembre 1875.

Le Président,

Signé Duc D'AUDIFFRET-PASQUIER.

Les Secrétaires,

Signé LOUIS DE SÉGUR, Vte BLIN DE BOURDON, FÉLIX VOISIN, ÉTIENNE LAMY, T. DUCHÂTEL.

DÉCRET DU 9 DÉCEMBRE 1878,

contresigné par le Ministre des travaux publics,

PORTANT :

ART. 1er. Sont déclarés d'utilité publique les travaux néces-saires pour l'exécution du raccordement de la gare de Redon (Ille-et-Vilaine) avec le bassin à flot de cette ville, conformément au projet et au plan dressés, le 12 janvier 1877, par l'ingénieur de la compagnie des chemins de fer de l'Ouest, et modifiés ultérieurement conformément aux délibérations du conseil gé-néral des ponts et chaussées. Ledit plan restera annexé au pré-sent décret.

ART. 2. Pour l'acquisition des terrains nécessaires à l'exécu-tion de ces travaux, la compagnie des chemins de fer de l'Ouest est substituée aux droits comme aux obligations qui dérivent, pour l'administration, de la loi du 3 mai 1841.

Ces terrains seront incorporés au réseau des chemins de fer de l'Ouest.

Les travaux devront être terminés dans un délai de deux ans.

LOI DU 15 JUIN 1881

qui approuve la convention provisoire passée entre le Ministre des Tra-vaux publics et la compagnie des chemins de fer de l'Ouest pour l'ac-quisition des terrains nécessaires à l'établissement des lignes de Motteville à Saint-Valery-en-Caux, avec embranchement sur Cany, de Beuzeville à Lillebonne et Port-Jérôme, de Barentin à Duclair et à Caudebec, et de la Hutte à Mamers.

(Promulguée au *Journal officiel* du 16 juin 1881.)

LE SÉNAT ET LA CHAMBRE DES DÉPUTÉS ONT ADOPTÉ,

LE PRÉSIDENT DE LA RÉPUBLIQUE PROMULGUE LA LOI dont la teneur suit :

ART. 1er. Est approuvée la convention provisoire passée, le

10 mars 1880, entre le Ministre des travaux publics et la compagnie de l'Ouest, et ayant pour objet d'autoriser ladite compagnie à acquérir, pour une voie seulement, les terrains nécessaires à l'établissement des lignes de Motteville à Saint-Valery-en-Caux, avec embranchement sur Cany, de Beuzeville à Lillebonne et Port-Jérôme, de Barentin à Duclair et à Caudebec, et de la Hutte à Mamers.

Art. 2. Ladite convention, annexée à la présente loi, ne sera passible que du droit fixe de trois francs.

La présente loi, délibérée et adoptée par le Sénat et par la Chambre des députés, sera exécutée comme loi de l'État.

Fait à Paris, le 15 juin 1881.

Signé JULES GRÉVY.

Le Ministre des travaux publics,

Signé Sadi Carnot.

CONVENTION.

L'an mil huit cent quatre-vingt et le dix mars,

Entre le Ministre des travaux publics, agissant au nom de l'État, sous la réserve de l'approbation des présentes par une loi,

D'une part;

Et la société anonyme établie à Paris sous la dénomination de *Compagnie des chemins de fer de l'Ouest,* ladite compagnie représentée par MM. *Blount (Edward), Gervais (Alexis), Dailly (Alfred),* membres du conseil d'administration, élisant domicile au siège de ladite société à Paris, à l'embarcadère desdits chemins de fer, rue Saint-Lazare, et agissant en vertu des pouvoirs qui leur ont été conférés par délibération dudit conseil en date du 12 février, et sous réserve de l'approbation des présentes par l'assemblée générale des actionnaires dans un délai d'un an au plus tard après promulgation de la loi à intervenir,

D'autre part,

Il a été dit et convenu ce qui suit :

Art. 1er. Le Ministre des travaux publics, au nom de l'État, autorise, sur sa demande, la compagnie des chemins de fer de l'Ouest à acquérir, pour une voie seulement, les terrains nécessaires à l'exécution des lignes ci-après désignées :

1° De Motteville à Saint-Valery-en-Caux, avec embranchement sur Cany, d'une longueur de. . . . . 36^k 937

2° De Beuzeville à Lillebonne et Port-Jérôme par Bolbec, d'une longueur de. 18 925

3° De Barentin à Duclair et Caudebec, d'une longueur de. 28 900

4° De la Hutte à Mamers, d'une longueur de. . 24 137

Art. 2. Les subventions accordées à la compagnie par la convention du 31 décembre 1865 pour l'exécution des lignes de Motteville à Saint-Valery-en-Caux, avec embranchement sur Cany, de Beuzeville à Lillebonne et Port-Jérôme par Bolbec, et de Barentin à Duclair et Caudebec, sont réduites de mille cinq cents francs par kilomètre et fixées aux sommes suivantes :

Motteville à Saint-Valery-en-Caux, avec embranchement sur Cany . . . . 3,944,594^{f}50^c

Beuzeville à Lillebonne et Port-Jérôme. . 2,971,612 50

Barentin à Duclair et Caudebec. 1,956,650 00

Approuvé l'écriture ci-dessus :

Approuvé l'écriture ci-dessus : Le Ministre des travaux publics,

Signé Ed. Blount. Signé H. Varroy.

Approuvé l'écriture ci-dessus : Approuvé l'écriture ci-desssus :

Signé Alexis Gervais. Alf. Dailly.

CLAUSE ADDITIONNELLE DU 1ᵉʳ JUILLET 1880.

La compagnie n'aura à recevoir aucune subvention du Trésor dans le cas où l'établissement de la seconde voie sur les lignes ci-dessus dénommées serait prescrit ultérieurement par le Ministre des travaux publics, dans les conditions indiquées à l'article 6, paragraphe 2, du cahier des charges.

Pour le Président du conseil d'administration de la compagnie des chemins de fer de l'Ouest.

Signé N. DUCHÂTEL.

DÉCRET DU 11 NOVEMBRE 1881

qui approuve les arrangements et le traité spécial intervenus entre les compagnies du Nord, de l'Est, de l'Ouest, d'Orléans et de Paris à Lyon et à la Méditerranée, pour l'exploitation du chemin de fer de Grande-Ceinture et des deux chemins de fer de Ceinture intérieurs de Paris.

LE PRÉSIDENT DE LA RÉPUBLIQUE FRANÇAISE,

Sur le rapport du Ministre des travaux publics,

Vu les décrets des 10 et 11 décembre 1851, 18 août 1852, 18 juillet et 18 septembre 1865, relatifs à l'établissement des deux chemins de fer de Ceinture de Paris (rive droite et rive gauche);

Vu la loi du 4 août 1875, déclarant d'utilité publique l'établissement du chemin de fer de Grande-Ceinture autour de Paris et approuvant la convention passée, le même jour, pour la concession de cette ligne à un syndicat représentant les compagnies du Nord, de l'Est, d'Orléans et de Paris à Lyon et à la Méditerranée;

Vu cette convention et notamment l'article 7, lequel est ainsi conçu :

« Les traités à passer par les compagnies syndiquées, soit

entre elles, soit avec une ou plusieurs compagnies non syndiquées, pour régler les conditions d'exploitation du chemin de
fer de Grande-Ceinture et assurer la continuité du service, seront soumis à l'administration et approuvés par décrets rendus
en Conseil d'État; »

Vu le décret du 3 décembre 1875 approuvant :

1° La convention passée le 23 septembre 1875, entre les
compagnies susmentionnées, pour la constitution du syndicat
du chemin de fer de Grande-Ceinture de Paris; 2° l'acte passé le
25 septembre 1875, entre ces mêmes compagnies, pour l'organisation de ce syndicat;

Vu les arrangements intervenus le 29 décembre 1880, entre
les compagnies du Nord, de l'Est, de l'Ouest, d'Orléans et de
Paris à Lyon et à la Méditerranée, pour l'exploitation en commun des chemins de fer de Ceinture de Paris (*intra* et *extra-
muros*);

Vu le traité spécial en date également du 29 décembre 1880,
intervenu entre les syndicats des chemins de fer de Grande
Ceinture et de Ceinture (rive droite) et la compagnie de l'Ouest;

Vu l'avis du comité consultatif des chemins de fer;

Le Conseil d'État entendu,

DÉCRÈTE :

ART. 1er. Les arrangements et le traité spécial intervenus
le 29 décembre 1880, entre les compagnies du Nord, de
l'Est, de l'Ouest, d'Orléans et de Paris à Lyon et à la Méditerranée, pour l'exploitation en commun du chemin de fer de
Grande-Ceinture et des deux chemins de fer de Ceinture intérieurs de Paris sont et demeurent approuvés.

Ces arrangements et ce traité resteront annexés au présent
décret.

ART. 2. L'approbation dont il s'agit est donnée sous la condition expresse que, dans tous les cas et quel que soit l'itinéraire effectivement suivi par les marchandises, on n'appliquera
toujours au public que la taxe la plus réduite résultant du passage par la Grande ou par la Petite-Ceinture.

16

Art. 3. Le Ministre des travaux publics est chargé de l'exécution du présent décret, qui sera inséré au *Bulletin des lois*.

Fait à Paris, le 11 novembre 1881.

Signé Jules GRÉVY.

Le Ministre des travaux publics,
  Signé Sadi Carnot.

TRAITÉ.

Art. 1er. Le présent traité d'exploitation comprend les lignes ci-après :

La Grande-Ceinture, concédée aux quatre compagnies du Nord, de l'Est, de Lyon et d'Orléans;

La Ceinture (rive droite), concédée aux cinq compagnies syndiquées;

La Ceinture (rive gauche), de la gare d'Auteuil au pont de Bercy, et le raccordement de la gare de Courcelles, à l'avenue de Clichy, concédés à la compagnie de l'Ouest.

Moyennant le parcours emprunté à l'Ouest entre les gares de Courcelles et d'Auteuil, l'ensemble de ces lignes assurera la circulation continue sur le cercle entier de la Petite-Ceinture, comme sur la Grande-Ceinture.

Art. 2. La compagnie de l'Ouest adhère, en ce qui la concerne, sous la seule réserve des stipulations de l'article 3 ci-après, aux nouveaux arrangements qui viennent d'être arrêtés pour l'exploitation en commun des deux chemins de Ceinture, et dont copie restera annexée au présent traité; elle adhère également à la convention du 23 septembre 1875, en tout ce qui n'est pas contraire à cet arrangement et aux présentes.

Art. 3. Les recettes de toute nature afférentes à la section de Paris (Saint-Lazare) à Auteuil, conservée par la compagnie de l'Ouest, lui sont intégralement attribuées; cette compagnie étant seule chargée des dépenses de toute nature entre ces mêmes points.

Le même principe s'appliquera aux recettes et aux dépenses de toute nature afférentes aux parcours faits sur les lignes de rayon pénétrant dans Paris (pont de l'Alma à Grenelle et aux Moulineaux, Bel-Air-Bastille, Ouest-Ceinture-Montparnasse, etc.).

Si, en dehors du service circulaire commun établi ou à établir par la compagnie de l'Ouest et le syndicat des deux Ceintures, celui-ci faisait circuler à son compte des trains de voyageurs ou de marchandises empruntant la section de Courcelles à Auteuil, il payerait à la compagnie de l'Ouest quarante pour cent des recettes de transit et soixante-quinze pour cent des recettes provenant du trafic local de la section empruntée.

Par réciprocité, le même principe s'appliquera aux trains de la compagnie de l'Ouest empruntant une section de la rive gauche et le raccordement de Courcelles, y compris le rebroussement sur la gare des Batignolles.

Art. 4. Les frais spéciaux de la bifurcation de Courcelles et ceux du contrôle des billets entre les deux gares de Courcelles-Ouest et de Courcelles-Ceinture seront partagés par moitié entre la compagnie de l'Ouest et le syndicat des deux Ceintures.

Les dépenses d'exploitation des gares de Grenelle et d'Ouest-Ceinture qui assurent le service commun entre le syndicat des deux Ceintures et la compagnie de l'Ouest seront partagées conformément aux principes posés par l'article 6 de la convention du 23 septembre 1875.

Art. 5. La compagnie de l'Ouest remettra au syndicat des deux Ceintures le raccordement de Courcelles et la Ceinture (rive gauche) dans leur état actuel. Toutefois elle terminera à ses frais les travaux déjà approuvés, notamment la gare de Gentilly-la-Glacière.

Elle ne remettra au syndicat ni matériel de transport ni matériel de traction.

Elle rendra au syndicat les terrains dépendant de l'ancienne station de l'avenue de Clichy qui avaient été mis à sa disposition par le traité d'exploitation de la gare de Courcelles-Ceinture en date du 1er avril 1867.

Aʀᴛ. 6. Pendant une période de dix ans, la compagnie de l'Ouest fournira le matériel roulant et assurera la traction sur les sections qu'elle remet au syndicat des deux Ceintures, aux conditions qui seront définies dans un traité spécial.

Aʀᴛ. 7. Le syndicat de la Grande-Ceinture se chargera de l'achèvement de la Grande-Ceinture conformément aux projets en cours d'exécution, et en acquittera toutes les dépenses.

La nomenclature de ces projets et de ceux mentionnés à l'article 5 sera jointe aux présentes.

Aʀᴛ. 8. Par suite de la remise au syndicat stipulée à l'article 5, la compagnie de l'Ouest sera considérée comme ayant apporté à l'ensemble des deux Ceintures une part équivalente à celle des autres compagnies.

En conséquence, les recettes nettes de l'exploitation des deux Ceintures, après déduction de toutes les dépenses et charges annuelles, ou le déficit, s'il y en a, seront partagés également entre les cinq compagnies.

Il reste entendu que :

1° Chacune des quatre compagnies constituant le syndicat de la Grande-Ceinture supportera le quart des charges du capital de premier établissement du chemin de Grande-Ceinture ;

2° La compagnie de l'Ouest supportera toutes les charges du capital de premier établissement de la Ceinture (rive gauche) et du raccordement de Courcelles ;

3° Chacune des cinq compagnies constituant le syndicat de la Petite-Ceinture supportera le cinquième des charges du capital de premier établissement de la Ceinture (rive droite).

Aʀᴛ. 9. Les travaux complémentaires reconnus nécessaires par le syndicat des deux Ceintures pour satisfaire aux besoins de l'exploitation, soit de la Ceinture (rive droite), soit de la Ceinture (rive gauche), soit de la Grande-Ceinture, seront effectués par le concessionnaire de chacune d'elles.

Les acquisitions de matériel roulant nécessaires pour l'exploitation de la Grande-Ceinture seront effectuées par le syndicat de la Grande-Ceinture; celles nécessaires pour l'exploitation de la Ceinture intérieure de Paris seront effectuées par le syndicat de la Petite-Ceinture.

Le syndicat des deux Ceintures remboursera à chacun des concessionnaires les charges annuelles des emprunts émis pour l'exécution de ces dépenses, et en portera le montant au compte d'exploitation.

Art. 10. Il est spécialement stipulé que les conventions nouvelles intervenues entre les quatre compagnies du Nord, de l'Est, de Lyon et d'Orléans, relativement au doublement des voies sur les sections empruntées, sont applicables à la section d'Achères à Maisons et à celle de Versailles-Chantiers à Versailles-Matelots, faisant partie du réseau de l'Ouest.

Fait à Paris, en triple expédition, le 29 décembre 1880.

Approuvé l'écriture :

Le Président
de la Grande-Ceinture,
Signé A. DE ROTHSCHILD.

Approuvé l'écriture :

Le Président de la Ceinture
(rive droite),
Signé ANDRAL.

Approuvé l'écriture :

Le Président de la compagnie
de l'Ouest,
Signé E. BLOUNT.

Certifié conforme au traité annexé au décret du 11 novembre 1881, enregistré sous le n° 641.

Le chef de la division du secrétariat,
Signé ÉMILE MARIN.

ARRANGEMENTS.

Les cinq compagnies de l'Est, du Nord, d'Orléans, de l'Ouest et de Paris-Lyon-Méditerranée, animées du désir de régler les questions relatives à l'emploi des deux chemins de Ceinture à l'intérieur et à l'extérieur de Paris, et de limiter autant que possible le service de la petite vitesse sur la Petite-Ceinture, pour y développer le service des voyageurs, ont résolu de réunir, au point de vue de l'exploitation, sous le nom de *Syndicat des deux chemins de fer de Ceinture de Paris*, les lignes suivantes :

1° La Grande-Ceinture, concédée aux quatre compagnies de l'Est, du Nord, d'Orléans et de Paris-Lyon-Méditerranée ;

2° La Petite-Ceinture (rive droite), concédée aux cinq compagnies intervenant au présent traité ;

3° La Petite-Ceinture (rive gauche), de la gare d'Auteuil au pont de Bercy, et le raccordement de la gare de Courcelles, à l'avenue de Clichy, concédés à la compagnie de l'Ouest.

Elles ont reconnu la convenance de modifier à cet effet les bases fixées :

Pour la répartition des recettes de la Petite-Ceinture entre les cinq compagnies syndiquées, par l'article 19 du cahier des charges du 9 décembre 1851 ;

Pour les conditions d'établissement de tarifs communs entre la Grande-Ceinture et l'une ou plusieurs des compagnies qui en sont concessionnaires, et pour la redevance à payer par la Grande-Ceinture à celles des compagnies dont elle emprunte les rails, par les articles 4 et 5 de la convention du 23 septembre 1875.

Elles ont, à cet effet, adopté d'un commun accord les dispositions suivantes :

RÉPARTITION DES RECETTES DE LA PETITE-CEINTURE.

1° *Trafic local.*

ART. 1er. Les recettes provenant du transport des marchandises et des animaux échangés entre l'une des cinq compagnies contractantes et les gares de la Petite-Ceinture (rive droite), et constituant le trafic local de cette dernière, resteront seules régies, au point de vue de leur répartition, par les conventions actuelles (art. 19 du cahier des charges du 9 décembre 1851).

2° *Trafic de transit.*

Art. 2. Les recettes afférentes aux marchandises de transit échangées entre deux gares propres des compagnies contractantes entreront dans les comptes communs du syndicat des deux Ceintures et seront partagées également entre ces cinq compagnies. Il en sera de même pour le trafic échangé soit entre les gares des deux chemins de fer de Ceinture à l'intérieur de Paris, soit entre une gare des compagnies contractantes et les gares de la Ceinture (rive gauche).

ITINÉRAIRE.

Art. 3. Les échanges de marchandises *via* Paris, entre les compagnies contractantes, doivent en principe s'effectuer par la Grande-Ceinture.

RÉPARTITION DES RECETTES DU SYNDICAT.

1° *Tarifs spéciaux communs.*

Art. 4. En conséquence, les tarifs spéciaux communs entre les compagnies contractantes, quand il y aura lieu, seront établis et les parts calculées par cet itinéraire.

2° *Tarif général commun ou tarifs soudés.*

Art. 5. Si la marchandise est taxée soit au tarif général commun aux six grands réseaux, soit au moyen de la soudure des tarifs intérieurs généraux ou spéciaux de chacune des compagnies intéressées au transport, il arrivera que la taxe la plus réduite s'établira tantôt par la Grande-Ceinture, tantôt par la Petite, le transport devant d'ailleurs s'effectuer par la Grande-Ceinture, comme il est dit à l'article 3.

Dans le premier cas, la part à allouer au syndicat des deux Ceintures est déterminée d'après les règles adoptées pour la répartition des taxes du tarif général commun.

Dans le second cas, le contrôle répartiteur devra calculer la part de recettes afférentes :

a) Au parcours depuis la gare de jonction de la compagnie

expéditrice avec la Grande-Ceinture jusqu'à la gare de jonction de cette compagnie avec la Petite, ladite part étant calculée au prorata kilométrique;

b) Au parcours sur la Petite-Ceinture;

c) Au parcours depuis la gare de jonction de la Petite-Ceinture avec la compagnie destinataire jusqu'à la gare de jonction de cette compagnie avec la Grande-Ceinture, ladite part calculée au prorata kilométrique;

d) Aux droits de transmission, s'il y a lieu;

Et la somme $a+b+c+d$ sera portée au crédit du syndicat des deux Ceintures.

Art. 6. Lorsque, par exception, le passage des marchandises de transit se sera fait par la Petite-Ceinture, le syndicat sera crédité comme il vient d'être dit; mais chacune des compagnies expéditrice et destinataire sera indemnisée de la traction effectuée par elle entre ces deux gares de jonction avec la Petite et avec la Grande-Ceinture par l'allocation de deux centimes (0ᶠ02ᶜ) par tonne et kilomètre, sans frais de transmission.

BASES DES TARIFS COMMUNS AVEC LA GRANDE-CEINTURE.

Art. 7. Par dérogation aux stipulations de l'article 5 de la convention du 23 septembre 1875, les compagnies contractantes syndiquées pourront faire des tarifs communs entre elles par la Grande-Ceinture, pourvu qu'elles ne lui attribuent pas un type kilométrique inférieur à celui de la compagnie qui a le type le moins élevé, et avec minimum de trois centimes (0ᶠ03ᶜ) par tonne et par kilomètre parcouru ou entamé.

BASES DES TARIFS COMMUNS AVEC LES GARES LOCALES DE LA PETITE-CEINTURE.

Art. 8. Les compagnies contractantes pourront établir entre l'une quelconque de leurs gares et les gares locales de la Petite-Ceinture (rive gauche et rive droite), telles que Grenelle, Charonne, etc., des tarifs communs répartis au prorata kilométrique, avec minimum pour la Petite-Ceinture de six centimes (0ᶠ06ᵃ) par kilomètre parcouru ou entamé.

REDEVANCES DUES PAR LA GRANDE-CEINTURE POUR L'USAGE DES SECTIONS EMPRUNTÉES.

ART. 9. Par dérogation aux stipulations de l'article 4, paragraphe 2, de la convention du 23 septembre 1875, la redevance à payer au prorata kilométrique par la Grande-Ceinture aux compagnies contractantes dont elle empruntera les rails est fixée :

A deux centimes et demi (0ᶠ 025) par tonne et par kilomètre pour les transports de petite vitesse taxés à la tonne ;

A quarante pour cent (40 p. 0/0) de la recette pour tous les transports de grande vitesse et pour tous ceux de petite vitesse qui ne sont pas taxés à la tonne, déduction faite des frais accessoires.

Cette redevance sera réduite de moitié dans le cas exceptionnel prévu par l'article 6 ci-dessus.

La longueur de chacune des sections empruntées sera arrondie en hectomètres.

ART. 10. Les règles posées par les articles 7 et 9 s'appliqueront dans le cas où une compagnie concessionnaire de deux ou plusieurs lignes de rayon voudrait faire passer d'une de ces lignes sur l'autre des marchandises en empruntant la Grande-Ceinture.

DOUBLEMENT ÉVENTUEL DES VOIES SUR LES SECTIONS.

ART. 11. S'il devient nécessaire de doubler sur tout ou partie de leur longueur les voies des compagnies contractantes empruntées par la Grande-Ceinture, la dépense de l'opération sera à la charge du syndicat des deux Ceintures ; par contre, dans ce cas, les redevances fixées à l'article 9 cesseraient d'être allouées à partir de la mise en service des voies dédoublées.

DISPOSITION TRANSITOIRE.

ART. 12. La présente convention sera mise en application au fur et à mesure de l'achèvement des diverses sections de la Grande-Ceinture et des gares de jonction des compagnies contractantes avec cette ligne.

Jusqu'à la mise en service de ces gares, les échanges continueront à s'effectuer par le chemin de fer de Petite-Ceinture, mais la taxe afférente à ce dernier sera portée intégralement au compte du syndicat des deux Ceintures.

Fait à Paris en quintuple expédition, le 29 décembre 1880.

Approuvé l'écriture :
Le Président de la compagnie de l'Est,
Signé HENRY DAVILLIER.

Approuvé l'écriture :
Le Président de la compagnie du Nord,
Signé A. DE ROTHSCHILD.

Approuvé l'écriture :
Le Président de la compagnie d'Orléans,
Signé ANDRAL.

Approuvé l'écriture :
Le Président de la compagnie de l'Ouest,
Signé E. BLOUNT.

Approuvé l'écriture :
Le Président de la compagnie de Paris à Lyon et à la Méditerranée,
Signé CH. MALLET.

Certifié conforme aux arrangements annexés au décret en date du 11 novembre, enregistré sous le n° 641.

Le Chef de la division du secrétariat,
Signé ÉMILE MARIN.

DÉCRET DU 6 AOÛT 1882

qui approuve les conventions passées entre le Ministre des travaux publics et la compagnie des chemins de fer de l'Ouest pour la concession des voies ferrées qui relient les quais des ports de Caen, Trouville-Deauville, Honfleur, Cherbourg, Rouen, Dieppe, le Havre et Fécamp, avec les gares de ces villes.

LE PRÉSIDENT DE LA RÉPUBLIQUE FRANÇAISE,

Sur le rapport du Ministre des travaux publics,

Vu les avant-projets et les demandes présentées par la compagnie des chemins de fer de l'Ouest au sujet des voies ferrées qui relient les quais des ports de Caen, Trouville-Deauville, Honfleur, Cherbourg, Rouen, Dieppe, le Havre et Fécamp avec les gares de ces villes ;

Vu les dossiers des enquêtes auxquelles ces avants-projets et demandes ont été soumis, et notamment les procès-verbaux des commissions d'enquête, en date des 10 février 1882 (Caen), 19 janvier 1880 (Trouville-Deauville), 3 février 1880 (Hon fleur), 23 novembre 1880 (Cherbourg), 21-31 juillet 1880 (Rouen), 5 juillet 1880 (Dieppe) et 12 juillet 1878 (le Havre) ;

Vu les délibérations des chambres de commerce et celles des conseils municipaux desdites villes ;

Vu les adhésions du Ministre de la guerre en date des 27 février-6 juin 1882 (Caen), 11 février 1881 (Trouville-Deauville), 10 février 1881 (Honfleur), 14 juin 1881 (Cherbourg) 21 avril 1881 (Dieppe), 28 juin 1880 et 27 mai 1881 (le Havre) ;

Vu l'adhésion du ministre de la marine et des colonies en date du 31 mai 1881 (Cherbourg) ;

Vu les rapports des ingénieurs du contrôle ;

Vu la lettre de la compagnie de l'Ouest en date du 24 juillet 1882 ;

Vu les conventions passées, le 24 juillet 1882, entre le Ministre des travaux publics et ladite compagnie, pour la concession des voies ferrées susindiquées, ainsi que les cahiers des charges y annexés ;

Vu la loi du 11 juin 1880 sur les tramways et le règlement d'administration publique du 6 août 1881 ;

Le Conseil d'État entendu,

Décrète :

Art. 1ᵉʳ. Sont approuvées les conventions susvisées passées entre le Ministre des travaux publics et la compagnie des chemins de fer de l'Ouest pour la concession des voies ferrées qui relient les quais des ports de Caen, Trouville-Deauville, Honfleur, Cherbourg, Rouen, Dieppe, le Havre et Fécamp avec les gares de ces villes, ainsi que les cahiers des charges joints auxdites conventions.

Des copies certifiées de ces conventions et cahiers des charges resteront annexées au présent décret.

ART. 2. Sont déclarés d'utilité publique les travaux à exécuter pour l'extension des voies ferrées sur les quais de Caen, Trouville-Deauville, Cherbourg, Rouen et le Havre, conformément aux dispositions générales des plans présentés par la compagnie le 24 juillet 1882.

ART. 3. Le Ministre des travaux publics est chargé de l'exécution du présent décret, lequel sera inséré au *Bulletin des lois*.

Fait à Paris, le 6 août 1882.

Signé JULES GRÉVY.

Le Ministre des travaux publics,
Signé H. VARROY.

VOIES FERRÉES SUR LES QUAIS DE CAEN.

CONVENTION

Entre le Ministre des travaux publics, agissant au nom de l'État, et sous la réserve de l'approbation des présentes par décret délibéré en Conseil d'État,

D'une part,

Et la société anonyme établie à Paris sous la dénomination de *Compagnie des chemins de fer de l'Ouest*, ladite compagnie représentée par MM. le vicomte *N. Duchâtel* et *J. Delarbre*, vice-présidents du conseil d'administration, élisant domicile au siège de ladite société, à Paris, rue Saint-Lazare, n° 110, et agissant en vertu des pouvoirs qui leur ont été conférés par délibération du conseil d'administration en date du 13 juillet 1882,

D'autre part,

Il a été dit et convenu ce qui suit :

ART. 1er. Le Ministre des travaux publics concède, au nom de l'État, à la compagnie des chemins de fer de l'Ouest, qui accepte cette concession, les voies ferrées établies ou à établir pour transporter entre la gare et les quais de Caen, à l'aide soit de locomotives, soit de chevaux, au gré de la compagnie concessionnaire, les marchandises par wagon complet en provenance ou à destination du réseau de ladite compagnie des l'Ouest, après ou avant leur transport sur le chemin de fer.

Cette concession est faite aux clauses et conditions déterminées par le cahier des charges annexé à la présente convention.

ART. 2. Les travaux nécessaires à l'établissement des voies ferrées dont il s'agit ayant le caractère des travaux complémentaires que la compagnie de l'Ouest peut être autorisée à exécuter en vertu des conventions approuvées par lois des 4 juillet 1868 et 31 décembre 1875, les dépenses qui seront faites pour leur établissement et leur exploitation, ainsi que les recettes qui en proviendront, seront comprises dans les comptes de la compagnie et l'imputation en sera faite conformément aux dispositions desdites conventions.

Fait double, à Paris, le 24 juillet 1882.

Approuvé l'écriture :
Signé J. Delarbre.

Approuvé l'écriture :
Signé N. Duchâtel.

Approuvé l'écriture :
Signé H. VARROY.

TITRE Ier.

TRACÉ ET CONSTRUCTION.

Objet du cahier des charges. — Tracé des voies ferrées.

ART. 1er. Le présent cahier des charges a pour objet le maintien, l'extension et l'exploitation des voies ferrées des quais du port de Caen concédées à la compagnie des chemins de fer de l'Ouest, désignées ci-après, savoir :

1° Les voies dont l'exécution a été précédemment autorisée et qui comprennent :

A. Une voie de circulation sortant de la gare sur le quai des Abattoirs, traversant le port d'échouage sur un viaduc métallique, suivant le côté ouest de la place d'Armes et s'arrêtant à l'aiguille de jonction avec les voies de manœuvre et de manutention établies sur le quai Saint-Pierre ;

B. Les voies de manœuvre et de manutention établies sur le quai Saint-Pierre et sur le quai de Juillet pour desservir les postes d'accostage des navires;

2° Les voies à établir, qui comprennent :

C. Une voie de circulation se détachant de la voie de circulation ci-dessus (A) à l'angle sud-ouest de la place d'Armes, traversant cette place, franchissant l'écluse du bassin à flot sur un pont tournant, suivant le boulevard d'accès aux nouveaux quais de l'Orne, et s'arrêtant à l'aiguille de commande des voies de manœuvre et de manutention ci-après désignées ;

D. Les voies de manœuvre et de manutention à établir sur la rive sud de l'Orne pour desservir les postes d'accostage des navires et le plan incliné récemment construit sur cette rive.

Le tracé de l'ensemble des voies ci-dessus sera conforme aux indications des lignes bleues, rouges et vertes du plan présenté par la compagnie le 24 juillet 1882.

Ces voies seront affectées au service des marchandises; la traction y sera faite à l'aide de locomotives ou de chevaux.

Délai d'exécution.

Art. 2. Les nouvelles voies tracées en rouge sur le plan susvisé pourront n'être établies que successivement, dans la mesure déterminée par le Ministre des travaux publics.

Elles devront être posées et le service d'exploitation devra y être établi dans un délai maximum d'un an à partir de la notification de l'approbation des projets de détail.

Modifications ou additions de détail.

Art. 3. En cours d'exécution et pendant toute la durée de la concession, la compagnie aura la faculté de proposer des modifications ou additions aux dispositions de détail adoptées. Ces modifications et additions ne pourront être effectuées qu'avec l'approbation de l'administration supérieure.

De son côté, l'administration pourra ordonner d'office, dans la disposition des voies ferrées, après avoir entendu la compagnie, les modifications de détails dont l'expérience ou les changements à faire sur les voies publiques, feraient connaître la nécessité.

En aucun cas, ces modifications ne pourront donner lieu à indemnité.

Établissement des voies ferrées.

Art. 4. Les voies ferrées seront posées au niveau du sol, sans saillie ni dépression, suivant le profil normal de la voie publique prête à les recevoir, et sans aucune altération de ce profil, soit dans le sens transversal, soit dans le sens longitudinal, à moins d'une autorisation spéciale. Il en sera de même pour les aiguilles, plaques tournantes et autres accessoires.

Des contre-rails devront être établis sur tous les points où ils seront reconnus nécessaires par l'administration.

Écoulement des eaux.

Art. 5. La compagnie sera tenue de rétablir et d'assurer à ses frais les écoulements d'eau qui seraient arrêtés, suspendus ou modifiés par ses travaux.

Elle rétablira de même les communications publiques ou particulières que ses travaux l'obligeraient à modifier.

Exécution des travaux.

Art. 6. La démolition des chaussées et des terre-pleins et l'ouverture des tranchées pour la pose et l'entretien des voies seront effectuées avec toute la célérité et toutes les précautions convenables.

Qualité des matériaux.

Art. 7. Le déchet résultant de la démolition et du rétablissement des chaussées sera couvert par des fournitures de matériaux de la nature et de la qualité de ceux qui sont employés dans lesdites chaussées.

Les vieux matériaux provenant des anciennes chaussées remaniées ou refaites à neuf, et qui n'auront pas trouvé leur emploi dans la réfection, seront laissés à la libre disposition de la compagnie.

Les fers, bois et autres éléments constitutifs des voies ferrées, ainsi que leurs accessoires, devront être de bonne qualité et propres à remplir leur destination.

Contrôle et surveillance des travaux.

Art. 8. Les travaux d'établissement seront exécutés sous le contrôle des ingénieurs de l'État.

Ils seront conduits de manière à nuire le moins possible à la liberté et à la sûreté de la circulation.

On devra observer pour l'éclairage et la garde des chantiers les règles ordinaires de la voirie.

En cas de négligence, de retard ou de mauvaise exécution, il y serait immédiatement pourvu aux frais de la compagnie, après mise en demeure par le préfet du département, sans préjudice des poursuites qui pourraient être exercées contre elle pour contravention aux règlements de grande voirie et des dommages-intérêts dont elle pourrait être passible envers les tiers.

Le montant des avances faites pour travaux exécutés d'office sera recouvré au moyen de rôles rendus exécutoires par le préfet.

Reconnaissance et réception des travaux.

ART. 9. A mesure que les travaux seront terminés sur des parties de voie assez étendues pour être livrées à la circulation, il sera procédé à la reconnaissance et, s'il y a lieu, à la réception des travaux par les ingénieurs chargés du contrôle, de concert avec ceux des autres services intéressés. Sur le vu du procès-verbal de cette reconnaissance, l'administration autorisera, s'il y a lieu, la mise en exploitation des voies dont il s'agit.

Après cette autorisation, la compagnie pourra mettre en service lesdites parties de voie et y percevoir les prix ci-après déterminés.

TITRE II.

ENTRETIEN ET EXPLOITATION.

Entretien des voies.

ART. 10. Les voies ferrées et leurs accessoires devront être entretenus constamment en bon état, de manière que la circulation soit toujours facile et sûre, tant pour les wagons circulant sur les rails que pour les voitures qui les franchissent et pour le public.

Cet entretien comprendra non seulement la surface comprise entre les rails de chaque voie ferrée, mais encore, à droite et à gauche, une largeur de cinquante centimètres bordant chaque rail.

Lorsque, pour la construction ou la réparation des voies ferrées, il sera nécessaire de démolir des parties pavées ou empierrées de la voie publique situées en dehors de la zone ci-dessus indiquée, il devra être pourvu à l'entretien de ces parties pen-

17.

dant six mois à dater de la réception provisoire des ouvrages exécutés. Il en sera de même pour tous les ouvrages souterrains, lorsqu'ils auront été modifiés du fait de la pose des voies.

Surveillance et règlements de police.

Art. 11. L'entretien et les réparations des voies ferrées, avec leurs dépendances, et le service de l'exploitation seront soumis au contrôle et à la surveillance de l'administration.

Le service de l'entretien et de l'exploitation est d'ailleurs assujetti aux règlements généraux de police et de voirie intervenus ou à intervenir, et notamment à ceux qui seront rendus pour régler, la compagnie entendue, la circulation et le stationnement des wagons et des machines et les limites d'heures entre lesquelles cette circulation ne pourra pas avoir lieu.

TITRE III.
DURÉE ET DÉCHÉANCE DE LA CONCESSION.

Durée de la concession.

Art. 12. La concession des différentes voies ferrées mentionnées à l'article 1er du présent cahier des charges prendra fin de plein droit avec celle de l'ensemble des lignes concédées à la compagnie des chemins de fer de l'Ouest, au terme légal assigné à cette dernière concession.

Elle expirera également en même temps que cette concession, si l'État use de la faculté de rachat qu'il s'est réservée par l'article 37 du cahier des charges qui la régit.

Droits de l'État à l'expiration de la concession.

Art. 13. A l'époque prévue par le premier alinéa de l'article précédent, et par le seul fait de l'expiration de plein droit de la concession, l'État sera subrogé à tous les droits de la compagnie sur les voies ferrées et leurs dépendances et il entrera immédiatement en jouissance de leurs produits.

La compagnie sera tenue de lui remettre en bon état les voies ferrées et leurs dépendances.

Les dispositions qui précèdent ne sont applicables qu'au cas où le Gouvernement déciderait que ces voies doivent être maintenues en tout ou en partie.

Dans le cas où il déciderait, au contraire, qu'elles doivent être supprimées en tout ou en partie, les voies à supprimer seront enlevées et les lieux seront remis dans l'état primitif par les soins et aux frais de la compagnie, sans qu'elle puisse prétendre à aucune indemnité.

Rachat de la concession.

ART. 14. A toute époque, le Gouvernement aura la faculté de racheter la concession, conformément au paragraphe 3 de l'article 6 de la loi du 11 juin 1880. Dans ce cas, l'indemnité due à la compagnie sera liquidée comme il est dit au dernier alinéa dudit article 6.

Dans le cas prévu au deuxième alinéa de l'article 12 ci-dessus, il n'y aura pas lieu à la fixation d'une indemnité spéciale.

Retrait de la concession.

ART. 15. A toute époque, le Gouvernement aura la faculté de supprimer ou de modifier une partie du tracé des voies lorsque la nécessité en aura été reconnue après enquête. Dans ce cas, le retrait de la concession sera opéré dans les formes suivies pour la concession elle-même et la compagnie sera indemnisée, comme en matière de rachat de la concession, suivant les dispositions de l'article 14 qui précède.

Déchéance.

ART. 16. Faute par la compagnie d'avoir entièrement pourvu à l'exécution et à l'achèvement des travaux dans les délais fixés à l'article 2, faute aussi par elle de remplir les diverses obligations qui lui sont imposées par le présent cahier des charges, elle pourra être déchue de la concession.

Dans ce cas, les ouvrages seront démolis et les lieux remis dans leur état primitif par les soins et aux frais de la compagnie, si mieux n'aime le Gouvernement conserver les travaux déjà exécutés et en payer la valeur à la compagnie sur l'estimation qui en sera faite à dire d'experts.

Les dispositions du présent article ne seront pas applicables à la compagnie, si le retard ou la cessation des travaux, ou l'interruption de l'exploitation, proviennent d'un cas de force majeure dûment constaté ou de faits indépendants de la volonté de la compagnie.

TITRE IV.

TAXES ET CONDITIONS RELATIVES AU SERVICE DES MARCHANDISES,

Tarifs à percevoir.

ART. 17. Pour indemniser la compagnie des travaux qu'elle s'engage à faire par le présent cahier des charges et sous la condition expresse qu'elle en remplira toutes les obligations, le Gouvernement lui accorde l'autorisation de percevoir, pendant toute la durée de la concession, des prix de transport et des droits de péage qui sont fixés ci-après, sous réserve des modifications ultérieures prévues par l'article 19 du présent cahier des charges.

1° TRANSPORTS FAITS PAR LA COMPAGNIE.

Tarif par tonne, quelle que soit la longueur du parcours, applicable aux marchandises de toute nature par wagon complet en provenance ou à destination du réseau de la compagnie de l'Ouest.

	PRIX PAR 1,000 kilog.	CONDITIONS spéciales.
1re CATÉGORIE.		
Marchandises autres que celles qui sont dénommées dans la 2e catégorie.	0f 75c	
2e CATÉGORIE.		
Ardoises. — Argile . . . . Betteraves. — Biscuit de mer. — Bitumes. — Bois de chauffage. — Bois de charpente. — Bois de charronnage, de menuiserie et d'ébénisterie non façonnés. — Bois exotiques en billes ou bûches. — Bois de marine. — Bois de teinture. — Boues. — Brais. — Briques	0 50	Le prix est réduit à 0f 20c pour les houilles et les plâtres. Il n'est perçu aucune taxe pour les houilles transportées dans des wagons appartenant aux expéditeurs,

	PRIX PAR 1,000 kilog.	CONDITIONS spéciales.
2ᵉ CATÉGORIE. (Suite.)		
Cachou brut. — Carreaux de meule. — Carreaux en terre cuite. — Céruse. — Châtaignes. — Chaux. — Ciment. — Coke. — Colophane. — Craie. — Cristaux de soude.........................		
Eau de mer. — Échalas. — Émeri. — Engrais. — Extraits tinctoriaux........................		
Farines alimentaires. — Fécule de pommes de terre....		
Galipot. — Générateur. — Goudron. — Graines. — Grains. — Granits........................		
Houille.............................		Le prix est réduit à 0ᶠ 20ᶜ pour les houilles et les plâtres. Il n'est perçu aucune taxe pour les houilles transportées dans des wagons appartenant aux expéditeurs.
Issues de grains.........................		
Lignite. — Litharge. — Légumes secs............		
Marrons. — Matériaux pour la construction et l'entretien des chaussées. — Matières résineuses. — Matières tinctoriales. — Meules. — Minium................	0ᶠ 50ᶜ	
Os brut. — Osiers....,......................		
Perches. — Pierres et produits de carrières. Plâtres. — Poires à cidre. — Pommes à cidre. — Pommes de terre. — Produits métallurgiques autres que les machines et les pièces de machines...............		
Sable. — Scories. — Sels gemmes et marins. — Sel hydraté. — Sels de soude et de potasse — Soufre brut. — Suie............................		
Terres employées dans l'industrie. — Terre végétale. — Tourbe. — Tourteaux. — Tuiles. — Tuyaux.......		
Verre cassé. — Wagon à terrassement.............		

Les prix ci-dessus comprennent le transport des wagons à charger ou à décharger, mais seulement jusqu'au point des voies de quai accessibles par aiguille le plus voisin du point désigné par les expéditeurs ou les destinataires; les manœuvres et déplacements nécessaires pour amener les wagons soit sur les voies non accessibles par aiguille, soit successivement, dans la même journée, à portée des mêmes points ou des mêmes engins de chargement ou de déchargement, ne sont pas à la charge de la compagnie et seront faits par les expéditeurs ou les destinataires, à leurs frais et sous leur propre responsabilité.

Les taxes ci-dessus seront calculées par poids de dix kilogrammes ou centième de tonne, en comptant un minimum de poids de quatre mille kilogrammes par expédition.

Les taxes à percevoir, dans les conditions ci-dessus indiquées, pour les expéditions en provenance ou à destination de la voie des quais, s'ajouteront aux taxes des tarifs généraux, spéciaux ou communs applicables sur le chemin de fer pour transport, frais de gare, frais de chargement ou de déchargement et tous autres frais accessoires de toute nature, lesquelles taxes seront en conséquence perçues comme si la marchandise était en provenance ou à destination de la gare de Caen, sans autre modification que la réduction prévue au paragraphe ci-après.

Quelle que soit la nature de la marchandise à prendre ou à livrer sur les voies des quais, le chargement ou le déchargement de cette marchandise sur les wagons devra être effectué par les soins, aux frais et sous la responsabilité de l'expéditeur et du destinataire ; en conséquence, pour cette opération, il sera déduit trente centimes par tonne de la taxe du transport sur le chemin de fer, lorsque cette taxe comprendra les frais accessoires.

2° TRANSPORTS FAITS AVEC LEUR PROPRE MATÉRIEL PAR D'AUTRES ENTREPRISES, EN VERTU DU DEUXIÈME PARAGRAPHE DE L'ARTICLE 6 DE LA LOI DU 11 JUIN 1880.

Droit de péage pour marchandises de toute nature, quelle que soit la longueur parcourue, cinquante centimes (0^f 50^c).

La perception aura lieu par tonne, avec minimum de perception de cinquante centimes, même pour un véhicule vide.

Moyennant le payement du droit de péage ci-dessus, la compagnie de l'Ouest devra laisser passer librement les trains appartenant aux entreprises qui réclameraient ce passage, mais seulement sur les voies de circulation définies aux paragraphes A, C, E de l'article 1er du présent cahier des charges, et sous réserve de l'observation de certaines prescriptions concertées entre les administrations en cause et, en cas de désaccord entre elles, fixées par l'administration supérieure.

Sur les voies de manœuvre et de manutention définies aux paragraphes B, D et F de l'article 1er du présent cahier des charges, l'exploitation devra être assurée exclusivement par la compagnie de l'Ouest.

Les conditions de l'usage de ces voies par une entreprise étrangère à ladite compagnie de l'Ouest seront réglées comme en matière de gare commune, soit par convention spéciale conclue entre les parties intéressées, soit, à défaut d'entente entre elles, par le Ministre des travaux publics. Le règlement sera basé sur le loyer correspondant aux frais d'établissement desdites voies et sur les dépenses de leur exploitation.

Taxes exceptionnelles.

ART. 18. Les taxes indiquées à l'article 17 ci-dessus pourront être majorées dans la même proportion que les taxes des tarifs appliqués sur le chemin de fer lui-même, dans les cas où les conditions d'application de ces tarifs et les arrêtés ministériels réglant les tarifs exceptionnels édictent des majorations.

Modification et homologation des tarifs.

ART. 19. Les propositions de la compagnie visant soit le relèvement, soit l'abaissement des prix fixés à l'article 17 ci-dessus (sous réserve que les nouveaux prix ne dépasseront pas les taxes légales qui résulteraient de l'application du cahier des charges général de la compagnie des chemins de fer de l'Ouest en date du 11 juin 1859 au réseau des voies ferrées objet de la présente convention), soit les conditions de l'application desdits prix, et en général toutes les propositions de la compagnie relatives aux tarifs concernant l'exploitation des voies ferrées faisant l'objet du présent cahier des charges, devront être soumises à l'homologation du Ministre des travaux publics, dans les mêmes conditions que les tarifs de transport sur les chemins de fer de l'Ouest.

La perception des taxes devra être faite indistinctement et sans aucune faveur.

Délais.

ART. 20. Les délais de transport, tels qu'ils sont ou seront réglés pour le transport sur les chemins de fer de l'Ouest, soit par arrêté ministériel du 12 juin 1866 ou par tous autres arrêtés à intervenir en remplacement de ce dernier, soit par les conditions d'application des tarifs spéciaux en vigueur sur le chemin de fer, seront augmentés de quarante-huit heures pour toutes les marchandises en provenance ou à destination des voies ferrées faisant l'objet du présent cahier des charges.

Cas d'encombrement.

ART. 21. En cas d'encombrement sur les voies faisant l'objet du présent cahier des charges, les délais stipulés à l'article 20 peuvent être augmentés, sur la demande de la compagnie et l'avis de l'ingénieur en chef du contrôle, par un arrêté préfectoral affiché dans la ville de Caen.

Exécution des transports.

ART. 22. Au moyen des prix réglés ainsi qu'il a été dit ci-dessus, la compagnie contracte l'obligation d'exécuter constamment avec soin, exactitude, célérité et sans tour de faveur, à ses frais et par ses propres moyens, le transport des marchandises qui lui seront confiées. Elle sera tenue, à cet effet, de fournir le nombre de wagons, de chevaux ou de machines réclamé par les besoins du service, en se conformant aux prescriptions de l'administration.

TITRE V.

CLAUSES DIVERSES.

Sujétions diverses.

ART. 23. Aucune indemnité ne pourra être réclamée par la compagnie pour les causes ci-après :

Dommages aux voies ferrées ou à leurs accessoires occasionnés par le roulage ordinaire;

État de la chaussée et influence pouvant en résulter pour l'entretien de ces voies;

Ouverture de nouvelles voies de communication et établissement de nouveaux services de transport en concurrence avec celui du concessionnaire;

Trouble et interruption du service qui pourraient résulter soit des mesures d'ordre et de police, soit de travaux exécutés sur ou sous la voie publique, tant par l'administration que par les compagnies et les particuliers dûment autorisés;

Enfin toute circonstance résultant du libre usage de la voie publique.

Les indemnités qui seraient dues à des tiers pour tous dommages pouvant résulter de la construction ou de l'exploitation des voies ferrées, et imputables à la faute ou à la négligence de la compagnie, seront à sa charge.

Interruption des voies ferrées.

Art. 24. En cas d'interruption des voies ferrées par suite des travaux exécutés sur la voie publique ou sur le port, la compagnie pourra être tenue de rétablir provisoirement les communications en déplaçant momentanément ses voies.

Assermentation. — Agents de la compagnie.

Art. 25. Les agents et les cantonniers qui seront chargés de la surveillance et de l'entretien des voies ferrées pourront être présentés à l'agrément du préfet et assermentés; ils auront, dans ce cas, qualité pour dresser des procès-verbaux.

Prolongements et embranchements.

Art. 26. L'administration se réserve le droit d'autoriser, la compagnie entendue, des prolongements ou embranchements faisant suite aux voies de la compagnie ou y aboutissant, sans que celle-ci puisse prétendre à aucune indemnité.

L'exploitation de ces prolongements ou embranchements sera à la charge de leurs propriétaires et n'incombera pas à la compagnie, dont le service se bornera à transporter, dans les conditions prévues au présent cahier des charges, les marchandises en provenance ou à destination du chemin de fer, jusqu'à ou depuis l'origine, sur les voies du port, de ces prolongements ou embranchements.

Elle percevra, en outre, pour la location de son matériel en circulation sur lesdits prolongements ou embranchements, douze centimes par tonne pour le premier kilomètre et quatorze centimes pour tout autre kilomètre en sus du premier, avec un minimum de tonnage de cinq mille kilogrammes.

Les wagons devront être restitués à la compagnie à l'origine de l'embranchement avant six heures du soir, le jour même où ils auront été livrés par elle, mais à la condition expresse qu'ils auront été mis à la disposition de l'intéressé avant huit heures du matin. Passé ce délai, il sera dû, par journée indivisible de vingt-quatre heures et par wagon non restitué, les droits de stationnement édictés par l'arrêté ministériel qui règle annuellement le tarif des frais accessoires sur le chemin de fer.

Il ne pourra circuler sur les voies ferrées faisant l'objet du présent cahier des charges, en dehors du matériel des chemins de fer de l'Ouest, que du matériel remplissant les conditions de construction et de bon état d'entretien de nature à en permettre la circulation dans les trains de la compagnie des chemins de fer de l'Ouest.

Dans le cas de difficultés pour l'exécution du présent article entre la compagnie et les propriétaires de prolongements ou d'embranchements, l'administration statuera sur ces difficultés.

Jugement des contestations.

ART. 27. Les contestations qui s'élèveraient entre la compagnie et l'administration au sujet de l'exécution ou de l'interprétation du présent cahier des charges seront jugées administrativement par le conseil de préfecture du département de la Seine, sauf recours au Conseil d'État.

Approuvé l'écriture :
Signé J. Delarbre.

Approuvé l'écriture :
Signé N. Duchâtel.

Approuvé l'écriture :
Signé H. VARROY.

Certifié conforme au cahier des charges annexé au décret en date du 6 août 1882, enregistré sous le n° 421.

Pour le Chef de la division du secrétariat :
Le Chef du premier bureau,
Signé RAIMOND HULIN.

VOIES FERRÉES SUR LES QUAIS DE TROUVILLE.

CONVENTION.

Entre le Ministre des travaux publics, agissant au nom de l'État, et sous la réserve de l'approbation des présentes par décret délibéré en Conseil d'État,

D'une part;

Et la société anonyme établie à Paris sous la dénomination de *Compagnie des chemins de fer de l'Ouest,* ladite compagnie représentée par MM. le vicomte *N. Duchâtel* et *J. Delarbre,* vice-présidents du conseil d'administration, élisant domicile au siège de ladite société, à Paris, rue Saint-Lazare, n° 110, et agissant en vertu des pouvoirs qui leur ont été conférés par délibération du conseil d'administration en date du 13 juillet 1882,

D'autre part,

A été dit et convenu ce qui suit :

Art. 1er. Le Ministre des travaux publics concède, au nom de l'État, à la compagnie des chemins de fer de l'Ouest, qui accepte cette concession, les voies ferrées établies ou à établir pour transporter entre la gare et les quais de Trouville, à l'aide, soit de locomotives, soit de chevaux, au gré de la compagnie concessionnaire, les marchandises par wagon complet en provenance ou à destination du réseau de ladite compagnie de l'Ouest, après ou avant leur transport sur le chemin de fer.

Cette concession est faite aux clauses et conditions déterminées par le cahier des charges annexé à la présente convention.

Art. 2. Les travaux nécessaires à l'établissement des voies ferrées dont il s'agit ayant le caractère des travaux complémentaires que la compagnie de l'Ouest peut être autorisée à exécuter en vertu des conventions approuvées par les lois des 4 juillet 1868 et 31 décembre 1875, les dépenses qui seront faites pour leur établissement et leur exploitation, ainsi que les recettes qui en proviendront, seront comprises dans les comptes de la compagnie, et l'imputation en sera faite conformément aux dispositions desdites conventions.

Fait double, à Paris, le 24 juillet 1882.

Approuvé l'écriture :
Signé *J. Delarbre.*

Approuvé l'écriture :
Signé *N. Duchâtel.*

Approuvé l'écriture :
Signé H. Varroy.

CAHIER DES CHARGES.

TITRE 1er

TRACÉ ET CONSTRUCTION.

Objet du cahier des charges. — Tracé des voies ferrées.

Art. 1er. Le présent cahier des charges a pour objet le maintien, l'extension et l'exploitation des voies ferrées des quais du port de Trouville, concédées à la compagnie des chemins de fer de l'Ouest, désignées ci-après, savoir :

1° Les voies dont l'exécution a été précédemment autorisée et qui comprennent :

A. Une voie de circulation sortant de la gare à côté de l'extrémité nord de l'ancien lit de la Touques, se dirigeant vers l'angle sud-est du bassin à flot et se terminant à l'aiguille qui doit donner accès à la voie D ci-après;

B. La voie de manœuvre et de manutention établie en prolongement de la voie A pour desservir les postes d'accostage des navires le long du quai de la Gare;

C. Une voie de manœuvre et de manutention se détachant de la précédente par la plaque tournante à l'angle sud-est du bassin à flot et destinée à desservir le quai sud de ce bassin;

2° Les voies à établir qui comprennent :

D. Une voie de circulation se détachant par une aiguille de la voie de circulation actuelle et longeant le quai de la Gare du côté des maisons;

E. Deux voies de manœuvre destinées à raccorder les voies B et D;

F. Une voie de manœuvre et de manutention se détachant d'une plaque tournante à établir à l'angle sud-ouest du bassin à flot et destinée à desservir la partie du quai ouest comprise entre le quai sud et la cale.

Le tracé de l'ensemble des voies ci-dessus sera conforme aux indications des lignes bleues, rouges et vertes du plan présenté par la compagnie le 24 juillet 1882.

Ces voies seront affectées au service des marchandises; la traction y sera faite à l'aide de locomotives où de chevaux.

Délai d'exécution.

ART. 2. Les nouvelles voies tracées en rouge sur le plan sus-visé pourront n'être établies que successivement, dans la mesure déterminée par le Ministre des travaux publics.

Elles devront être posées et le service d'exploitation devra y être établi dans un délai maximum d'un an à partir de la notification de l'approbation des projets de détail.

Modifications ou additions de détail.

ART. 3. En cours d'exécution et pendant toute la durée de la concession, la compagnie aura la faculté de proposer des modifications ou additions aux dispositions de détail adoptées. Ces modifications et additions ne pourront être effectuée‹ qu'avec l'approbation de l'administration supérieure.

De son côté, l'administration pourra ordonner d'office, dans la disposition des voies ferrées, après avoir entendu la compagnie, les modifications de détail dont l'expérience ou les changements à faire sur les voies publiques feraient connaître la nécessité.

En aucun cas, ces modifications ne pourront donner lieu à indemnité.

Établissement des voies ferrées.

Art. 4. Les voies ferrées seront posées au niveau du sol, sans saillie ni dépression, suivant le profil normal de la voie publique prête à les recevoir, et sans aucune altération de ce profil, soit dans le sens transversal, soit dans le sens longitudinal, à moins d'une autorisation spéciale. Il en sera de même pour les aiguilles, plaques tournantes et autres accessoires.

Des contre-rails devront être établis sur tous les points où ils seront reconnus nécessaires par l'administration.

Écoulement des eaux.

Art. 5. La compagnie sera tenue de rétablir et d'assurer à ses frais les écoulements d'eau qui seraient arrêtés, suspendus ou modifiés par ses travaux.

Elle rétablira de même les communications publiques ou particulières que ses travaux l'obligeraient à modifier.

Exécution des travaux.

Art 6. La démolition des chaussées et des terre-pleins et l'ouverture des tranchées pour la pose et l'entretien des voies seront effectuées avec toute la célérité et toutes les précautions convenables.

Qualités des matériaux.

Art. 7. Le déchet résultant de la démolition et du rétablissement des chaussées sera couvert par des fournitures de matériaux de la nature et de la qualité de ceux qui sont employés dans lesdites chaussées.

Les vieux matériaux provenant des anciennes chaussées remaniées ou refaites à neuf, et qui n'auront pas trouvé leur emploi dans la réfection, seront laissés à la libre disposition de la compagnie.

Les fers, bois et autres éléments constitutifs des voies ferrées, ainsi que leurs accessoires, devront être de bonne qualité et propres à remplir leur destination.

Contrôle et surveillance des travaux.

Art. 8. Les travaux d'établissement seront exécutés sous le contrôle des ingénieurs de l'État.

Ils seront conduits de manière à nuire le moins possible à la liberté et à la sûreté de la circulation.

On devra observer pour l'éclairage et la garde des chantiers les règles ordinaires de la voirie.

En cas de négligence, de retard ou de mauvaise exécution, il y serait immédiatement pourvu aux frais de la compagnie, après mise en demeure par le préfet du département, sans préjudice des poursuites qui pourraient être exercées contre elle pour contravention aux règlements de grande voirie et des dommages-intérêts dont elle pourrait être passible envers les tiers.

Le montant des avances faites pour travaux exécutés d'office sera recouvré au moyen de rôles rendus exécutoires par le préfet.

Reconnaissance et réception des travaux.

Art. 9. A mesure que les travaux seront terminés sur des parties de voie assez étendues pour être livrées à la circulation, il sera procédé à la reconnaissance et, s'il y a lieu, à la réception des travaux par les ingénieurs chargés du contrôle, de concert avec ceux des autres services intéressés. Sur le vu du procès-verbal de cette reconnaissance, l'administration autorisera, s'il y a lieu, la mise en exploitation des voies dont il s'agit.

Après cette autorisation, la compagnie pourra mettre en service lesdites parties de voie et y percevoir les prix ci-après déterminés.

TITRE II.

ENTRETIEN ET EXPLOITATION.

Entretien des voies.

Art. 10. Les voies ferrées et leurs accessoires devront être entretenus constamment en bon état, de manière que la circulation soit toujours facile et sûre, tant pour les wagons circulant sur les rails que pour les voitures qui les franchissent et pour le public.

Cet entretien comprendra non seulement la surface comprise entre les rails de chaque voie ferrée, mais encore, à droite et à gauche, une largeur de cinquante centimètres bordant chaque rail.

Lorsque, pour la construction ou la réparation des voies ferrées, il sera nécessaire de démolir des parties pavées ou empierrées de la voie publique situées en dehors de la zone ci-dessus indiquée, il devra être pourvu à l'entretien de ces parties pendant six mois à dater de la réception provisoire des ouvrages exécutés. Il en sera de même pour tous les ouvrages souterrains, lorsqu'ils auront été modifiés du fait de la pose des voies.

Surveillance et règlements de police.

ART. 11. L'entretien et les réparations des voies ferrées, avec leurs dépendances, et le service de l'exploitation seront soumis au contrôle et à la surveillance de l'administration.

Le service de l'entretien et de l'exploitation est d'ailleurs assujetti aux règlements généraux de police et de voirie intervenus ou à intervenir, et notamment à ceux qui seront rendus pour régler, la compagnie entendue, la circulation et le stationnement des wagons et des machines et les limites d'heures entre lesquelles cette circulation ne pourra pas avoir lieu.

TITRE III.

DURÉE ET DÉCHÉANCE DE LA CONCESSION.

———

Durée de la concession.

ART. 12. La concession des différentes voies ferrées mentionnées à l'article 1er du présent cahier des charges prendra fin de plein droit avec celle de l'ensemble des lignes concédées à la compagnie des chemins de fer de l'Ouest, au terme légal assigné à cette dernière concession.

Elle expirera également en même temps que cette concession si l'État use de la faculté de rachat qu'il s'est réservée par l'article 37 du cahier des charges qui la régit.

Droits de l'État à l'expiration de la concession.

ART. 13. A l'époque prévue par le premier alinéa de l'article précédent, et par le seul fait de l'expiration de plein droit de la concession, l'État sera subrogé à tous les droits de la compagnie sur les voies ferrées et leurs dépendances et il entrera immédiatement en jouissance de leurs produits.

La compagnie sera tenue de lui remettre en bon état les voies ferrées et leurs dépendances.

Les dispositions qui précèdent ne sont applicables qu'au cas où le Gouvernement déciderait que ces voies doivent être maintenues en tout ou en partie.

Dans le cas où il déciderait, au contraire, qu'elles doivent être supprimées en tout ou en partie, les voies à supprimer seront enlevées et les lieux seront remis dans l'état primitif par les soins et aux frais de la compagnie, sans qu'elle puisse prétendre à aucune indemnité.

Rachat de la concession.

ART. 14. A toute époque, le Gouvernement aura la faculté de racheter la concession, conformément au paragraphe 3 de l'article 6 de la loi du 11 juin 1880. Dans ce cas, l'indemnité due à la compagnie sera liquidée comme il est dit au dernier alinéa dudit article 6.

Dans le cas prévu au deuxième alinéa de l'article 12 ci-dessus, il n'y aura pas lieu à la fixation d'une indemnité spéciale.

Retrait de la concession.

ART. 15. A toute époque, le Gouvernement aura la faculté de supprimer ou de modifier une partie du tracé des voies lorsque la nécessité en aura été reconnue après enquête. Dans ce cas, le retrait de la concession sera opéré dans les formes suivies pour la concession elle-même et la compagnie sera indemnisée, comme en matière de rachat de la concession, suivant les dispositions de l'article 14 qui précède.

Déchéance.

Art. 16. Faute par la compagnie d'avoir entièrement pourvu à l'exécution et à l'achèvement des travaux dans les délais fixés à l'article 2, faute aussi par elle de remplir les diverses obligations qui lui sont imposées par le présent cahier des charges, elle pourra être déchue de la concession.

Dans ce cas, les ouvrages seront démolis et les lieux remis dans leur état primitif par les soins et aux frais de la compagnie, si mieux n'aime le Gouvernement conserver les travaux déjà exécutés et en payer la valeur à la compagnie sur l'estimation qui en sera faite à dire d'experts.

Les dispositions du présent article ne seront pas applicables à la compagnie, si le retard ou la cessation des travaux, ou l'interruption de l'exploitation, proviennent d'un cas de force majeure dûment constaté ou de faits indépendants de la volonté de la compagnie.

TITRE IV.

TAXES ET CONDITIONS RELATIVES AU SERVICE DES MARCHANDISES.

Tarifs à percevoir.

Art. 17. Pour indemniser la compagnie des travaux qu'elle s'engage à faire par le présent cahier des charges, et sous la condition expresse qu'elle en remplira toutes les obligations, le Gouvernement lui accorde l'autorisation de percevoir, pendant toute la durée de la concession, des prix de transport et des droits de péage qui sont fixés ci-après, sous réserve des modifications ultérieures prévues par l'article 19 du présent cahier des charges.

1° TRANSPORTS FAITS PAR LA COMPAGNIE.

Tarif par tonne, quelle que soit la longueur du parcours, applicable aux marchandises de toute nature par wagon complet en provenance ou à destination du réseau de la compagnie de l'Ouest.

	PRIX PAR 1,000 kilog.	CONDITIONS spéciales.
1re CATÉGORIE.		
Marchandises autres que celles qui sont dénommées dans la 2e catégorie.	0f 60c	
2e CATÉGORIE.		
Ardoises. — Argile.		
Betteraves. — Biscuit de mer. — Bitumes. — Bois de chauffage. — Bois de charpente. — Bois de charronnage, de menuiserie et d'ébénisterie non façonnés. — Bois exotiques en billes ou bûches. — Bois de marine. — Bois de teinture. — Boues. — Brais. — Briques.		
Cachou brut. — Carreaux de meule. — Carreaux en terre cuite. — Céruse. — Châtaignes. — Chaux. — Ciment. — Coke. — Colophane. — Craie. — Cristaux de soude.		Le prix est réduit à 0f 20c pour les houilles et les plâtres. Il n'est perçu aucune taxe pour les houilles transportées dans des wagons appartenant aux expéditeurs. Les scories de forges ne donnent lieu qu'à une taxe de 0f 20c par 1,000 kilogr.
Eau de mer. — Échalas. — Émeri. — Engrais. — Extraits tinctoriaux.		
Farines alimentaires. — Fécule de pommes de terre. . .		
Galipot. — Générateur. — Goudron. — Graines. — Grains. — Granits.		
Houilles.	0 30	
Issues de grains.		
Lignite. — Litharge. — Légumes secs.		
Marrons. — Matériaux pour la construction et l'entretien des chaussées. — Matières résineuses. — Matières tinctoriales. — Meules. — Minium.		
Os bruts. — Osiers.		
Perches. — Pierres et produits de carrières. — Plâtres. — Poires à cidre. — Pommes à cidre. — Pommes de terre. — Produits métallurgiques autres que les machines et les pièces de machines.		
Sable. — Scories. — Sels gemmes et marins. — Sel hydraté. — Sel de soude et de potasse. — Soufre brut. — Suie.		
Terres employées dans l'industrie. — Terre végétale. — Tourbe. — Tourteaux. — Tuiles. — Tuyaux.		
Verre cassé. — Wagon à terrassement.		

Les prix ci-dessus comprennent le transport des wagons à charger ou à décharger, mais seulement jusqu'au point des voies de quai accessibles par aiguille le plus voisin du point désigné par les expéditeurs ou les destinataires. Les manœuvres et déplacements nécessaires pour amener les wagons soit sur les voies non accessibles par aiguille, soit successivement, dans la même journée, à portée des mêmes points ou des mêmes engins de chargement ou de déchargement, ne sont pas à la charge de la compagnie, et seront faits par les expéditeurs ou les destinataires, à leurs frais et sous leur propre responsabilité.

Les taxes ci-dessus seront calculées par poids de dix kilogrammes ou centième de tonne, en comptant un minimum de poids de quatre mille kilogrammes par expédition.

Les taxes à percevoir, dans les conditions ci-dessus indiquées pour les expéditions en provenance ou à destination de la voie des quais, s'ajouteront aux taxes des tarifs généraux, spéciaux ou communs applicables sur le chemin de fer pour le transport, frais de gare, frais de chargement ou de déchargement et tous autres frais accessoires de toute nature, lesquelles taxes seront en conséquence perçues comme si la marchandise était en provenance ou à destination de la gare de Trouville, sans autre modification que la réduction prévue au paragraphe ci-après.

Quelle que soit la nature de la marchandise à prendre ou à livrer sur les voies des quais, le chargement ou le déchargement de cette marchandise sur les wagons devra être effectué par les soins, aux frais et sous la responsabilité de l'expéditeur et du destinataire; en conséquence, pour cette opération, il sera déduit trente centimes par tonne de la taxe du transport sur le chemin de fer, lorsque cette taxe comprendra les frais accessoires.

2° TRANSPORTS FAITS AVEC LEUR PROPRE MATÉRIEL PAR D'AUTRES ENTREPRISES, EN VERTU DU DEUXIÈME PARAGRAHE DE L'ARTICLE 6 DE LA LOI DU 11 JUIN 1880.

Droit de péage pour marchandises de toute nature, quelle que soit la longueur parcourue, cinquante centimes (0^f 50^c).

La perception aura lieu par tonne, avec minimum de

perception de cinquante centimes, même pour un véhicule vide.

Moyennant le payement du droit de péage ci-dessus, la compagnie de l'Ouest devra laisser passer librement les trains appartenant aux entreprises qui réclameraient ce passage, mais seulement sur les voies de circulation définies aux paragraphes A, D, F de l'article 1ᵉʳ du présent cahier des charges, et sous réserve de l'observation de certaines prescriptions concertées entre les administrations en cause et, en cas de désaccord entre elles, fixées par l'administration supérieure.

Sur les voies de manœuvre et de manutention définies aux paragraphes B, C, E, G, H, I, K, L de l'article 1ᵉʳ du présent cahier des charges, l'exploitation devra être assurée exclusivement par la compagnie de l'Ouest.

Les conditions de l'usage de ces voies par une entreprise étrangère à ladite compagnie de l'Ouest seront réglées comme en matière de gare commune, soit par convention spéciale conclue entre les parties intéressées, soit, à défaut d'entente entre elles, par le Ministre des travaux publics. Le règlement sera basé sur le loyer correspondant aux frais d'établissement desdites voies et sur les dépenses de leur exploitation.

Taxes exceptionnelles.

Art. 18. Les taxes indiquées à l'article 17 ci-dessus pourront être majorées dans la même proportion que les taxes des tarifs appliqués sur le chemin de fer lui-même, dans les cas où les conditions d'application de ces tarifs et les arrêtés ministériels réglant les tarifs exceptionnels édictent des majorations.

Modification et homologation des tarifs.

Art. 19. Les propositions de la compagnie visant, soit le relèvement, soit l'abaissement des prix fixés à l'article 17 ci-dessus (sous réserve que les nouveaux prix ne dépasseront pas les taxes légales qui résulteraient de l'application du cahier des charges général de la compagnie des chemins de fer de l'Ouest en date du 11 juin 1859 au réseau des voies ferrées objet de la

présente convention), soit les conditions de l'application desdits prix, et en général toutes les propositions de la compagnie relatives aux tarifs concernant l'exploitation des voies ferrées faisant l'objet du présent cahier des charges, devront être soumises à l'homologation du Ministre des travaux publics, dans les mêmes conditions que les tarifs de transport sur les chemins de fer de l'Ouest.

La perception des taxes devra être faite indistinctement et sans aucune faveur.

Délais.

Art. 20. Les délais de transport, tels qu'ils sont ou seront réglés pour le transport sur les chemins de fer de l'Ouest, soit par l'arrêté ministériel du 12 juin 1866 ou par tous autres arrêtés à intervenir en remplacement de ce dernier, soit par les conditions d'application des tarifs spéciaux en vigueur sur le chemin de fer, seront augmentés de quarante-huit heures pour toutes les marchandises en provenance ou à destination des voies ferrées faisant l'objet du présent cahier des charges.

Cas d'encombrement.

Art. 21. En cas d'encombrement sur les voies faisant l'objet du présent cahier des charges, les délais stipulés à l'article 20 peuvent être augmentés, sur la demande de la compagnie et l'avis de l'ingénieur en chef du contrôle, par un arrêté préfectoral affiché dans la ville de Trouville.

Exécution des transports.

Art. 22. Au moyen des prix réglés ainsi qu'il a été dit ci-dessus, la compagnie contracte l'obligation d'exécuter constamment avec soin, exactitude, célérité et sans tour de faveur, à ses frais et par ses propres moyens, le transport des marchandises qui lui seront confiées. Elle sera tenue, à cet effet, de fournir le nombre de wagons, de chevaux ou de machines réclamé par les besoins du service, en se conformant aux prescriptions de l'administration.

TITRE V.

CLAUSES DIVERSES.

Sujétions diverses.

ART. 23. Aucune indemnité ne pourra être réclamée par la compagnie pour les causes ci-après :

Dommages aux voies ferrées ou à leurs accessoires occasionnés par le roulage ordinaire ;

État de la chaussée et influence pouvant en résulter pour l'entretien de ces voies ;

Ouverture de nouvelles voies de communication et établissement de nouveaux services de transport en concurrence avec celui du concessionnaire ;

Trouble et interruption du service qui pourraient résulter, soit des mesures d'ordre et de police, soit de travaux exécutés sur ou sous la voie publique, tant par l'administration que par les compagnies et les particuliers dûment autorisés ;

Enfin toute circonstance résultant du libre usage de la voie publique.

Les indemnités qui seraient dues à des tiers pour tous dommages pouvant résulter de la construction ou de l'exploitation des voies ferrées, et imputables à la faute ou à la négligence de la compagnie, seront à sa charge.

Interruption des voies ferrées.

ART. 24. En cas d'interruption des voies ferrées par suite des travaux exécutés sur la voie publique ou sur le port, la compagnie pourra être tenue de rétablir provisoirement les communications en déplaçant momentanément ses voies.

Assermentation. — Agents de la compagnie.

ART. 25. Les agents et les cantonniers qui seront chargés de la surveillance et de l'entretien des voies ferrées pourront être présentés à l'agrément du préfet et assermentés ; ils auront, dans ce cas, qualité pour dresser des procès-verbaux.

Prolongements et embranchements.

Art: 26. L'administration se réserve le droit d'autoriser, la compagnie entendue, des prolongements ou embranchements faisant suite aux voies de la compagnie ou y aboutissant, sans que celle-ci puisse prétendre à aucune indemnité.

L'exploitation de ces prolongements ou embranchements sera à la charge de leurs propriétaires et n'incombera pas à la compagnie, dont le service se bornera à transporter, dans les conditions prévues au présent cahier des charges, les marchandises en provenance ou à destination du chemin de fer, jusqu'à ou depuis l'origine, sur les voies du port, de ces prolongements ou embranchements.

Elle percevra, en outre, pour la location de son matériel en circulation sur lesdits prolongements ou embranchements, douze centimes par tonne pour le premier kilomètre et quatorze centimes pour tout autre kilomètre en sus du premier, avec un minimum de tonnage de cinq mille kilogrammes.

Les wagons devront être restitués à la compagnie, à l'origine de l'embranchement, avant six heures du soir, le jour même où ils auront été livrés par elle, mais à la condition expresse qu'ils auront été mis à la disposition de l'intéressé avant huit heures du matin. Passé ce délai, il sera dû, par journée indivisible de vingt-quatre heures et par wagon non restitué, les droits de stationnement édictés par l'arrêté ministériel qui règle annuellement le tarif des frais accessoires sur le chemin de fer.

Il ne pourra circuler sur les voies ferrées faisant l'objet du présent cahier des charges, en dehors de matériel des chemins de fer de l'Ouest, que du matériel remplissant les conditions de construction et bon état d'entretien de nature à en permettre la circulation dans les trains de la compagnie des chemins de fer de l'Ouest.

Dans le cas de difficultés pour l'exécution du présent article entre la compagnie et les propriétaires de prolongements ou d'embranchements, l'administration statuera sur ces difficultés.

Jugement des contestations.

Art: 27. Les contestations qui s'élèveraient entre la compagnie et l'administration au sujet de l'exécution ou de l'interprétation du présent cahier des charges seront jugées administrativement par le conseil de préfecture du département de la Seine, sauf recours au Conseil d'État.

Approuvé l'écriture :
Signé *J. Delarbre.*

Approuvé l'écriture :
Signé *N. Duchâtel.*

Approuvé l'écriture :
Signé H. VARROY.

Certifié conforme au cahier des charges annexé au décret en date du 6 août 1882, enregistré sous le n° 421.

Pour le chef de la division du secrétariat :

Le chef du premier bureau,

Signé RAIMOND HULIN.

VOIES FERRÉES SUR LES QUAIS DE HONFLEUR.

CONVENTION.

Entre le Ministre des travaux publics, agissant au nom de l'État, et sous la réserve de l'approbation des présentes par décret délibéré en Conseil d'État,

D'une part ;

Et la Société anonyme établie à Paris sous la dénomination de *Compagnie des chemins de fer de l'Ouest,* ladite compagnie représentée par MM. le vicomte *N. Duchâtel* et *J. Delarbre,* vice-présidents du conseil d'administration, élisant domicile au siège de ladite société, à Paris rue Saint-Lazare, n° 110, et agissant en vertu des pouvoirs qui leur ont été conférés par délibération du conseil d'administration en date du 13 juillet 1882,

D'autre part,

Il a été dit et convenu ce qui suit :

ART. 1er. Le Ministre des travaux publics concède, au nom de l'État, à la compagnie des chemins de fer de l'Ouest, qui accepte cette concession, les voies ferrées établies ou à établir pour transporter entre la gare et les quais de Honfleur, à l'aide soit de locomotives, soit de chevaux, au gré de la compagnie concessionnaire, les marchandises par wagon complet en provenance ou à destination du réseau de ladite compagnie de l'Ouest, après ou avant leur transport sur le chemin de fer.

Cette concession est faite aux clauses et conditions déterminées par le cahier des charges annexé à la présente convention.

Art. 2. Les travaux nécessaires à l'établissement des voies ferrées dont il s'agit ayant le caractère des travaux complémentaires que la compagnie de l'Ouest peut être autorisée à exécuter en vertu des conventions approuvées par les lois des 4 juillet 1868 et 31 décembre 1875, les dépenses qui seront faites pour leur établissement et leur exploitation, ainsi que les recettes qui en proviendront, seront comprises dans les comptes de la compagnie, et l'imputation en sera faite conformément aux dispositions desdites conventions.

Fait double, à Paris, le 24 juillet 1882.

Approuvé l'écriture :
Signé *J. Delarbre.*

Approuvé l'écriture :
Signé *N. Duchâtel.*

Approuvé l'écriture :
Signé H. Varroy.

CAHIER DES CHARGES.

TITRE 1er.

TRACÉ ET CONSTRUCTION.

Objet du cahier des charges. — Tracé des voies ferrées.

Art. 1er. Le présent cahier des charges a pour objet le maintien, l'extension et l'exploitation des voies ferrées des quais du port de Honfleur concédées à la compagnie des chemins de fer de l'Ouest, dont l'exécution a été précédemment autorisée et qui sont désignées ci-après, savoir :

A. Une voie de circulation sortant de la gare à l'angle sud-ouest du quai du chemin de fer, suivant le quai Tostain (quai ouest du bassin de l'Est), la rue Jean-de-Vienne, le quai de Paulinier, le quai de La Tour et s'arrêtant à l'aiguille qui commande les voies de manœuvre et de manutention du quai de la Quarantaine ;

B. Les voies de manœuvre et de manutention du quai de la Quarantaine ;

C. Les voies de manœuvre et de manutention qui desservent le quai Tostain, la jetée du Transit et le quai Molard ;

D. Les voies de manœuvre et de manutention qui se détachent de la plaque tournante établie à l'angle sud-ouest du bassin de l'Est pour desservir le quai du chemin de fer (quai sud du bassin de l'Est) et la partie sud du quai est dudit bassin.

Le tracé de l'ensemble des voies ci-dessus sera conforme aux indications des lignes bleues, rouges et vertes du plan présenté par la compagnie le 24 juillet 1882.

Ces voies seront affectées au service des marchandises ; la traction y sera faite à l'aide de locomotives ou de chevaux.

Délai d'exécution.

Art. 2. Les nouvelles voies tracées en rouge sur le plan susvisé pourront n'être établies que successivement, dans la mesure déterminée par le Ministre des travaux publics.

Elles devront être posées et le service d'exploitation devra y être établi dans un délai maximum d'un an à partir de la notification de l'approbation des projets de détail.

Modifications ou additions de détail.

Art. 3. En cours d'exécution et pendant toute la durée de la concession, la compagnie aura la faculté de proposer des modifications ou additions aux dispositions de détail adoptées. Ces modifications et additions ne pourront être affectuées qu'avec l'approbation de l'administration supérieure.

De son côté, l'administration pourra ordonner d'office, dans la disposition des voies ferrées, après avoir entendu la compagnie, les modifications de détail dont l'expérience ou les changements à faire sur les voies publiques feraient connaître la nécessité.

En aucun cas, ces modifications ne pourront donner lieu à indemnité.

Établissement des voies ferrées.

ART. 4. Les voies ferrées seront posées au niveau du sol, sans saillie ni dépression, suivant le profil normal de la voie publique prête à les recevoir, et sans aucune altération de ce profil, soit dans le sens transversal, soit dans le sens longitudinal, à moins d'une autorisation spéciale. Il en sera de même pour les aiguilles, plaques tournantes et autres accessoires.

Des contre-rails devront être établis sur tous les points où ils seront reconnus nécessaires par l'administration.

Écoulement des eaux.

ART. 5. La compagnie sera tenue de rétablir et d'assurer à ses frais les écoulements d'eau qui seraient arrêtés, suspendus ou modifiés par ses travaux.

Elle rétablira de même les communications publiques ou particulières que ses travaux l'obligeraient à modifier.

Exécution des travaux.

ART. 6. La démolition des chaussées et des terre-pleins et l'ouverture des tranchées pour la pose et l'entretien des voies seront effectuées avec toute la célérité et toutes les précautions convenables.

Qualité des matériaux.

ART. 7. Le déchet résultant de la démolition et du rétablissement des chaussées sera couvert par des fournitures de matériaux de la nature et de la qualité de ceux qui sont employés dans lesdites chaussées.

Les vieux matériaux provenant des anciennes chaussées rema niées ou refaites à neuf, et qui n'auront pas trouvé leur emploi dans la réfection, seront laissés à la libre disposition de la compagnie.

Les fers, bois et autres éléments constitutifs des voies ferrées, ainsi que leurs accessoires, devront être de bonne qualité et propres à remplir leur destination.

Contrôle et surveillance des travaux.

Art. 8. Les travaux d'établissement sont exécutés sous le contrôle des ingénieurs de l'État.

Ils seront conduits de manière à nuire le moins possible à la liberté et à la sûreté de la circulation.

On devra observer pour l'éclairage et la garde des chantiers les règles ordinaires de la voirie.

En cas de négligence, de retard ou de mauvaise exécution, il y serait immédiatement pourvu aux frais de la compagnie, après mise en demeure par le préfet du département, sans préjudice des poursuites qui pourraient être exercées contre elle pour contravention aux règlements de grande voirie et des dommages-intérêts dont elle pourrait être passible envers les tiers.

Le montant des avances faites pour travaux exécutés d'office sera recouvré au moyen de rôles rendus exécutoires par le préfet.

Reconnaissance et réception des travaux.

Art. 9. A mesure que les travaux seront terminés sur des parties de voie assez étendues pour être livrées à la circulation, il sera procédé à la reconnaissance et, s'il y a lieu, à la réception des travaux par les ingénieurs chargés du contrôle, de concert avec ceux des autres services intéressés. Sur le vu du procès-verbal de cette reconnaissance, l'administration autorisera, s'il y a lieu, la mise en exploitation des voies dont il s'agit.

Après cette autorisation, la compagnie pourra mettre en service lesdites parties de voie et y percevoir les prix ci-après déterminés.

TITRE II.

ENTRETIEN ET EXPLOITATION.

Entretien des voies.

ART. 10. Les voies ferrées et leurs accessoires devront être entretenus constamment en bon état, de manière que la circulation soit toujours facile et sûre, tant pour les wagons circulant sur les rails que pour les voitures qui les franchissent et pour le public.

Cet entretien comprendra non seulement la surface comprise entre les rails de chaque voie ferrée, mais encore, à droite et à gauche, une largeur de cinquante centimètres bordant chaque rail.

Lorsque, pour la construction ou la réparation des voies ferrées, il sera nécessaire de démolir des parties pavées ou empierrées de la voie publique situées en dehors de la zone ci-dessus indiquée, il devra être pourvu à l'entretien de ces parties pendant six mois à dater de la réception provisoire des ouvrages exécutés. Il en sera de même pour tous les ouvrages souterrains, lorsqu'ils auront été modifiés du fait de la pose des voies.

Surveillance et règlements de police.

ART. 11. L'entretien et les réparations des voies ferrées, avec leurs dépendances, et le service de l'exploitation seront soumis au contrôle et à la surveillance de l'administration.

Le service de l'entretien et de l'exploitation est d'ailleurs assujetti aux règlements généraux de police et de voirie intervenus ou à intervenir, et notamment à ceux qui seront rendus pour régler, la compagnie entendue, la circulation et le stationnement des wagons et des machines et les limites d'heures entre lesquelles cette circulation ne pourra pas avoir lieu.

TITRE. III.

DURÉE ET DÉCHÉANCE DE LA CONCESSION.

Durée de la concession.

ART. 12. La concession des différentes voies ferrées mentionnées à l'article 1ᵉʳ du présent cahier des charges prendra fin de plein droit avec celle de l'ensemble des lignes concédées à la Compagnie des chemins de fer de l'Ouest, au terme légal assigné à cette dernière concession.

Elle expirera également en même temps que cette concession, si l'État use de la faculté de rachat qu'il s'est réservée par l'article 37 du cahier des charges qui la régit.

Droits de l'État à l'expiration de la concession.

ART. 13. A l'époque prévue par le premier alinéa de l'article précédent, et par le seul fait de l'expiration de plein droit de la concession, l'État sera subrogé à tous les droits de la compagnie sur les voies ferrées et leurs dépendances et il entrera immédiatement en jouissance de leurs produits.

La compagnie sera tenue de lui remettre en bon état les voies ferrées et leurs dépendances.

Les dispositions qui précèdent ne sont applicables qu'au cas où le Gouvernement déciderait que ces voies doivent être maintenues en tout ou en partie.

Dans le cas où il déciderait, au contraire, qu'elles doivent être supprimées en tout ou en partie, les voies à supprimer seront enlevées et les lieux seront remis dans l'état primitif par les soins et aux frais de la compagnie, sans qu'elle puisse prétendre à aucune indemnité.

Rachat de la concession.

ART. 14. A toute époque le gouvernement aura la faculté de racheter la concession, conformément au paragraphe 3 de l'article 6 de la loi du 11 juin 1880. Dans ce cas, l'indemnité due à la compagnie sera liquidée comme il est dit au dernier alinéa dudit article 6.

Dans le cas prévu au deuxième alinéa de l'article 1 2 ci-dessus, il n'y aura pas lieu à la fixation d'une indemnité spéciale.

Retrait de la concession.

Art. 15. A toute époque, le gouvernement aura la faculté de supprimer ou de modifier une partie du tracé des voies, lorsque la nécessité en aura été reconnue après enquête. Dans ce cas, le retrait de la concession sera opéré dans les formes suivies pour la concession elle-même et la compagnie sera indemnisée, comme en matière de rachat de la concession, suivant les dispositions de l'article 1 4 qui précède.

Déchéance.

Art. 16. Faute par la compagnie d'avoir entièrement pourvu à l'exécution et à l'achèvement des travaux dans les délais fixés à l'article 2, faute aussi par elle de remplir les diverses obligations qui lui sont imposées par le présent cahier des charges, elle pourra être déchue de la concession.

Dans ce cas, les ouvrages seront démolis et les lieux remis dans leur état primitif par les soins et aux frais de la compagnie, si mieux n'aime le gouvernement conserver les travaux déjà exécutés et en payer la valeur à la compagnie sur l'estimation qui en sera faite à dire d'experts.

Les dispositions du présent article ne seront pas applicables à la compagnie, si le retard ou la cessation des travaux, ou l'interruption de l'exploitation proviennent d'un cas de force majeure dûment constaté ou de faits indépendants de la volonté de la compagnie.

TITRE IV.

TAXES ET CONDITIONS RELATIVET AU SERVICE DES MARCHANDISES.

Tarif à percevoir.

Art. 17. Pour indemniser la compagnie des travaux qu'elle s'engage à faire par le présent cahier des charges et sous la condition expresse qu'elle en remplira toutes les obligations, le gouvernement lui accorde l'autorisation de percevoir, pendant toute la durée de la concession, des prix de transport et des droits de péage qui sont fixés ci-après, sous réserve des modifications ultérieures prévues par l'article 19 du présent cahier des charges.

1° TRANSPORTS FAITS PAR LA COMPAGNIE.

Tarif par tonne, quelle que soit la longueur du parcours, applicable aux marchandises de toute nature par wagon complet en provenance ou à destination du réseau de la Compagnie de l'Ouest.

	PRIX PAR 1,000 kilog.	CONDITIONS spéciales.
1re CATÉGORIE. Marchandises autres que celles qui sont dénommées dans la 2e catégorie	Bassins de l'Est et du Centre : 0f.60c. Avant-port et bassin de l'Ouest : 1f.00c.	
2e CATÉGORIE.		
Ardoises. — Argile . . . . Betteraves. — Biscuit de mer. — Bitumes. — Bois de chauffage. — Bois de charpente. — Bois de charronnage, de menuiserie et d'ébénisterie non façonnés. — Bois exotiques en billes ou bûches. — Bois de marine. — Bois de teinture. — Boues. — Brais. — Briques. Cachou brut. — Carreaux de meule. — Carreaux en terre cuite. — Céruse. — Châtaignes. — Chaux. Ciment. — Coke. — Colophane. — Craie. — Cristaux de soude . . . . Eau de mer. — Échalas. — Émeri. — Engrais. — Extraits tinctoriaux . . . . Farines alimentaires. — Fécule de pomme de terre . . . . Galipot. — Générateurs. — Goudron. — Graines. — Grains. — Granits . . . . Houilles . . . . Issues de grains . . . . Lignite. — Litharge. — Légumes secs . . . . Marrons. — Matériaux pour la construction et l'entretien des chaussées. — Matières résineuses. — Matières tinctoriales. — Meules. — Minium . . . . Os bruts. — Osiers . . . . Perches. — Pierres et produits de carrières. — Plâtres. — Poires à cidre. — Pommes à cidre. — Pommes de terre. — Produits métallurgiques autres que les machines et les pièces de machines . . . . Sable. — Scories. — Sels gemmes et marins. — Sel hydraté. — Sels de soude et de potasse. — Soufre brut. — Suie . . . . Terres employées dans l'industrie. — Terre végétale. — Tourbe. — Tourteaux. — Tuiles. — Tuyaux . . . . . . Verre cassé. Wagons à terrassement	Bassins de l'Est et du Centre : 0f 30c Avant-port et bassin de l'Ouest : 0f 60c.	Le prix est réduit à 0f 20c pour les houilles et les plâtres. Il n'est perçu aucune taxe pour les houilles transportées dans des wagons appartenant aux expéditeurs.

Les prix ci-dessus comprennent le transport des wagons à charger ou à décharger, mais seulement jusqu'au point des voies de quai accessibles par aiguilles le plus voisin du point désigné par les expéditeurs ou les destinataires. Les manœuvres et déplacements nécessaires pour amener les wagons, soit sur les voies non accessibles par aiguilles, soit successivement, dans la même journée, à portée des mêmes points ou des mêmes engins de chargement ou de déchargement, ne sont pas à la charge de la compagnie et seront faits par les expéditeurs ou les destinataires, à leurs frais et sous leur propre responsabilité.

Les taxes ci-dessus seront calculées par poids de dix kilogrammes ou centième de tonne, en comptant un minimum de poids de quatre mille kilogrammes par expédition.

Les taxes à percevoir, dans les conditions ci-dessus indiquées, pour les expéditions en provenance ou à destination de la voie des quais, s'ajouteront aux taxes des tarifs généraux, spéciaux ou communs, applicables sur le chemin de fer pour le transport, frais de gare, frais de chargement ou de déchargement et tous autres frais accessoires de toute nature, lesquelles taxes seront en conséquence perçues comme si la marchandise était en provenance ou à destination de la gare de Honfleur, sans autre modification que la réduction prévue au paragraphe ci-après.

Quelle que soit la nature de la marchandise à prendre ou à livrer sur les voies des quais, le chargement ou le déchargement de cette marchandise sur les wagons devra être effectué par les soins, aux frais et sous la responsabilité de l'expéditeur et du destinataire; en conséquence, pour cette opération, il sera déduit trente centimes par tonne de la taxe du transport sur le chemin de fer, lorsque cette taxe comprendra les frais accessoires.

2° TRANSPORTS FAITS AVEC LEUR PROPRE MATÉRIEL PAR D'AUTRES ENTREPRISES, EN VERTU DU DEUXIÈME PARAGRAPHE DE L'ARTICLE 6 DE LA LOI DU 11 JUIN 1880.

Droit de péage pour marchandises de toute nature, quelle que soit la longueur parcourue, cinquante centimes (0^f 50^c).

La perception aura lieu par tonne, avec minimum de perception de cinquante centimes, même pour un véhicule vide.

Moyennant le payement du droit de péage ci-dessus, la Compagnie de l'Ouest devra laisser passer librement les trains appartenant aux entreprises qui réclameraient ce passage, mais seulement sur les voies de circulation définies aux paragraphes A et C de l'article 1ᵉʳ du présent cahier des charges et sous réserve de l'observation de certaines prescriptions concertées entre les administrations en cause, et, en cas de désaccord entre elles, fixées par l'administration supérieure.

Sur les voies de manœuvre et de manutention définies aux paragraphes B et D de l'article 1ᵉʳ du présent cahier des charges, l'exploitation devra être assurée exclusivement par la compagnie de l'Ouest.

Les conditions de l'usage de ces voies par une entreprise étrangère à ladite compagnie de l'Ouest seront réglées comme en matière de gare commune, soit par convention spéciale conclue entre les parties intéressées, soit, à défaut d'entente entre elles, par le Ministre des travaux publics. Le règlement sera basé sur le loyer correspondant aux frais d'établissement desdites voies et sur les dépenses de leur exploitation.

Taxes exceptionnelles.

ART. 18. Les taxes indiquées à l'article 17 ci-dessus pourront être majorées dans la même proportion que les taxes des tarifs appliqués sur le chemin de fer lui-même, dans les cas où les conditions d'application de ces tarifs et les arrêtés ministériels réglant les tarifs exceptionnels édictent des majorations.

Modification et homologation des tarifs.

ART. 19. Les propositions de la compagnie visant, soit le relèvement, soit l'abaissement des prix fixés à l'article 17 ci-dessus (sous réserve que les nouveaux prix ne dépasseront pas les taxes légales qui résulteraient de l'application du cahier des charges général de la compagnie des chemins de fer de l'Ouest en date du 11 juin 1859 au réseau des voies ferrées objet de la présente convention), soit les conditions de l'application desdits prix, et en général, toutes les propositions de la compagnie relatives aux tarifs concernant l'exploitation des voies ferrées faisant l'objet du présent cahier des charges, devront être soumises à l'homologation du Ministre des travaux publics, dans les mêmes conditions que les tarifs de transport sur les chemins de fer de l'Ouest.

La perception des taxes devra être faite indistinctement et sans aucune faveur.

Délais.

Art. 20. Les délais de transport, tels qu'ils sont ou seront réglés pour le transport sur les chemins de fer de l'Ouest, soit par l'arrêté ministériel du 12 juin 1866 ou par tous autres arrêtés à intervenir en remplacement de ce dernier, soit par les conditions d'application des tarifs spéciaux en vigueur sur le chemin de fer, seront augmentés de quarante-huit heures pour toutes les marchandises en provenance ou à destination des voies ferrées faisant l'objet du présent cahier des charges.

Cas d'encombrement.

Art. 21. En cas d'encombrement sur les voies faisant l'objet du présent cahier des charges, les délais stipulés à l'article 20 peuvent être augmentés, sur la demande de la compagnie et l'avis de l'ingénieur en chef du contrôle, par un arrêté préfectoral affiché dans la ville de Honfleur.

Exécution des transports.

Art. 22. Au moyen des prix réglés ainsi qu'il a été dit ci-dessus, la compagnie contracte l'obligation d'exécuter constamment avec soin, exactitude, célérité et sans tour de faveur, à ses frais et par ses propres moyens, le transport des marchandises qui lui seront confiées. Elle sera tenue à cet effet de fournir le nombre de wagons, de chevaux ou de machines réclamés par les besoins du service, en se conformant aux prescriptions de l'Administration.

TITRE V.

CLAUSES DIVERSES.

Sujétions diverses.

Art. 23. Aucune indemnité ne pourra être réclamée par la compagnie pour les causes ci-après :

Dommages aux voies ferrées ou à leurs accessoires occasionnés par le roulage ordinaire ;

État de la chaussée et influence pouvant en résulter pour l'entretien de ces voies ;

Ouverture de nouvelles voies de communication et établissement de nouveaux services de transport en concurrence avec celui du concessionnaire ;

Trouble et interruption du service qui pourraient résulter, soit des mesures d'ordre et de police, soit de travaux exécutés sur ou sous la voie publique, tant par l'administration que par les compagnies et les particuliers dûment autorisés ;

Enfin, toute circonstance résultant du libre usage de la voie publique.

Les indemnités qui seraient dues à des tiers pour tous dommages pouvant résulter de la construction ou de l'exploitation des voies ferrées, et imputables à la faute ou à la négligence de la compagnie, seront à sa charge.

Interruption des voies ferrées.

Art. 24. En cas d'interruption des voies ferrées par suite des travaux exécutés sur la voie publique ou sur le port, la compagnie pourra être tenue de rétablir provisoirement les communications en déplaçant momentanément ses voies.

Assermentation. — Agents de la compagnie.

Art. 25. Les agents et les cantonniers qui seront chargés de la surveillance et de l'entretien des voies ferrées pourront être présentés à l'agrément du préfet et assermentés ; ils auront, dans ce cas, qualité pour dresser des procès-verbaux.

Prolongements et embranchements.

Art. 26. L'administration se réserve le droit d'autoriser, la compagnie entendue, des prolongements ou embranchements faisant suite aux voies de la compagnie ou y aboutissant, sans que celle-ci puisse prétendre à aucune indemnité.

L'exploitation de ces prolongements ou embranchements sera à a charge de leurs propriétaires et n'incombera pas à la compagnie, dont le service se bornera à transporter, dans les conditions prévues au présent cahier des charges, les marchandises en provenance ou à destination du chemin de fer, jusqu'à ou depuis l'origine, sur les voies du port, de ces prolongements ou embranchements.

Elle percevra, en outre, pour la location de son matériel en circulation sur lesdits prolongements ou embranchements, douze centimes par tonne pour le premier kilomètre et quatorze centimes pour tout autre kilomètre en sus du premier, avec un minimum de tonnage de cinq mille kilogrammes.

Les wagons devront être restitués à la compagnie à l'origine de l'embranchement avant six heures du soir, le jour même où ils auront été livrés par elle, mais à la condition expresse qu'ils auront été mis à la disposition de l'intéressé avant huit heures du matin. Passé ce délai, il sera dû, par journée indivisible de vingt-quatre heures et par wagon non restitué, les droits de stationnement édictés par l'arrêté ministériel qui règle annuellement le tarif des frais accessoires sur le chemin de fer.

Il ne pourra circuler sur les voies ferrées faisant l'objet du présent cahier des charges, en dehors du matériel des chemins de fer de l'Ouest, que du matériel remplissant les conditions de construction et de bon état d'entretien de nature à en permettre la circulation dans les trains de la compagnie des chemins de fer de l'Ouest.

Dans le cas de difficultés pour l'exécution du présent article entre la compagnie et les propriétaires de prologements ou d'embranchements, l'Administration statuera sur ces difficultés.

Jugement des contestations.

Art. 27. Les contestations qui s'élèveraient entre la compagnie et l'Administration au sujet de l'exécution ou de l'interprétation dn présent cahier des charges seront jugées administrativement par le conseil de préfecture du département de la Seine, sauf recours au Conseil d'État.

Approuvé l'écriture:
Signé *J. Delarbre.*

Approuvé l'écriture:
Signé *N. Duchâtel.*

Approuvé l'écriture:
Signé H. VARROY.

Certifié conforme au cahier des charges annexé au décret en date du 6 août 1882, enregistré sous le n° 421.

Pour le chef de la division du secrétariat:
Le Chef du premier bureau,
Signé RAIMOND HULIN.

VOIES FERRÉES SUR LES QUAIS DE CHERBOURG.

CONVENTION.

Entre le Ministre des travaux publics, agissant au nom de l'État, et sous la réserve de l'approbation des présentes par décret délibéré en Conseil d'État,

D'une part;

Et la société anonyme établie à Paris sous la dénomination de *compagnie des chemins de fer de l'Ouest,* ladite compagnie représentée par MM. le vicomte *N. Duchâtel* et *J. Delarbre,* vice-présidents du conseil d'administration, élisant domicile au siège de ladite société, à Paris, rue Saint-Lazare, n° 110, et agissant en vertu des pouvoirs qui leur ont été conférés par délibération du conseil d'administration en date du 13 juillet 1882.

D'autre part,

A été dit et convenu ce qui suit :

ARTICLE 1er. Le Ministre des travaux publics concède, au nom de l'État, à la compagnie des chemins de fer de l'Ouest, qui accepte cette concession, les voies ferrées établies ou à établir pour transporter entre la gare et les quais de Cherbourg, à l'aide soit de locomotives, soit de chevaux, au gré de la compagnie concessionnaire, les marchandises par wagon complet en provenance ou à destination du réseau de ladite compagnie de l'Ouest, après ou avant leur transport sur le chemin de fer.

Cette concession est faite aux clauses et conditions déterminées par le cahier des charges annexé à la présente convention.

ART. 2. Les travaux nécessaires à l'établissement des voies ferrées dont il s'agit ayant le caractère des travaux complémentaires que la compagnie de l'Ouest peut être autorisée à exécuter en vertu des conventions approuvées par les lois des 4 juillet 1868 et 31 décembre 1875, les dépenses qui seront faites pour leur établissement et leur exploitation, ainsi que les recettes qui en proviendront, seront comprises dans les comptes de la compagnie et l'imputation en sera faite conformément aux dispositions desdites conventions.

Fait double, à Paris, le 24 juillet 1882.

Approuvé l'écriture :
Signé J. Delarbre.

Approuvé l'écriture :
Signé N. Duchâtel.

Approuvé l'écriture :
Signé H. VARROY.

CAHIER DES CHARGES.

TITRE Ier.

TRACÉ ET CONSTRUCTION.

Objet du cahier des charges. — Tracé des voies ferrées.

ARTICLE 1er. Le présent cahier des charges a pour objet le maintien, l'extension et l'exploitation des voies ferrées des quais du port de Cherbourg concédées à la compagnie des chemins de fer de l'Ouest, désignées ci-après, savoir:

1° Les voies dont l'exécution a été précédemment autorisée et qui comprennent:

A. Une voie de circulation sortant de la gare sur le boulevard qui longe le terre-plein sud du bassin à flot, traversant ce terre-plein, suivant le quai de l'Entrepôt (quai est du bassin à flot), traversant la route nationale n° 2 et s'arrêtant à l'angle sud-est de l'avant-port;

B. Les voies de manœuvre et de manutention qui desservent le quai de l'Entrepôt;

C. Une voie de manœuvre et de manutention établie sur le quai est de l'avant-port pour desservir le poste d'accostage de la ligne des paquebots de Cherbourg à Weymouth;

2° Les voies à établir, qui comprennent:

D. Une seconde voie de manœuvre et de manutention sur le quai est de l'avant-port, qui sera reliée à la voie C par des aiguilles.

Le tracé de l'ensemble des voies ci-dessus sera conforme aux indications des lignes bleues, rouges et vertes du plan présenté par la compagnie le 24 juillet 1882.

Ces voies seront affectées au service des marchandises; la traction y sera faite à l'aide de locomotives ou de chevaux.

Délai d'exécution.

Art. 2. Les nouvelles voies tracées en rouge sur le plan susvisé pourront n'être établies que successivement, dans la mesure déterminée par le Ministre des travaux publics.

Elles devront être posées et le service d'exploitation devra y être établi dans un délai maximum d'un an à partir de la notification de l'approbation des projets de détail.

Modifications ou additions de détail.

Art. 3. En cours d'exécution et pendant toute la durée de la concession, la compagnie aura la faculté de proposer des modifications ou additions aux dispositions de détail adoptées. Ces modifications et additions ne pourront être effectuées qu'avec l'approbation de l'administration supérieure.

De son côté, l'administration pourra ordonner d'office, dans la disposition des voies ferrées, après avoir entendu la compagnie, les modifications de détail dont l'expérience ou les changements à faire sur les voies publiques feraient connaître la nécessité.

En aucun cas ces modifications ne pourront donner lieu à indemnité.

Établissement des voies ferrées.

Art. 4. Les voies ferrées seront posées au niveau du sol, sans saillie ni dépression, suivant le profil normal de la voie publique prête à les recevoir et sans aucune altération de ce profil, soit dans le sens transversal, soit dans le sens longitudinal, à moins d'une autorisation spéciale. Il en sera de même pour les aiguilles, plaques tournantes et autres accessoires.

Des contre-rails devront être établis sur tous les points où ils seront reconnus nécessaires par l'administration.

Écoulement des eaux.

Art. 5. La compagnie sera tenue de rétablir et d'assurer à ses frais les écoulements d'eau qui seraient arrêtés, suspendus ou modifiés par ses travaux.

Elle rétablira de même les communications publiques ou particulières que ses travaux l'obligeraient à modifier.

Exécution des travaux.

Art. 6. La démolition des chaussées et des terre-pleins et l'ouverture des tranchées pour la pose et l'entretien des voies seront effectuées avec toute la célérité et toutes les précautions convenables.

Qualité des matériaux.

Art. 7. Le déchet résultant de la démolition et du rétablissement des chaussées sera couvert par des fournitures de matériaux de la nature et de la qualité de ceux qui sont employés dans lesdites chaussées.

Les vieux matériaux provenant des anciennes chaussées remaniées ou refaites à neuf, et qui n'auront pas trouvé leur emploi dans la réfection, seront laissés à la libre disposition de la compagnie.

Les fers, bois et autres éléments constitutifs des voies ferrées, ainsi que leurs accessoires, devront être de bonne qualité et propres à remplir leur destination.

Contrôle et surveillance des travaux.

Art. 8. Les travaux d'établissement seront exécutés sous le contrôle des ingénieurs de l'État.

Ils seront conduits de manière à nuire le moins possible à la liberté et à la sûreté de la circulation.

On devra observer pour l'éclairage et la garde des chantiers les règles ordinaires de la voirie.

En cas de négligence, de retard ou de mauvaise exécution, il y serait immédiatement pourvu aux frais de la compagnie, après mise en demeure par le préfet du département, sans préjudice des poursuites qui pourraient être exercées contre elle pour contravention aux règlements de grande voirie et des dommages-intérêts dont elle pourrait être passible envers les tiers.

Le montant des avances faites pour travaux exécutés d'office sera recouvré au moyen de rôles rendus exécutoires par le préfet.

Reconnaissance et réception des travaux.

Art. 9. A mesure que les travaux seront terminés sur des parties de voie assez étendues pour être livrées à la circulation, il sera procédé à la reconnaissance et, s'il y a lieu, à la réception des travaux par des ingénieurs chargés du contrôle, de concert avec ceux des autres services intéressés. Sur le vu du procès-verbal de cette reconnaissance, l'Administration autorisera, s'il y a lieu, la mise en exploitation des voies dont il s'agit.

Après cette autorisation, la compagnie pourra mettre en service lesdites parties de voies et y percevoir les prix ci-après déterminés.

TITRE II.

ENTRETIEN ET EXPLOITATION.

Entretien des voies.

Art 10. Les voies ferrées et leurs accessoires devront être entretenus constamment en bon état, de manière que la circulation soit toujours facile et sûre, tant pour les wagons circulant sur les rails que pour les voitures qui les franchissent et pour le public.

Cet entretien comprendra non seulement la surface comprise entre les rails de chaque voie ferrée, mais encore, à droite et à gauche, une largeur de cinquante centimètres bordant chaque rail.

Lorsque, pour la construction ou la réparation des voies ferrées, il sera nécessaire de démolir des parties pavées ou empierrées de la voie publique situées en dehors de la zone ci-dessus indiquée, il devra être pourvu à l'entretien de ces parties pendant six mois à dater de la réception provisoire des ouvrages exécutés. Il en sera de même pour tous les ouvrages souterrains, lorsqu'ils auront été modifiés du fait de la pose des voies.

Surveillance et règlements de police.

Art. 11. L'entretien et les réparations des voies ferrées, avec leurs dépendances, et le service d'exploitation, seront soumis au contrôle et à la surveillance de l'administration.

Le service de l'entretien et de l'exploitation est d'ailleurs assujetti aux règlements généraux de police et de voirie intervenus ou à intervenir, et notamment à ceux qui seront rendus pour régler, la compagnie entendue, la circulation et le stationnement des wagons et des machines et les limites d'heures entre lesquelles cette circulation ne pourra pas avoir lieu.

TITRE III.

DURÉE ET DÉCHÉANCE DE LA CONCESSION.

Durée de la concession.

ART. 12. La concession des différentes voies ferrées mentionnées à l'article 1er du présent cahier des charges prendra fin de plein droit avec celle de l'ensemble des lignes concédées à la compagnie des chemins de fer de l'Ouest, au terme légal assigné à cette dernière concession.

Elle expirera également en même temps que cette concession, si l'État use de la faculté de rachat qu'il s'est réservée par l'article 37 du cahier des charges qui la régit.

Droits de l'État à l'expiration de la concession.

ART. 13. A l'époque prévue par le premier alinéa de l'article précédent, et par le seul fait de l'expiration de plein droit de la concession, l'État sera subrogé à tous les droits de la compagnie sur les voies ferrées et leurs dépendances et il entrera immédiatement en jouissance de leurs produits.

La compagnie sera tenue de lui remettre en bon état les voies ferrées et leurs dépendances.

Les dispositions qui précèdent ne sont applicables qu'au cas où le Gouvernement déciderait que ces voies doivent être maintenues en tout ou en partie.

Dans le cas où il déciderait, au contraire, qu'elles doivent être supprimées en tout ou en partie, les voies à supprimer seront enlevées et les lieux seront remis dans l'état primitif par les soins et aux frais de la compagnie, sans qu'elle puisse prétendre à aucune indemnité.

Rachat de la concession.

ART. 14. A toute époque, le Gouvernement aura la faculté de racheter la concession, conformément au paragraphe 3 de l'article 6 de la loi du 11 juin 1880. Dans ce cas, l'indemnité due à la compagnie sera liquidée comme il est dit au dernier alinéa dudit article 6.

Dans le cas prévu au deuxième alinéa de l'article 12 ci-des-sus, il n'y aura pas lieu à la fixation d'une indemnité spéciale.

Retrait de la concession.

Art. 15. A toute époque le Gouvernement aura la faculté de supprimer ou de modifier une partie du tracé des voies, lorsque la nécessité en aura été reconnue après enquête. Dans ce cas, le retrait de la concession sera opéré dans les formes suivies pour la concession elle-même et la compagnie sera indemni-sée, comme en matière de rachat de la concession, suivant les dispositions de l'article 14 qui précède.

Déchéance.

Art. 16. Faute par la compagnie d'avoir entièrement pourvu à l'exécution et à l'achèvement des travaux dans les délais fixés à l'article 2, faute aussi par elle de remplir les diverses obliga-tions qui lui sont imposées par le présent cahier des charges, elle pourra être déchue de la concession.

Dans ce cas, les ouvrages seront démolis et les lieux remis dans leur état primitif par les soins et aux frais de la compagnie, si mieux n'aime le Gouvernement conserver les travaux déjà exécutés et en payer la valeur à la compagnie sur l'estimation qui en sera faite à dire d'experts.

Les dispositions du présent article ne seront pas applicables à la compagnie, si le retard ou la cessation des travaux, ou l'interruption de l'exploitation proviennent d'un cas de force majeure dûment constaté ou de faits indépendants de la volonté de la compagnie.

TITRE IV.

TAXES ET CONDITIONS RELATIVES AU SERVICE DES MARCHANDISES.

Tarifs à percevoir.

Art. 17. Pour indemniser la compagnie des travaux qu'elle s'engage à faire par le présent cahier des charges et sous la condi-tion expresse qu'elle en remplira toutes les obligations, le gou-vernement lui accorde l'autorisation de percevoir, pendant toute la durée de la concession, des prix de transport et des droits de péage qui sont fixés ci-après, sous réserve des modifications ultérieures prévues par l'article 19 du présent cahier des charges.

1° TRANSPORTS FAITS PAR LA COMPAGNIE.

Tarif par tonne, quelle que soit la longueur du parcours, applicable aux marchandises de toute nature par wagon complet en provenance ou à destination du réseau de la compagnie de l'Ouest.

	PRIX PAR 1,000 kilog.	CONDITIONS spéciales.
1ʳᵉ CATÉGORIE. Marchandises autres que celles qui sont dénommées dans la 2ᵉ catégorie..............................	0ᶠ 60ᶜ	
2ᵉ CATÉGORIE. Ardoises. — Argile....................... Betteraves. — Biscuit de mer. — Bitumes. — Bois de chauffage. — Bois de charpente. — Bois de charronnage, de menuiserie et d'ébénisterie non façonnés. —Bois exotiques en billes ou bûches.—Bois de marine. — Bois de teinture. —Boues. — Brais. — Briques.. Cachou brut. — Carreaux de meule. — Carreaux en terre cuite. — Céruse. — Châtaignes. — Chaux. — Ciment. — Coke. — Colophane. — Craie.—Cristaux de soude. Eau de mer. — Échalas. — Émeri. — Engrais. — Extraits tinctoriaux................... Farines alimentaires. — Fécule de pommes de terre... Galipot. — Générateurs. — Goudron. — Graines. — Grains. — Granits................ Houilles................. Issues de grains................. Lignite. — Litharge. — Légumes secs............. Marrons. — Matériaux pour la construction et l'entretien des chaussées. — Matières résineuses. — Matières tinctoriales. — Meules. — Minium............... Os bruts. — Osiers................. Perches. — Pierres et produits de carrières. — Plâtres. — Poires à cidre. — Pommes à cidre. — Pommes de terre. — Produits métallurgiques autres que les machines et les pièces de machines............... Sable. — Scories. — Sels gemmes et marins. — Sel hydraté. — Sels de soude et de potasse. — Soufre brut. — Suie................. Terres employées dans l'industrie. — Terre végétale. — Tourbe. — Tourteaux. — Tuiles. — Tuyaux....... Verre cassé. — Wagon à terrassement.............	0 30	Le prix est réduit à 0ᶠ 20ᶜ pour les houilles et les plâtres. Il n'est perçu aucune taxe pour les houilles transportées dans des wagons appartenant aux expéditeurs.

Les prix ci-dessus comprennent le transport des wagons à charger ou à décharger, mais seulement jusqu'au point des voies de quai accessibles par aiguille le plus voisin du point désigné par les expéditeurs ou les destinataires. Les manœuvres et déplacements nécessaires pour amener les wagons, soit sur les voies non accessibles par aiguille, soit successivement, dans la même journée, à portée des mêmes points ou des mêmes engins de chargement ou de déchargement, ne sont pas à la charge de la compagnie et seront faits par les expéditeurs ou les destinataires, à leurs frais et sous leur propre responsabilité.

Les taxes ci-dessus seront calculées par poids de dix kilogrammes ou centième de tonne, en comptant un minimum de poids de quatre mille kilogrammes par expédition.

Les taxes à percevoir dans les conditions ci-dessus indiquées pour les expéditions en provenance ou à destination de la voie des quais s'ajouteront aux taxes des tarifs généraux, spéciaux ou communs applicables sur le chemin de fer pour transport, frais de gare, frais de chargement ou de déchargement et tous autres frais accessoires de toute nature, lesquelles taxes seront, en conséquence, perçues comme si la marchandise était en provenance ou à destination de la gare de Cherbourg, sans autre modification que la réduction prévue au paragraphe ci-après.

Quelle que soit la nature de la marchandise à prendre ou à livrer sur les voies des quais, le chargement ou le déchargement de cette marchandise sur les wagons devra être effectué par les soins, aux frais et sous la responsabilité de l'expéditeur et du destinataire; en conséquence, pour cette opération, il sera déduit trente centimes par tonne de la taxe du transport sur le chemin de fer, lorsque cette taxe comprendra les frais accessoires.

2° TRANSPORTS FAITS AVEC LEUR PROPRE MATÉRIEL PAR D'AUTRES ENTREPRISES, EN VERTU DU DEUXIÈME PARAGRAPHE DE L'ARTICLE 6 DE LA LOI DU 11 JUIN 1880,

Droit de péage pour marchandises de toute nature, quelle que soit la longueur parcourue, cinquante centimes (0ᶠ 50ᶜ).

La perception aura lieu par tonne, avec minimum de perception de cinquante centimes, même pour um véhicule vide.

Moyennant le payement du droit de péage ci-dessus, la compagnie de l'Ouest devra laisser passer librement les trains appartenant aux entreprises qui réclameraient ce passage ; mais seutement sur les voies de circulation définies au paragraphe A de l'article 1ᵉʳ du présent cahier des charges et sous réserve de l'observation de certaines prescriptions concertées entre les administrations en cause et, en cas de désaccord entre elles, fixées par l'Administration supérieure.

Sur les voies de manœuvre et de manutention définies aux paragraphes B, C, D de l'article 1ᵉʳ du présent cahier des charges, l'exploitation devra être assurée exclusivement par la compagnie de l'Ouest.

Les conditions de l'usage de ces voies par une entreprise étrangère à ladite compagnie de l'Ouest seront réglées comme en matière de gare commune, soit par convention spéciale conclue entre les parties intéressées, soit, à défaut d'entente entre elles, par le Ministre des travaux publics. Le règlement sera basé sur le loyer correspondant aux frais d'établissement desdites voies et sur les dépenses de leur exploitation.

Taxes exceptionnelles.

ART. 18. Les taxes indiquées à l'article 17 ci-dessus pourront être majorées dans la même proportion que les taxes des tarifs appliqués sur le chemin de fer lui-même, dans les cas où les conditions d'application de ces tarifs et les arrêtés ministériels réglant les tarifs exceptionnels édictent des majorations.

Modification et homologation des tarifs.

ART. 19. Les propositions de la compagnie visant, soit le relèvement, soit l'abaissement des prix fixés à l'article 17 cidessus (sous réserve que les nouveaux prix ne dépasseront pas les taxes légales qui résulteraient de l'application du cahier des charges général de la compagnie des chemins de fer de l'Ouest

20.

en date du 11 juin 1859 au réseau des voies ferrées objet de la présente convention), soit les conditions de l'application desdits prix, et en général toutes les propositions de la compagnie relatives aux tarifs concernant l'exploitation des voies ferrées faisant l'objet du présent cahier des charges, devront être soumises à l'homologation du Ministre des travaux publics, dans les mêmes conditions que les tarifs de transport sur les chemins de fer de l'Ouest.

La perception des taxes devra être faite indistinctement et sans aucune faveur.

Délais.

ART. 20. Les délais de transport, tels qu'ils sont ou seront réglés pour le transport sur les chemins de fer de l'Ouest, soit par l'arrêté ministériel du 12 juin 1866 ou par tous autres arrêtés à intervenir en remplacement de ce dernier, soit par les conditions d'application des tarifs spéciaux en vigueur sur le chemin de fer, seront augmentés de quarante-huit heures pour toutes les marchandises en provenance ou à destination des voies ferrées faisant l'objet du présent cahier des charges.

Cas d'encombrement.

ART. 21. En cas d'encombrement sur les voies faisant l'objet du présent cahier des charges, les délais stipulés à l'article 20 peuvent être augmentés, sur la demande de la compagnie et l'avis de l'ingénieur en chef du contrôle, par un arrêté préfectoral affiché dans la ville de Cherbourg.

Exécution des transports.

ART. 22. Au moyen des prix réglés ainsi qu'il a été dit ci-dessus, la compagnie contracte l'obligation d'exécuter constamment avec soin, exactitude, célérité et sans tour de faveur, à ses frais et par ses propres moyens, le transport des marchandises qui lui seront confiées. Elle sera tenue, à cet effet, de fournir le nombre de wagons, de chevaux ou de machines réclamé par les besoins du service, en se conformant aux prescriptions de l'administration.

TITRE V.

CLAUSES DIVERSES.

Sujétions diverses.

ART. 23. Aucune indemnité ne pourra être réclamée par la compagnie pour les causes ci-après :

Dommages aux voies ferrées ou à leurs accessoires occasionnés par le roulage ordinaire ;

État de la chaussée et influence pouvant en résulter pour l'entretien de ces voies ;

Ouverture de nouvelles voies de communication et établissement de nouveaux services de transport en concurrence avec celui du concessionnaire ;

Trouble et interruption du service qui pourraient résulter, soit des mesures d'ordre et de police, soit de travaux exécutés sur ou sous la voie publique, tant par l'administration que par les compagnies et les particuliers dûment autorisés.

Enfin, toute circonstance résultant du libre usage de la voie publique.

Les indemnités qui seraient dues à des tiers pour tous dommages pouvant résulter de la construction ou de l'exploitation des voies ferrées, et imputables à la faute ou à la négligence de la compagnie, seront à sa charge.

Interruption des voies ferrées.

ART. 24. En cas d'interruption des voies ferrées par suite des travaux exécutés sur la voie publique ou sur le port, la compagnie pourra être tenue de rétablir provisoirement les communications en déplaçant momentanément ses voies.

Assermentation. — Agents de la compagnie.

ART. 25. Les agents et les cantonniers qui seront chargés de la surveillance et de l'entretien des voies ferrées pourront être présentés à l'agrément du préfet et assermentés ; ils auront, dans ce cas, qualité pour dresser des procès-verbaux.

Prolongements et embranchements.

Art. 26. L'administration se réserve le droit d'autoriser, la compagnie entendue, des prolongements ou embranchements faisant suite aux voies de la compagnie ou y aboutissant, sans que celle-ci puisse prétendre à aucune indemnité.

L'exploitation de ces prolongements ou embranchements sera à la charge de leurs propriétaires et n'incombera pas à la compagnie, dont le service se bornera à transporter, dans les conditions prévues au présent cahier des charges, les marchandises en provenance ou à destination du chemin de fer jusqu'à, ou depuis l'origine, sur les voies du port, de ces prolongements où embranchements.

Elle percevra, en outre, pour la location de son matériel en circulation sur lesdits prolongements ou embranchements, douze centimes par tonne pour le premier kilomètre et quatorze centimes pour tout autre kilomètre en sus du premier, avec un minimum de tonnage de cinq mille kilogrammes.

Les wagons devront être restitués à la compagnie à l'origine de l'embranchement avant six heures du soir, le jour même où ils auront été livrés par elle, mais à la condition expresse qu'ils auront été mis à la disposition de l'intéressé avant huit heures du matin. Passé ce délai, il sera dû, par journée indivisible de vingt-quatre heures et par wagon non restitué, les droits de stationnement édictés par l'arrêté ministériel qui règle annuellement le tarif des frais accessoires sur le chemin de fer.

Il ne pourra circuler sur les voies ferrées faisant l'objet du présent cahier des charges, en dehors du matériel des chemins de fer de l'Ouest, que du matériel remplissant les conditions de construction et de bon état d'entretien de nature à en permettre la circulation dans les trains de la compagnie des chemins de fer de l'Ouest.

Dans le cas de difficultés pour l'exécution du présent article entre la compagnie et les propriétaires de prolongements ou d'embranchements, l'administration statuera sur ces difficultés.

Jugement des contestations.

ART. 27. Les contestations qui s'élèveraient entre la compagnie et l'administration au sujet de l'exécution ou de l'interprétation du présent cahier des charges seront jugées administrativement par le conseil de préfecture du département de la Seine, sauf recours au Conseil d'État.

Approuvé l'écriture :	Approuvé l'écriture :
Signé *J. Delarbre.*	Signé *N. Duchâtel.*
	Approuvé l'écriture :
	Signé *H. Varroy.*

Certifié conforme au cahier des charges annexé au décret en date du 6 août 1882, enregistré sous le n° 421.

Pour le Chef de la division du secrétariat :

Le Chef du premier bureau,

Signé RAIMOND HULIN.

VOIES FERRÉES SUR LES QUAIS DE ROUEN.

CONVENTION.

Entre le Ministre des travaux publics, agissant au nom de l'État, et sous la réserve de l'approbation des présentes par décret délibéré en Conseil d'État,

D'une part ;

Et la société anonyme établie à Paris sous la dénomination de *compagnie des chemins de fer de l'Ouest,* ladite compagnie représentée par MM. le vicomte *N. Duchâtel* et *J. Delarbre,* vice-présidents du conseil d'administration, élisant domicile au siège de ladite société, à Paris, rue Saint-Lazare, n° 110, et agissant en vertu des pouvoirs qui leur ont été conférés par délibération du conseil d'administration en date du 13 juillet 1882,

D'autre part,

A été dit et convenu ce qui suit :

ARTICLE 1er. Le Ministre des travaux publics concède, au nom de l'État, à la compagnie des chemins de fer de l'Ouest, qui accepte cette concession, les voies ferrées établies ou à établir pour transporter entre la gare et les quais de Rouen, à l'aide soit de locomotives, soit de chevaux, au gré de la compagnie concessionnaire, les marchandises par wagon complet en provenance ou à destination du réseau de ladite compagnie de l'Ouest après ou avant leur transport sur le chemin de fer.

Cette concession est faite aux clauses et conditions déterminées par le cahier des charges annexé à la présente convention.

ART. 2. Les travaux nécessaires à l'établissement des voies ferrées dont il s'agit ayant le caractère des travaux complémentaires que la compagnie de l'Ouest peut être autorisée à exécuter en vertu des conventions approuvées par les lois des 4 juillet 1868 et 31 décembre 1875, les dépenses qui seront faites pour leur établissement et leur exploitation, ainsi que les recettes qui en proviendront, seront comprises dans les comptes de la compagnie et l'imputation en sera faite conformément aux dispositions desdites conventions.

Fait double, à Paris, le 24 juillet 1882.

Approuvé l'écriture :
Signé *J. Delarbre.*

Approuvé l'écriture :
Signé *N. Duchâtel.*

Approuvé l'écriture :
Signé *H. Varroy.*

CAHIER DES CHARGES.

TITRE Ier.

TRACÉ ET CONSTRUCTION.

Objet du cahier des charges. — Tracé des voies ferrées.

ARTICLE 1er. Le présent cahier des charges a pour objet le maintien, l'extension et l'exploitation des voies ferrées des quais du port de Rouen, concédées à la compagnie des chemins de fer de l'Ouest, désignées ci-après, savoir :

1° Les voies dont l'exécution a été précédemment autorisée et qui comprennent :

A. Une voie de circulation sortant de la gare sur la rue de la Ferme, suivant la rue Dutronchet, traversant la place Saint-Sever et s'arrêtant à l'aiguille qui commande les voies de manœuvre et de manutention établies sur le quai aux Meules;

B. Les voies de manœuvre et de manutention qui desservent les quais de la rive gauche de la Seine;

C. Une voie de circulation sortant de la gare sur le quai d'Elbeuf et s'arrêtant à la culée du pont de pierre;

D. Une voie de manœuvre et de manutention établie sur le quai d'Elbeuf;

2° Les voies à établir, qui comprennent :

E. Une voie de circulation formant le prolongement de la voie de circulation C, passant sous la voûte de la culée du pont de pierre jusqu'à l'aiguille qui commande les voies de manœuvre et de manutention à établir sur la partie du quai Saint-Sever comprise entre le pont de pierre et le pont suspendu;

F. Les voies de manœuvre et de manutention destinées à compléter les voies des quais de la rive gauche de la Seine.

Le tracé de l'ensemble des voies ci-dessus sera conforme aux indications des lignes bleues, rouges et vertes du plan présenté par la compagnie le 24 juillet 1882.

Ces voies seront affectées au service des marchandises; la traction y sera faite à l'aide de locomotives ou de chevaux.

Délai d'exécution.

Art. 2. Les nouvelles voies tracées en rouge sur le plan susvisé pourront n'être établies que successivement, dans la mesure déterminée par le Ministre des travaux publics.

Elles devront être posées et le service d'exploitation devra y être établi dans un délai maximum d'un an à partir de la notification de l'approbation des projets de détail.

Modifications ou additions de détail.

Art. 3. En cours d'exécution et pendant toute la durée de la concession, la compagnie aura la faculté de proposer des modifications ou additions aux dispositions de détail adoptées. Ces modifications et additions ne pourront être effectuées qu'avec l'approbation de l'administration supérieure.

De son côté, l'administration pourra ordonner d'office, dans la disposition des voies ferrées, après avoir entendu la compagnie, les modifications de détail dont l'expérience ou les changements à faire sur les voies publiques feraient connaître la nécessité.

En aucun cas ces modifications ne pourront donner lieu à indemnité.

Établissement des voies ferrées.

Art. 4. Les voies ferrées seront posées au niveau du sol, sans saillie ni dépression, suivant le profil normal de la voie publique prête à les recevoir, et sans aucune altération de ce profil, soit dans le sens transversal, soit dans le sens longitudinal, à moins d'une autorisation spéciale. Il en sera de même pour les aiguilles, plaques tournantes et autres accessoires.

Des contre-rails devront être établis sur tous les points où ils seront reconnus nécessaires par l'administration.

Écoulement des eaux.

Art. 5. La compagnie sera tenue de rétablir et d'assurer à ses frais les écoulements d'eau qui seraient arrêtés suspendus ou modifiés par ses travaux.

Elle rétablira de même les communications publiques ou particulières que ses travaux l'obligeraient à modifier.

Exécution des travaux.

Art. 6. La démolition des chaussées et des terre-pleins et l'ouverture des tranchées pour la pose et l'entretien des voies seront effectuées avec toute la célérité et toutes les précautions convenables.

Qualité des matériaux.

Art. 7. Le déchet résultant de la démolition et du rétablissement des chaussées sera couvert par des fournitures de matériaux de la nature et de la qualité de ceux qui sont employés dans lesdites chaussées.

Les vieux matériaux provenant des anciennes chaussées remaniées ou refaites à neuf, et qui n'auront pas trouvé leur emploi dans la réfection, seront laissés à la libre disposition de la compagnie.

Les fers, bois et autres éléments constitutifs des voies ferrées, ainsi que leurs accessoires, devront être de bonne qualité et propres à remplir leur destination.

Contrôle et surveillance des travaux.

Art. 8. Les travaux d'établissement seront exécutés sous le contrôle des ingénieurs de l'État.

Ils seront conduits de manière à nuire le moins possible à la liberté et à la sûreté de la circulation.

On devra observer pour l'éclairage et la garde des chantiers les règles ordinaires de la voirie.

En cas de négligence, de retard ou de mauvaise exécution, il y serait immédiatement pourvu aux frais de la compagnie, après mise en demeure par le préfet du département, sans préjudice des poursuites qui pourraient être exercées contre elle pour contravention aux règlements de grande voirie et des dommages-intérêts dont elle pourrait être passible envers les tiers.

Le montant des avances faites pour travaux exécutés d'office sera recouvré au moyen de rôles rendus exécutoires par le préfet.

Reconnaissance et réception des travaux.

Art. 9. A mesure que les travaux seront terminés sur des parties de voie assez étendues pour être livrées à la circulation, il sera procédé à la reconnaissance et, s'il y a lieu, à la réception des travaux par les ingénieurs chargés du contrôle, de concert avec ceux des autres services intéressés. Sur le vu du procès-verbal de cette reconnaissance, l'administration autorisera, s'il y a lieu, la mise en exploitation des voies dont il s'agit.

Après cette autorisation, la compagnie pourra mettre en service lesdites parties de voie et y percevoir les prix ci-après déterminés.

TITRE II.

ENTRETIEN ET EXPLOITATION.

Entretien des voies.

ART. 10. Les voies ferrées et leurs accessoires devront être entretenus constamment en bon état, de manière que la circulation soit toujours facile et sûre, tant pour les wagons circulant sur les rails que pour les voitures qui les franchissent et pour le public.

Cet entretien comprendra non seulement la surface comprise entre les rails de chaque voie ferrée, mais encore, à droite et à gauche, une largeur de cinquante centimètres bordant chaque rail.

Lorsque pour la construction ou la réparation des voies ferrées il sera nécessaire de démolir des parties pavées ou empierrées de la voie publique situées en dehors de la zone ci-dessus indiquée, il devra être pourvu à l'entretien de ces parties pendant six mois à dater de la réception provisoire des ouvrages exécutés. Il en sera de même pour tous les ouvrages souterrains, lorsqu'ils auront été modifiés du fait de la pose des voies.

Surveillance et règlements de police.

ART. 11. L'entretien et les réparations des voies ferrées, avec leurs dépendances, et le service de l'exploitation seront soumis au contrôle et à la surveillance de l'administration.

Le service de l'entretien et de l'exploitation est d'ailleurs assujetti aux règlements généraux de police et de voirie intervenus ou à intervenir, et notamment à ceux qui seront rendus pour régler, la compagnie entendue, la circulation et le stationnement des wagons et des machines et les limites d'heure entre lesquelles cette circulation ne pourra pas avoir lieu.

TITRE III.

Durée de la concession.

ART. 12. La concession des différentes voies ferrées mentionnées à l'article 1er du présent cahier des charges prendra fin de plein droit avec celle de l'ensemble des lignes concédées à la compagnie des chemins de fer de l'Ouest, au terme légal assigné à cette dernière concession.

Elle expirera également en même temps que cette concession, si l'État use de la faculté de rachat qu'il s'est réservée par l'article 37 du cahier des charges qui la régit.

Droits de l'État, à l'expiration de la concession.

ART. 13. A l'époque prévue par le premier alinéa de l'article précédent, et par le seul fait de l'expiration de plein droit de la concession, l'État sera subrogé à tous les droits de la compagnie sur les voies ferrées et leurs dépendances et il entrera immédiatement en jouissance de leurs produits.

La compagnie sera tenue de lui remettre en bon état les voies ferrées et leurs dépendances.

Les dispositions qui précèdent ne sont applicables qu'au cas où le gouvernement déciderait que ces voies doivent être maintenues en tout ou en partie.

Dans le cas où il déciderait, au contraire, qu'elles doivent être supprimées en tout ou en partie, les voies à supprimer seront enlevées et les lieux seront remis dans l'état primitif par les soins et aux frais de la compagnie, sans qu'elle puisse prétendre à aucune indemnité.

Rachat de la concession.

ART. 14. A toute époque le gouvernement aura la faculté de racheter la concession, conformément au paragraphe 3 de l'article 6 de la loi du 11 juin 1880. Dans ce cas, l'indemnité due à la compagnie sera liquidée comme il est dit au dernier alinéa dudit article 6.

Dans le cas prévu au deuxième alinéa de l'article 12 ci-dessus, il n'y aura pas lieu à la fixation d'une indemnité spéciale.

Retrait de la concession.

Art. 15. A toute époque, le gouvernement aura la faculté de supprimer ou de modifier une partie du tracé des voies, lorsque la nécessité en aura été reconnue après enquête. Dans ce cas, le retrait de la concession sera opéré dans les formes suivies pour la concession elle-même et la compagnie sera indemnisée, comme en matière de rachat de la concession, suivant les dispositions de l'article 14 qui précède.

Déchéance.

Art. 16. Faute par la compagnie d'avoir entièrement pourvu à l'exécution et à l'achèvement des travaux dans les délais fixés à l'article 2, faute aussi par elle de remplir les diverses obligations qui lui sont imposées par le présent cahier des charges, elle pourra être déchue de la concession.

Dans ce cas, les ouvrages seront démolis et les lieux remis dans leur état primitif par les soins et aux frais de la compagnie, si mieux n'aime le gouvernement conserver les travaux déjà exécutés et en payer la valeur à la compagnie sur l'estimation qui en sera faite à dire d'experts.

Les dispositions du présent article ne seront pas applicables à la compagnie, si le retard ou la cessation des travaux ou l'interruption de l'exploitation proviennent d'un cas de force majeure dûment constaté ou de faits indépendants de la volonté de la compagnie.

TITRE IV.

TAXES ET CONDITIONS RELATIVES AU SERVICE DES MARCHANDISES.

Tarifs à percevoir.

Art. 17. Pour indemniser la compagnie des travaux qu'elle s'engage à faire par le présent cahier des charges, et sous la condition expresse qu'elle en remplira toutes les obligations, le gouvernement lui accorde l'autorisation de percevoir, pendant toute la durée de la concession, des prix de transport et des droits de péage qui sont fixés ci-après, sous réserve des modifications ultérieures prévues par l'article 19 du présent cahier des charges.

1° TRANSPORTS FAITS PAR LA COMPAGNIE.

Tarif par tonne, quelle que soit la longueur du parcours, applicable aux marchandises de toute nature par wagon complet en provenance ou à destination du réseau de la compagnie de l'Ouest.

	PRIX PAR 1,000 kil.	CONDITIONS spéciales.
1re CATÉGORIE. Marchandises autres que celles qui sont dénommées dans la 2° catégorie....................	Voies du quai d'Elbeuf : 0^f 40e Voies du quai auxMeules et du quai St-Sever : 0^f 60^e	
2° CATÉGORIE. Ardoises, — Argile................ Betteraves. — Biscuit de mer. — Bitumes. — Bois de chauffage. — Bois de charpente. — Bois de charronnage, de menuiserie et d'ébénisterie non façonnés. — Bois exotiques en billes ou bûches. — Bois de marine. — Bois de teinture. — Boues. — Brais. — Briques. Cachou brut. — Carreaux de meule. — Carreaux en terre cuite. — Céruse. — Châtaignes. — Chaux. — Ciment. — Coke. — Colophane. — Craie. — Cristaux de soude.................... Eau de mer. — Échalas. — Émeri. — Engrais. — Extraits tinctoriaux................ Farines alimentaires. — Fécule de pomme de terre... Galipot. — Générateurs. — Goudron. — Graines. — Grains. — Granits.................... Houille........................ Issues de grains.................... Lignite. — Litharge. — Légumes secs............ Marrons. — Matériaux pour la construction et l'entretien des chaussées. — Matières résineuses. — Matières tinctoriales. — Meules. — Minium............ Os bruts. — Osiers.................... Perches. — Pierres et produits de carrières. — Plâtres. — Poires à cidre. — Pommes à cidre. — Pommes de terre. — Produits métallurgiques autres que les machines et les pièces de machines............ Sable. — Scories. — Sels gemmes et marins. — Sel hydraté. — Sel de soude et de potasse. — Soufre brut. — Suie.................... Terres employées dans l'industrie. — Terre végétale. — Tourbe. — Tourteaux. — Tuiles. — Tuyaux...... Verre cassé. — Wagons à terrassement............	Voies du quai d'Elbeuf : 0^f 25e Voies du quai auxMeules et du quai St-Sever : 0^f 30^e	Le prix est réduit à 0^f 20e pour les houilles et les plâtres. Il n'est perçu aucune taxe pour les houilles transportées dans des wagons appartenant aux expéditeurs. Les plâtres en pierre ne donnent lieu qu'à une taxe de 0^f 10e par 1,000 kilogr., avec minimum de perception de 0^f 50 par wagon.

Les prix ci-dessus comprennent le transport des wagons à charger ou à décharger, mais seulement jusqu'au point des voies de quai accessibles par aiguille le plus voisin du point désigné par les expéditeurs ou les destinataires. Les manœuvres et déplacements nécessaires pour amener les wagons soit sur les voies non accessibles par aiguille, soit successivement, dans la même journée, à portée des mêmes points ou des mêmes engins de chargement ou de déchargement, ne sont pas à la charge de la compagnie et seront faits par les expéditeurs ou les destinataires, à leurs frais et sous leur propre responsabilité.

Les taxes ci-dessus seront calculées par poids de dix kilogrammes ou centième de tonne, en comptant un minimum de poids de quatre mille kilogrammes par expédition.

Les taxes à percevoir, dans les conditions ci-dessus indiquées, pour les expéditions en provenance ou à destination de la voie des quais, s'ajouteront aux taxes des tarifs généraux, spéciaux ou communs applicables sur le chemin de fer pour transport, frais de gare, frais de chargement ou déchargement et tous autres frais accessoires de toute nature, lesquelles taxes seront en conséquence perçues comme si la marchandise était en provenance ou à destination de la gare de Rouen, sans autre modification que la réduction prévue au paragraphe ci-après.

Quelle que soit la nature de la marchandise à prendre ou à livrer sur les voies des quais, le chargement ou le déchargement de cette marchandise sur les wagons devra être effectué par les soins, aux frais et sous la responsabilité de l'expéditeur et du destinataire ; en conséquence, pour cette opération il sera déduit trente centimes par tonne de la taxe du transport sur le chemin de fer, lorsque cette taxe comprendra les frais accessoires.

2° TRANSPORTS FAITS AVEC LEUR PROPRE MATÉRIEL PAR D'AUTRES ENTREPRISES, EN VERTU DU DEUXIÈME PARAGRAPHE DE L'ARTICLE 6 DE LA LOI DU 11 JUIN 1880.

Droit de péage pour marchandises de toute nature, quelle que soit la longueur parcourue, cinquante centimes (0^f 50^c).

La perception aura lieu par tonne, avec minimum de perception de cinquante centimes, même pour un véhicule vide.

Moyennant le payement du droit de péage ci-dessus, la compagnie de l'Ouest devra laisser passer librement les trains appartenant aux entreprises qui réclameraient ce passage, mais seulement sur les voies de circulation définies au paragraphe A de
l'article 1ᵉʳ du présent cahier des charges et sous réserve de
l'observation de certaines prescriptions concertées entre les
administrations en cause et, en cas de désaccord entre elles,
fixées par l'administration supérieure.

Sur les voies de manœuvre et de manutention définies aux
paragraphes B, C, D, E de l'article 1ᵉʳ du présent cahier des
charges, l'exploitation devra être assurée exclusivement par la
compagnie de l'Ouest.

Les conditions de l'usage de ces voies par une entreprise
étrangère à ladite compagnie de l'Ouest seront réglées comme
en matière de gare commune, soit, par convention spéciale,
conclue entre les parties intéressées, soit, à défaut d'entente
entre elles, par le Ministre des travaux publics. Le règlement
sera basé sur le loyer correspondant aux frais d'établissement
desdites voies et sur les dépenses de leur exploitation.

Taxes exceptionnelles.

ART. 18. Les taxes indiquées à l'article 17 ci-dessus pourront être majorées dans la même proportion que les taxes des
tarifs appliqués sur le chemin de fer lui-même, dans les cas où
les conditions d'application de ces tarifs et les arrêtés ministériels réglant les tarifs exceptionnels édictent des majorations.

Modification et homologation des tarifs.

ART. 19. Les propositions de la compagnie visant, soit le relèvement, soit l'abaissement des prix fixés à l'article 17 ci-dessus (sous réserve que les nouveaux prix ne dépasseront pas les
taxes légales qui résulteraient de l'application du cahier des
charges général de la compagnie des chemins de fer de l'Ouest
en date du 11 juin 1859 au réseau des voies ferrées objet de la

présente convention), soit les conditions de l'application desdits prix, et en général toutes les propositions de la compagnie relatives aux tarifs concernant l'exploitation des voies ferrées faisant l'objet du présent cahier des charges, devront être soumises à l'homologation du Ministre des travaux publics, dans les mêmes conditions que les tarifs de transport sur les chemins de fer de l'Ouest.

La perception des taxes devra être faite indistinctement et sans aucune faveur.

Délais.

ART. 20. Les délais de transport, tels qu'ils sont ou seront réglés pour le transport sur les chemins de fer de l'Ouest, soit par l'arrêté ministériel du 12 juin 1866 ou par tous autres arrêtés à intervenir en remplacement de ce dernier, soit par les conditions d'application des tarifs spéciaux en vigueur sur le chemin de fer, seront augmentés de quarante-huit heures pour toutes les marchandises en provenance ou à destination des voies ferrées faisant l'objet du présent cahier des charges.

Cas d'encombrement.

ART. 21. En cas d'encombrement sur les voies faisant l'objet du présent cahier des charges, les délais stipulés à l'article 20 peuvent être augmentés, sur la demande de la compagnie et l'avis de l'ingénieur en chef du contrôle, par un arrêté préfectoral affiché dans la ville de Rouen.

Exécution des transports.

ART. 22. Au moyen des prix réglés ainsi qu'il a été dit ci-dessus, la compagnie contracte l'obligation d'exécuter constamment avec soin, exactitude, célérité et sans tour de faveur, à ses frais et par ses propres moyens, le transport des marchandises qui lui seront confiées. Elle sera tenue, à cet effet, de fournir le nombre de wagons, de chevaux ou de machines réclamé par les besoins du service, en se conformant aux prescriptions de l'administration.

TITRE V.

CLAUSES DIVERSES.

Sujétions diverses.

ART. 23. Aucune indemnité ne pourra être réclamée par la compagnie pour les causes ci-après :

Dommages aux voies ferrées ou à leurs accessoires occasionnés par le roulage ordinaire ;

État de la chaussée et influence pouvant en résulter pour l'entretien de ces voies ;

Ouverture de nouvelles voies de communication et établissement de nouveaux services de transport en concurrence avec celui du concessionnaire.

Trouble et interruption du service qui pourraient résulter, soit des mesures d'ordre et de police, soit de travaux exécutés sur ou sous la voie publique, tant par l'administration que par les compagnies et les particuliers dûment autorisés.

Enfin, toute circonstance résultant du libre usage de la voie publique.

Les indemnités qui seraient dues à des tiers pour tous dommages pouvant résulter de la construction ou de l'exploitation des voies ferrées, et imputables à la faute ou à la négligence de la compagnie, seront à sa charge.

Interruption de voies ferrées.

ART. 24. En cas d'interruption des voies ferrées par suite des travaux exécutés sur la voie publique ou sur le port, la compagnie pourra être tenue de rétablir provisoirement les communications en déplaçant momentanément ses voies.

Assermentation. — Agents de la compagnie.

ART. 25. Les agents et les cantonniers qui seront chargés de la surveillance et de l'entretien des voies ferrées pourront être présentés à l'agrément du préfet et assermentés; ils auront, dans ce cas, qualité pour dresser des procès-verbaux.

21.

Prolongements et embranchements.

ART. 26. L'administration se réserve le droit d'autoriser, la compagnie entendue, des prolongements ou embranchements faisant suite aux voies de la compagnie ou y aboutissant, sans que celle-ci puisse prétendre à aucune indemnité.

L'exploitation de ces prolongements ou embranchements sera à la charge de leurs propriétaires et n'incombera pas à la compagnie, dont le service se bornera à transporter, dans les conditions prévues au présent cahier des charges, les marchandises en provenance ou à destination du chemin de fer, jusqu'à ou depuis l'origine, sur les voies du port, de ces prolongements ou embranchements.

Elle percevra, en outre, pour la location de son matériel en circulation sur lesdits prolongements ou embranchements, douze centimes par tonne pour le premier kilomètre et quatorze centimes pour tout autre kilomètre en sus du premier, avec un minimum de tonnage de cinq mille kilogrammes.

Les wagons devront être restitués à la compagnie à l'origine de l'embranchement avant six heures du soir, le jour même où ils auront été livrés par elle, mais à la condition expresse qu'ils auront été mis à la disposition de l'intéressé avant huit heures du matin. Passé ce délai, il sera dû, par journée indivisible de vingt-quatre heures et par wagon non restitué, les droits de stationnement édictés par l'arrêté ministériel qui règle annuellement le tarif des frais accessoires sur le chemin de fer.

Il ne pourra circuler sur les voies ferrées faisant l'objet du présent cahier des charges, en dehors du matériel des chemins de fer de l'Ouest, que du matériel remplissant les conditions de construction et de bon état d'entretien de nature à en permettre la circulation dans les trains de la compagnie des chemins de fer de l'Ouest.

Dans le cas de difficultés pour l'exécution du présent article entre la compagnie et les propriétaires de prolongements ou d'embranchements, l'administration statuera sur ces difficultés.

Jugement des contestations.

Art. 27. Les contestations qui s'élèveraient entre la compagnie et l'administration au sujet de l'exécution ou de l'interprétation du présent cahier des charges seront jugées administrativement par le conseil de préfecture du département de la Seine, sauf recours au Conseil d'État.

Approuvé l'écriture :	Approuvé l'écriture :
Signé *J. Delarbre.*	Signé *N. Duchâtel.*
	Approuvé l'écriture :
	Signé *H. Varroy.*

Certifié conforme au cahier des charges annexé au décret en date du 6 août 1882, enregistré sous le n° 421.

Pour le Chef de la division du secrétariat :

Le Chef du premier bureau,

Signé Raimond Hulin.

VOIES FERRÉES SUR LES QUAIS DE DIEPPE.

CONVENTION.

Entre le Ministre des travaux publics, agissant au nom de l'État, et sous la réserve de l'approbation des présentes par décret délibéré en Conseil d'État,

D'une part ;

Et la société anonyme établie à Paris sous la dénomination de *compagnie des chemins de fer de l'Ouest,* ladite compagnie représentée par MM. le vicomte *N. Duchâtel* et *J. Delarbre,* vice-présidents du conseil d'administration, élisant domicile au siège de ladite société, à Paris, rue Saint-Lazare, n° 110, et agissant en vertu des pouvoirs qui leur ont été conférés par délibération du conseil d'administration en date du 13 juillet 1882,

D'autre part,

A été dit et convenu ce qui suit :

ARTICLE Ier. Le Ministre des travaux publics concède, au nom de l'État, à la compagnie des chemins de fer de l'Ouest, qui accepte cette concession, les voies ferrées établies ou à établir pour transporter entre la gare et les quais de Dieppe, à l'aide soit de locomotives, soit de chevaux, au gré de la compagnie concessionnaire, les marchandises par wagon complet en provenance ou à destination du réseau de ladite compagnie de l'Ouest, après ou avant leur transport sur le chemin de fer.

Cette concession est faite aux clauses et conditions déterminées par le cahier des charges annexé à la présente convention.

ART. 2. Les travaux nécessaires à l'établissement des voies ferrées dont il s'agit ayant le caractère des travaux complémentaires que la compagnie de l'Ouest peut être autorisée à exécuter en vertu des conventions approuvées par les lois des 4 juillet 1868 et 31 décembre 1875, les dépenses qui seront faites pour leur établissement et leur exploitation, ainsi que les recettes qui en proviendront, seront comprises dans les comptes de la compagnie et l'imputation en sera faite conformément aux dispositions desdites conventions.

Fait double, à Paris, le 24 juillet 1882.

Approuvé l'écriture :
Signé *J. Delarbre.*

Approuvé l'écriture :
Signé *N. Duchâtel.*

Approuvé l'écriture :
Signé *H. Varroy.*

CAHIER DES CHARGES.

TITRE Ier.

TRACÉ ET CONSTRUCTION.

Objet du cahier des charges. — *Tracé des voies ferrées.*

ARTICLE Ier. Le présent cahier des charges a pour objet le maintien, l'extension et l'exploitation des voies ferrées des quais du port de Dieppe concédées à la compagnie des chemins de fer de l'Ouest, dont l'exécution a été précédemment autorisée et qui sont désignées ci-après :

A. Une voie de circulation sortant de la gare sur le quai de l'Entrepôt, traversant l'écluse du bassin de Bérigny sur un pont métallique, suivant le quai Duquesne, contournant l'extrémité ouest de l'avant-port et se terminant à la première aiguille qui commande les voies de manœuvre et de manutention établies sur le quai Henri IV pour le service de la gare maritime ;

B. Les voies de manœuvre et de manutention établies sur le quai Henri IV et le quai du Hable ;

C. Les voies de manœuvre et de manutention établies sur le quai du chemin de fer (quai sud du bassin de Bérigny) pour desservir les postes d'accostage dudit quai ;

D. Les voies de manœuvre et de manutention établies sur le quai de l'Entrepôt pour desservir la partie sud du bassin Duquesne ;

E. Les voies de manœuvre et de manutention rattachées aux voies D et destinées à desservir la rive ouest de la souille du bassin des chasses et le quai de l'arrière-port.

Le tracé de l'ensemble des voies ci-dessus sera conforme aux indications des lignes bleues, rouges et vertes du plan présenté par la compagnie le 24 juillet 1882.

Ces voies seront affectées au service des marchandises ; la traction y sera faite à l'aide de locomotives ou de chevaux.

Délai d'exécution.

ART. 2. Les nouvelles voies tracées en rouge sur le plan susvisé pourront n'être établies que successivement, dans la mesure déterminée par le Ministre des travaux publics.

Elles devront être posées et le service d'exploitation devra y être établi dans un délai maximum d'un an à partir de la notification de l'approbation des projets de détail.

Modifications ou additions de détail.

ART. 3. En cours d'exécution et pendant toute la durée de la concession, la compagnie aura la faculté de proposer des modifications ou additions aux dispositions de détail adoptées. Ces modifications et additions ne pourront être effectuées qu'avec l'approbation de l'administration supérieure.

De son côté, l'administration pourra ordonner d'office, dans la disposition des voies ferrées, après avoir entendu la compagnie, les modifications de détail dont l'expérience ou les changements à faire sur les voies publiques feraient connaître la nécessité.

En aucun cas ces modifications ne pourront donner lieu à indemnité.

Établissement des voies ferrées.

ART. 4. Les voies ferrées seront posées au niveau du sol, sans saillie ni dépression, suivant le profil normal de la voie publique prête à les recevoir, et sans aucune altération de ce profil, soit dans le sens transversal, soit dans le sens longitudinal, à moins d'une autorisation spéciale. Il en sera de même pour les aiguilles, plaques tournantes et autres accessoires.

Des contre-rails devront être établis sur tous les points où ils seront reconnus nécessaires par l'administration.

Écoulement des eaux.

ART. 5. La compagnie sera tenue de rétablir et d'assurer à ses frais les écoulements d'eau qui seraient arrêtés, suspendus ou modifiés par ses travaux.

Elle rétablira de même les communications publiques ou particulières que ses travaux l'obligeraient à modifier.

Exécution des travaux.

ART. 6. La démolition des chaussées et des terre-pleins et l'ouverture des tranchées pour la pose et l'entretien des voies seront effectuées avec toute la célérité et toutes les précautions convenables.

Qualité des matériaux.

ART. 7. Le déchet résultant de la démolition et du rétablissement des chaussées sera couvert par des fournitures de matériaux de la nature et de la qualité de ceux qui sont employés dans lesdites chaussées.

Les vieux matériaux provenant des anciennes chaussées remaniées ou refaites à neuf, et qui n'auront pas trouvé leur emploi dans la réfection, seront laissés à la libre disposition de la compagnie.

Les fers, bois et autres éléments constitutifs des voies ferrées, ainsi que leurs accessoires, devront être de bonne qualité et propres à remplir leur destination.

Contrôle et surveillance des travaux.

ART. 8. Les travaux d'établissement seront exécutés sous le contrôle des ingénieurs de l'État.

Ils seront conduits de manière à nuire le moins possible à la liberté et à la sûreté de la circulation.

On devra observer, pour l'éclairage et la garde des chantiers, les règles ordinaires de la voirie.

En cas de négligence, de retard ou de mauvaise exécution, il y serait immédiatement pourvu aux frais de la compagnie, après mise en demeure par le préfet du département, sans préjudice des poursuites qui pourraient être exercées contre elle pour contravention aux règlements de grande voirie et des dommages-intérêts dont elle pourrait être passible envers les tiers.

Le montant des avances faites pour travaux exécutés d'office sera recouvré au moyen de rôles rendus exécutoires par le préfet.

Reconnaissance et réception des travaux.

ART. 9. A mesure que les travaux seront terminés sur des parties de voie assez étendues pour être livrées à la circulation, il sera procédé à la reconnaissance et, s'il y a lieu, à la réception des travaux par les ingénieurs chargés du contrôle, de concert avec ceux des autres services intéressés. Sur le vu du procès-verbal de cette reconnaissance, l'administration autorisera, s'il y a lieu, la mise en exploitation des voies dont il s'agit.

Après cette autorisation, la compagnie pourra mettre en service lesdites parties de voie et y percevoir les prix ci-après déterminés.

TITRE II.

ENTRETIEN ET EXPLOITATION.

Entretien des voies.

ART. 10. Les voies ferrées et leurs accessoires devront être entretenus constamment en bon état, de manière que la circulation soit toujours facile et sûre, tant pour les wagons circulant sur les rails que pour les voitures qui les franchissent et pour le public.

Cet entretien comprendra non seulement la surface comprise entre les rails de chaque voie ferrée, mais encore, à droite et à gauche, une largeur de cinquante centimètres bordant chaque rail.

Lorsque, pour la construction ou la réparation des voies ferrées, il sera nécessaire de démolir des parties pavées ou empierrées de la voie publique situées en dehors de la zone ci-dessus indiquée, il devra être pourvu à l'entretien de ces parties pendant six mois à dater de la réception provisoire des ouvrages exécutés. Il en sera de même pour tous les ouvrages souterrains, lorsqu'ils auront été modifiés du fait de la pose des voies.

Surveillance et règlements de police.

ART. 11. L'entretien et les réparations des voies ferrées, avec leurs dépendances, et le service de l'exploitation seront soumis au contrôle et à la surveillance de l'administration.

Le service de l'entretien et de l'exploitation est d'ailleurs assujetti aux règlements généraux de police et de voirie intervenus ou à intervenir, et notamment à ceux qui seront rendus pour régler, la compagnie entendue, la circulation et le stationnement des wagons et des machines et les limites d'heures entre lesquelles cette circulation ne pourra pas avoir lieu.

TITRE III.

Durée de la concession.

ART. 12. La concession des différentes voies ferrées mentionnées à l'article 1er du présent cahier des charges prendra fin de plein droit avec celle de l'ensemble des lignes concédées à la compagnie des chemins de fer de l'Ouest, au terme légal assigné à cette dernière concession.

Elle expirera également en même temps que cette concession, si l'État use de la faculté de rachat qu'il s'est réservée par l'article 37 du cahier des charges qui la régit.

Droits de l'État, à l'expiration de la concession.

ART. 13. A l'époque prévue par le premier alinéa de l'article précédent, et par le seul fait de l'expiration de plein droit de la concession, l'État sera subrogé à tous les droits de la compagnie sur les voies ferrées et leurs dépendances et il entrera immédiatement en jouissance de leurs produits.

La compagnie sera tenue de lui remettre en bon état les voies ferrées et leurs dépendances.

Les dispositions qui précèdent ne sont applicables qu'au cas où le Gouvernement déciderait que ces voies doivent être maintenues en tout ou en partie.

Dans le cas où il déciderait, au contraire, qu'elles doivent être supprimées en tout ou en partie, les voies à supprimer seront enlevées et les lieux seront remis dans l'état primitif par les soins et aux frais de la compagnie, sans qu'elle puisse prétendre à aucune indemnité.

Rachat de la concession.

ART. 14. A toute époque le Gouvernement aura la faculté de racheter la concession, conformément au paragraphe 3 de l'article 6 de la loi du 11 juin 1880. Dans ce cas, l'indemnité due à la compagnie sera liquidée comme il est dit au dernier alinéa dudit article 6.

Dans le cas prévu au deuxième alinéa de l'article 12 ci-dessus, il n'y aura pas lieu à la fixation d'une indemnité spéciale.

Retrait de la concession.

Art. 15. A toute époque le Gouvernement aura la faculté de supprimer ou de modifier une partie du tracé des voies, lorsque la nécessité en aura été reconnue après enquête. Dans ce cas, le retrait de la concession sera opéré dans les formes suivies pour la concession elle-même et la compagnie sera indemnisée, comme en matière de rachat de la concession, suivant les dispositions de l'article 14 qui précède.

Déchéance.

Art. 16. Faute par la compagnie d'avoir entièrement pourvu à l'exécution et à l'achèvement des travaux dans les délais fixés à l'article 2, faute aussi par elle de remplir les diverses obligations qui lui sont imposées par le présent cahier des charges, elle pourra être déchue de la concession.

Dans ce cas, les ouvrages seront démolis et les lieux remis dans leur état primitif par les soins et aux frais de la compagnie, si mieux n'aime le Gouvernement conserver les travaux déjà exécutés et en payer la valeur à la compagnie sur l'estimation qui en sera faite à dire d'experts.

Les dispositions du présent article ne seront pas applicables à la compagnie, si le retard ou la cessation des travaux, ou l'interruption de l'exploitation, proviennent d'un cas de force majeure dûment constaté ou de faits indépendants de la volonté de la compagnie.

TITRE IV.

TAXES ET CONDITIONS RELATIVES AU SERVICE DES MARCHANDISES.

Tarifs à percevoir.

Art. 17. Pour indemniser la compagnie des travaux qu'elle s'engage à faire par le présent cahier des charges et sous la condition expresse qu'elle en remplira toutes les obligations, le gouvernement lui accorde l'autorisation de percevoir, pendant toute la durée de la concession, des prix de transport et des droits de péage qui sont fixés ci-après, sous réserve des modifications ultérieures prévues par l'article 19 du présent cahier des charges.

1° TRANSPORTS FAITS PAR LA COMPAGNIE.

Tarif par tonne, quelle que soit la longueur du parcours, applicable aux marchandises de toute nature par wagon complet en provenance ou à destination du réseau de la compagnie de l'Ouest.

	PRIX PAR 1,000 kil.	CONDITIONS spéciales.
1ʳᵉ CATÉGORIE. Marchandises autres que celles qui sont dénommées dans la 2ᵉ catégorie..........................	0ᶠ 60ᶜ	Les marchandises de la 1ʳᵉ catégorie conduites sur les voies du bassin de Bériguy ne sont sujettes qu'à une taxe de 0ᶠ 30ᶜ (trente centimes).
2ᵉ CATÉGORIE. Ardoises. — Argile.................... Betteraves. — Biscuit de mer. — Bitumes. — Bois de chauffage. — Bois de charpente. — Bois de charronnage, de menuiserie et d'ébénisterie non façonnés. — Bois exotiques en billes ou bûches. — Bois de marine. — Bois de teinture. — Boues. — Brais. — Briques. Cachou brut. — Carreaux de meule. — Carreaux en terre cuite. — Céruse. — Châtaignes. — Chaux. — Ciment. — Coke. — Colophane. — Craie. — Cristaux de soude.................... Eau de mer. — Échalas. — Émeri. — Engrais. — Extraits tinctoriaux........................... Farines alimentaires. — Fécule de pomme de terre... Galipot. — Générateurs. — Goudron. — Graines. — Grains. — Granits..................... Houille.............................. Issues de grains........................... Lignite. — Litharge. — Légumes secs............. Marrons. — Matériaux pour la construction et l'entretien des chaussées. — Matières résineuses. — Matières tinctoriales. — Meules. — Minium............. Os bruts. — Osiers........................... Perches. — Pierres et produits de carrières. — Plâtres. — Poires à cidre. — Pommes à cidre. — Pommes de terre. — Produits métallurgiques autres que les machines et les pièces de machines............. Sable. — Scories. — Sels gemmes et marins. — Sel hydraté. — Sels de soude et de potasse. — Soufre brut. — Suie........................... Terres employées dans l'industrie. — Terre végétale. — Tourbe. — Tourteaux. — Tuiles. — Tuyaux...... Verre cassé. — Wagons à terrassement...........	0 30	Le prix est réduit à 0ᶠ 20ᶜ pour les houilles et les plâtres. Il n'est perçu aucune taxe pour les houilles transportées dans des wagons appartenant aux expéditeurs.

Les prix ci-dessus comprennent le transport des wagons à charger ou à décharger, mais seulement jusqu'au point des voies de quai accessibles par aiguille le plus voisin du point désigné par les expéditeurs ou les destinataires. Les manœuvres et déplacements nécessaires pour amener les wagons, soit sur les voies non accessibles par aiguille, soit successivement, dans la même journée, à portée des mêmes points ou des mêmes engins de chargement ou de déchargement, ne sont pas à la charge de la compagnie et seront faits par les expéditeurs ou les destinataires, à leurs frais et sous leur propre responsabilité.

Les taxes ci-dessus seront calculées par poids de dix kilogrammes ou centième de tonne, en comptant un minimum de poids de quatre mille kilogrammes par expédition.

Les taxes à percevoir, dans les conditions ci-dessus indiquées, pour les expéditions en provenance ou à destination de la voie des quais, s'ajouteront aux taxes des tarifs généraux, spéciaux ou communs applicables sur le chemin de fer pour transport, frais de gare, frais de chargement ou de déchargement et tous autres frais accessoires de toute nature, lesquelles taxes seront en conséquence perçues comme si la marchandise était en provenance ou à destination de la gare de Dieppe, sans autre modification que la réduction prévue au paragraphe ci-après.

Quelle que soit la nature de la marchandise à prendre ou à livrer sur les voies des quais, le chargement ou le déchargement de cette marchandise sur les wagons devra être effectué par les soins, aux frais et sous la responsabilité de l'expéditeur et du destinataire; en conséquence, pour cette opération, il sera déduit trente centimes par tonne de la taxe du transport sur le chemin de fer, lorsque cette taxe comprendra les frais accessoires.

2° TRANSPORTS FAITS AVEC LEUR PROPRE MATÉRIEL PAR D'AUTRES ENTREPRISES, EN VERTU DU DEUXIÈME PARAGRAPHE DE L'ARTICLE 6 DE LA LOI DU 11 JUIN 1880.

Droit de péage pour marchandises de toute nature, quelle que soit la longueur parcourue, cinquante centimes (0ᶠ 50ᶜ).

La perception aura lieu par tonne, avec minimum de perception de cinquante centimes, même pour un véhicule vide.

Moyennant le payement du droit de péage ci-dessus, la compagnie de l'Ouest devra laisser passer librement les trains appartenant aux entreprises qui réclameraient ce passage, mais seulement sur les voies de circulation définies au paragraphe A de l'article 1er du présent cahier des charges et sous réserve de l'observation de certaines prescriptions concertées entre les administrations en cause et, en cas de désaccord entre elles, fixées par l'administration supérieure.

Sur les voies de manœuvre et de manutention définies au paragraphe B de l'article 1er du présent cahier des charges, l'exploitation devra être assurée exclusivement par la compagnie de l'Ouest.

Les conditions de l'usage de ces voies par une entreprise étrangère à ladite compagnie de l'Ouest seront réglées comme en matière de gare commune, soit par convention spéciale conclue entre les parties intéressées, soit, à défaut d'entente entre elles, par le Ministre des travaux publics. Le règlement sera basé sur le loyer correspondant aux frais d'établissement desdites voies et sur les dépenses de leur exploitation.

Taxes exceptionnelles.

ART. 18. Les taxes indiquées à l'article 17 ci-dessus pourront être majorées dans la même proportion que les taxes des tarifs appliqués sur le chemin de fer lui-même, dans les cas où les conditions d'application de ces tarifs et les arrêtés ministériels réglant les tarifs exceptionnels édictent des majorations.

Modification et homologation des tarifs.

ART. 19. Les propositions de la compagnie visant, soit le relèvement, soit l'abaissement des prix fixés à l'article 17 ci-dessus (sous réserve que les nouveaux prix ne dépasseront pas les taxes légales qui résulteraient de l'application du cahier des charges général de la compagnie des chemins de fer de l'Ouest en date du 11 juin 1859 au réseau des voies ferrées objet de la

présente convention), soit les conditions de l'application desdits prix, et en général toutes les propositions de la compagnie relatives aux tarifs concernant l'exploitation des voies ferrées faisant l'objet du présent cahier des charges, devront être soumises à l'homologation du Ministre des travaux publics, dans les mêmes conditions que les tarifs de transport sur les chemins de fer de l'Ouest.

La perception des taxes devra être faite indistinctement et sans aucune faveur.

Délais.

Art. 20. Les délais de transport, tels qu'ils sont ou seront réglés pour le transport sur les chemins de fer de l'Ouest, soit par l'arrêté ministériel du 12 juin 1866 ou par tous autres arrêtés à intervenir en remplacement de ce dernier, soit par les conditions d'application des tarifs spéciaux en vigueur sur le chemin de fer, seront augmentés de quarante-huit heures pour toutes les marchandises en provenance ou à destination des voies ferrées faisant l'objet du présent cahier des charges.

Cas d'encombrement.

Art. 21. En cas d'encombrement sur les voies faisant l'objet du présent cahier des charges, les délais stipulés à l'article 20 peuvent être augmentés, sur la demande de la compagnie et l'avis de l'ingénieur en chef du contrôle, par un arrêté préfectoral affiché dans la ville de Dieppe.

Exécution des transports.

Art. 22. Au moyen des prix réglés ainsi qu'il a été dit ci-dessus, la compagnie contracte l'obligation d'exécuter constamment avec soin, exactitude, célérité et sans tour de faveur, à ses frais et par ses propres moyens, le transport des marchandises qui lui seront confiées. Elle sera tenue, à cet effet, de fournir le nombre de wagons, de chevaux ou de machines réclamé par les besoins du service en se conformant aux prescriptions de l'administration.

TITRE V.

CLAUSES DIVERSES.

Sujétions diverses.

ART. 23. Aucune indemnité ne pourra être réclamée par la compagnie pour les causes ci-après :

Dommages aux voies ferrées ou à leurs accessoires occasionnés par le roulage ordinaire;

État de la chaussée et influence pouvant en résulter pour l'entretien de ces voies;

Ouverture de nouvelles voies de communication et établissement de nouveaux services de transport en concurrence avec celui du concessionnaire;

Trouble et interruption du service qui pourraient résulter, soit des mesures d'ordre et de police, soit de travaux exécutés sur ou sous la voie publique, tant par l'administration que par les compagnies ou les particuliers dûment autorisés;

Enfin, toute circonstance résultant du libre usage de la voie publique.

Les indemnités qui seraient dues à des tiers pour tous dommages pouvant résulter de la construction ou de l'exploitation des voies ferrées, et imputables à la faute ou à la négligence de la compagnie, seront à sa charge.

Interruption des voies ferrées.

ART. 24. En cas d'interruption des voies ferrées par suite des travaux exécutés sur la voie publique ou sur le port, la compagnie pourra être tenue de rétablir provisoirement les communications en déplaçant momentanément ses voies.

Assermentation. — Agents de la compagnie.

ART. 25. Les agents et les cantonniers qui seront chargés de la surveillance et de l'entretien des voies ferrées pourront être présentés à l'agrément du préfet et assermentés; ils auront, dans ce cas, qualité pour dresser des procès-verbaux.

Prolongements et embranchements.

ART. 26. L'Administration se réserve le droit d'autoriser, la compagnie entendue, des prolongements ou embranchements faisant suite aux voies de la compagnie ou y aboutissant sans que celle-ci puisse prétendre à aucune indemnité.

L'exploitation de ces prolongements ou embranchements sera à la charge de leurs propriétaires et n'incombera pas à la compagnie, dont le service se bornera à transporter, dans les conditions prévues au présent cahier des charges, les marchandises en provenance ou à destination du chemin de fer, jusqu'à ou depuis l'origine, sur les voies du port, de ces prolongements ou embranchements.

Elle percevra, en outre, pour la location de son matériel en circulation sur lesdits prolongements ou embranchements, douze centimes par tonne pour le premier kilomètre et quatorze centimes pour tout autre kilomètre en sus du premier, avec un minimum de tonnage de cinq mille kilogrammes.

Les wagons devront être restitués à la Compagnie à l'origine de l'embranchement avant six heures du soir le jour même où ils auront été livrés par elle, mais à la condition expresse qu'ils auront été mis à la disposition de l'intéressé avant huit heures du matin. Passé ce délai, il sera dû, par journée indivisible de vingt-quatre heures et par wagon non restitué, les droits de stationnement édictés par l'arrêté ministériel qui règle annuellement le tarif des frais et accessoires sur le chemin de fer.

Il ne pourra circuler sur les voies ferrées faisant l'objet du présent cahier des charges, en dehors du matériel des chemins de fer de l'Ouest, que du matériel remplissant les conditions de construction et de bon état d'entretien de nature à en permettre la circulation dans les trains de la compagnie des chemins de fer de l'Ouest.

Dans le cas de difficultés pour l'exécution du présent article entre la compagnie et les propriétaires de prolongements ou d'embranchements, l'administration statuera sur ces difficultés.

Jugement des contestations.

ART. 27. Les contestations qui s'élèveraient entre la Compagnie et l'administration au sujet de l'exécution ou de l'interprétation du présent cahier des charges seront jugées administrativement par le conseil de préfecture du département de la Seine, sauf recours au Conseil d'État.

Approuvé l'écriture :
Signé *J. Delarbre*.

Approuvé l'écriture :
Signé *N. Duchâtel*.

Approuvé l'écriture :
Signé *H. Varroy*.

Certifié conforme au cahier des charges annexé au décret en date du 6 août 1882, enregistré sous le n° 421.

Pour le Chef de la division du secrétariat :
Le Chef du premier bureau,
Signé RAIMOND HULIN.

VOIES FERRÉES SUR LES QUAIS DU PORT DU HAVRE.

CONVENTION.

Entre le Ministre des travaux publics, agissant au nom de l'État, et sous la réserve de l'approbation des présentes par décret délibéré en Conseil d'État,

D'une part;

Et la société anonyme établie à Paris sous la dénomination de *compagnie des chemins de fer de l'Ouest*, ladite compagnie représentée par MM. le vicomte *N. Duchâtel* et *J. Delarbre*, vice-présidents du conseil d'administration, élisant domicile au siège de ladite société, à Paris, rue Saint-Lazare, n° 110, et agissant en vertu des pouvoirs qui leur ont été conférés par délibération du conseil d'administration en date du 13 juillet 1882,

D'autre part,

A été dit et convenu ce qui suit :

ARTICLE 1er. Le Ministre des travaux publics concède, au nom de l'État, à la compagnie des chemins de fer de l'Ouest, qui

22.

accepte cette concession, les voies ferrées établies ou à établir pour transporter entre la gare et les quais du Havre, à l'aide soit de locomotives, soit de chevaux, au gré de la compagnie concessionnaire, les marchandises par wagon complet en provenance ou à destination du réseau de ladite compagnie de l'Ouest, après ou avant leur transport sur le chemin de fer.

Cette concession est faite aux clauses et conditions déterminées par le cahier des charges annexé à la présente convention.

Art. 2. Les travaux nécessaires à l'établissement des voies ferrées dont il s'agit ayant le caractère des travaux complémentaires que la compagnie de l'Ouest peut être autorisée à exécuter en vertu des conventions approuvées par les lois des 4 juillet 1868 et 31 décembre 1875, les dépenses qui seront faites pour leur établissement et pour leur exploitation, ainsi que les recettes qui en proviendront, seront comprises dans les comptes de la compagnie et l'imputation en sera faite conformément aux dispositions desdites conventions.

Fait double, à Paris, le 24 juillet 1882.

Approuvé l'écriture :
Signé *J. Delarbre.*

Approuvé l'écriture :
Signé *N. Duchâtel.*

Approuvé l'écriture :
Signé *H. Varroy.*

CAHIER DES CHARGES.

TITRE Iᵉʳ.

TRACÉ ET CONSTRUCTION.

Objet du cahier des charges. — Tracé des voies ferrées.

Article 1ᵉʳ. Le présent cahier des charges a pour objet le maintien, l'extension et l'exploitation des voies ferrées des quais du port du Havre concédées à la compagnie des chemins de fer de l'Ouest, désignées ci-après, savoir :

1° Les voies dont l'exécution a été précédemment autorisée et qui comprennent ;

A. Une voie de circulation sortant de la gare par une porte sur la rue d'Harfleur, traversant sur un viaduc métallique le canal d'Harfleur, passant derrière le bassin Vauban, suivant la rue du Dock-Entrepôt (quai Vauban) et se bifurquant, à la sortie de cette rue, en deux parties, dont l'une aboutit à l'aiguille origine des deux voies de manutention établies sur le quai est du bassin de l'Eure et dont l'autre traverse l'écluse de l'Eure et arrive en tête des aiguilles qui commandent le réseau des voies de manœuvre et de manutention du bassin de la Citadelle ;

B. Les voies de manœuvre et de manutention du quai est de l'Eure ;

C. Les voies de manœuvre et de manutention établies sur les quais et terre-pleins du bassin de la Citadelle ;

D. Une seconde voie de circulation sortant de la gare des marchandises sur le cours de la République, suivant ce cours jusqu'à son extrémité près la chaussée de Rouen et se reliant, après avoir franchi l'écluse Vauban, aux voies C du bassin de la Citadelle ;

E. Les voies de manœuvre et de manutention du quai Colbert, reliées par deux raccordements de petite longueur à la gare, et les voies de manœuvre et de manutention établies en prolongement des voies du quai Colbert, le long de la chaussée de Rouen ;

F. Une voie de circulation se détachant de la voie de circulation A après le viaduc sur le canal d'Harfleur, suivant la rue Neuve-du-Pont-Rouge, la rue de l'Ilet, se prolongeant ensuite le long du rivage et aboutissant aux voies de manutention des quais sud et ouest du bassin de l'Eure ;

G. Les voies de manœuvre reliées à la voie de circulation F ;

H. Les voies de manœuvre et de manutention des quais sud et ouest du bassin de l'Eure ;

2° Les voies à établir, qui comprennent:

I. Les voies de manœuvre et de manutention à établir sur le quai nord du bassin de la Barre ;

K. Les voies de manœuvre et de manutention destinées à desservir les quais est et sud du bassin de la Floride et le quai sud de l'avant-port ;

L. Une voie de manutention pour le service de la grue de déchargement des navires sur le quai est de la Citadelle.

Le tracé de l'ensemble des voies ci-dessus sera conforme aux indications des lignes bleues, rouges et vertes du plan présenté par la compagnie le 24 juillet 1882.

Ces voies seront affectées au service des marchandises ; la traction y sera faite à l'aide de locomotives ou de chevaux.

Délai d'exécution.

ART. 2. Les nouvelles voies tracées en rouge sur le plan susvisé pourront n'être établies que successivement, dans la mesure déterminée par le Ministre des travaux publics.

Elles devront être posées et le service d'exploitation devra y être établi dans un délai maximum d'un an à partir de la notification de l'approbation des projets de détail.

Modifications ou additions de détail.

ART. 3. En cours d'exécution et pendant toute la durée de la concession, la compagnie aura la faculté de proposer des modifications ou additions aux dispositions de détail adoptées. Ces modifications et additions ne pourront être effectuées qu'avec l'approbation de l'administration supérieure.

De son côté, l'administration pourra ordonner d'office dans la disposition des voies ferrées, après avoir entendu la compagnie, les modifications de détail dont l'expérience ou les changements à faire sur les voies publiques feraient connaître la nécessité.

— 343 —

En aucun cas ces modifications ne pourront donner lieu à indemnité.

Établissement des voies ferrées.

ART. 4. Les voies ferrées seront posées au niveau du sol, sans saillie ni dépression, suivant le profil normal de la voie publique prête à les recevoir, et sans aucune altération de ce profil, soit dans le sens tranversal, soit dans le sens longitudinal, à moins d'une autorisation spéciale. Il en sera de même pour les aiguilles, plaques tournantes et autres accessoires.

Des contre-rails devront être établis sur tous les points où ils seront reconnus nécessaires par l'administration.

Écoulement des eaux.

ART. 5. La compagnie sera tenue de rétablir et d'assurer à ses frais les écoulements d'eau qui seraient arrêtés, suspendus ou modifiés par ses travaux.

Elle rétablira de même les communications publiques ou particulières que ses travaux l'obligeraient à modifier.

Exécution des travaux.

ART. 6. La démolition des chaussées et des terre-pleins et l'ouverture des tranchées pour la pose et l'entretien des voies seront effectuées avec toute la célérité et toutes les précautions convenables.

Qualité des matériaux.

ART. 7. Le déchet résultant de la démolition et du rétablissement des chaussées sera couvert par des fournitures de matériaux de la nature et de la qualité de ceux qui sont employés dans lesdites chaussées.

Les vieux matériaux provenant des anciennes chaussées remaniées ou refaites à neuf, et qui n'auront pas trouvé leur emploi dans la réfection, seront laissés à la libre disposition de la compagnie.

Les fers, bois et autres éléments constitutifs des voies ferrées, ainsi que leurs accessoires, devront être de bonne qualité et propres à remplir leur destination.

Contrôle et surveillance des travaux.

Art. 8. Les travaux d'établissement seront exécutés sous le contrôle des ingénieurs de l'État.

Ils seront construits de manière à nuire le moins possible à la liberté et à la sûreté de la circulation.

On devra observer pour l'éclairage et la garde des chantiers les règles ordinaires de la voirie.

En cas de négligence, de retard ou de mauvaise exécution, il y serait immédiatement pourvu aux frais de la compagnie, après mise en demeure par le préfet du département, sans préjudice des poursuites qui pourraient être exercées contre elle pour contravention aux règlements de grande voirie et des dommages-intérêts dont elle pourrait être passible envers les tiers.

Le montant des avances faites pour les travaux exécutés d'office sera recouvré au moyen de rôles rendus exécutoires par le préfet.

Reconnaissance et réception des travaux.

Art. 9. A mesure que les travaux seront terminés sur des parties de voie assez étendues pour être livrées à la circulation, il sera procédé à la reconnaissance et, s'il y a lieu, à la réception des travaux par les ingénieurs chargés du contrôle, de concert avec ceux des autres services intéressés. Sur le vu du procès-verbal de cette reconnaissance, l'administration autorisera, s'il y a lieu, la mise en exploitation des voies dont il s'agit.

Après cette autorisation, la compagnie pourra mettre en service lesdites parties de voie et y percevoir les prix ci-après déterminés.

TITRE II.

ENTRETIEN ET EXPLOITATION.

Entretien des voies.

Art. 10. Les voies ferrées et leurs accessoires devront être entretenus constamment en bon état, de manière que la circulation soit toujours facile et sûre, tant pour les wagons circulant sur les rails que pour les voitures qui les franchissent et pour le public.

Cet entretien comprendra non seulement la surface comprise entre les rails de chaque voie ferrée, mais encore, à droite et à gauche, une largeur de cinquante centimètres bordant chaque rail.

Lorsque, pour la construction ou la réparation des voies ferrées, il sera nécessaire de démolir des parties pavées ou empierrées de la voie publique situées en dehors de la zone ci-dessus indiquée, il devra être pourvu à l'entretien de ces parties pendant six mois à dater de la réception provisoire des ouvrages exécutés. Il en sera de même pour tous les ouvrages souterrains, lorsqu'ils auront été modifiés du fait de la pose des voies.

Surveillance et règlements de police.

Art. 11. L'entretien et les réparations des voies ferrées, avec leurs dépendances, et le service de l'exploitation seront soumis au contrôle et à la surveillance de l'administration.

Le service de l'entretien et de l'exploitation est d'ailleurs assujetti aux règlements généraux de police et de voirie intervenus ou à intervenir, et notamment à ceux qui seront rendus pour régler, la compagnie entendue, la circulation et le stationnement des wagons et des machines et les limites d'heures entre lesquelles cette circulation ne pourra pas avoir lieu.

TITRE III.

DURÉE ET DÉCHÉANCE DE LA CONCESSION.

—

Durée de la concession.

Art. 12. La concession des différentes voies ferrées mentionnées à l'article 1er du présent cahier des charges prendra fin de plein droit avec celle de l'ensemble des lignes concédées à la compagnie des chemins de fer de l'Ouest, au terme légal assigné à cette dernière concession.

Elle expirera également en même temps que cette concession, si l'État use de la faculté du rachat qu'il s'est réservée par l'article 37 du cahier des charges qui la régit.

Droits de l'État à l'expiration de la concession.

ART. 13. A l'époque prévue par le premier alinéa de l'article précédent, et par le seul fait de l'expiration de plein droit de la concession, l'État sera subrogé à tous les droits de la compagnie sur les voies ferrées et leurs dépendances et il entrera immédiatement en jouissance de leurs produits.

La compagnie sera tenue de lui remettre en bon état les voies ferrées et leurs dépendances.

Les dispositions qui précèdent ne sont applicables qu'au cas où le Gouvernement déciderait que ces voies doivent être maintenues en tout ou en partie.

Dans le cas où il déciderait, au contraire, qu'elles doivent être supprimées en tout ou en partie, les voies à supprimer seront enlevées et les lieux seront remis dans l'état primitif par les soins et aux frais de la compagnie, sans qu'elle puisse prétendre à aucune indemnité.

Rachat de la concession.

ART. 14. A toute époque le Gouvernement aura la faculté de racheter la concession, conformément au paragraphe 3 de l'article 6 de la loi du 11 juin 1880. Dans ce cas, l'indemnité due à la compagnie sera liquidée comme il est dit au dernier alinéa dudit article 6.

Dans le cas prévu au deuxième alinéa de l'article 12 ci-dessus, il n'y aura pas lieu à la fixation d'une indemnité spéciale.

Retrait de la concession.

ART. 15. A toute époque le Gouvernement aura la faculté de supprimer ou de modifier une partie du tracé des voies, lorsque la nécessité en aura été reconnue après enquête. Dans ce cas, le retrait de la concession sera opéré dans les formes suivies pour la concession elle-même et la compagnie sera indemnisée, comme en matière de rachat de la concession, suivant les dispositions de l'article 14 qui précède.

Déchéance.

Art. 16. Faute par la compagnie d'avoir entièrement pourvu à l'exécution et à l'achèvement des travaux dans les délais fixés à l'article 2, faute aussi par elle de remplir les diverses obligations qui lui sont imposées par le présent cahier des charges, elle pourra être déchue de la concession.

Dans ce cas, les ouvrages seront démolis et les lieux remis dans leur état primitif par les soins et aux frais de la compagnie, si mieux n'aime le gouvernement conserver les travaux déjà exécutés et en payer la valeur à la compagnie, sur l'estimation qui en sera faite à dire d'experts.

Les dispositions du présent article ne seront pas applicables à la compagnie, si le retard ou la cessation des travaux, ou l'interruption de l'exploitation, proviennent d'un cas de force majeure dûment constaté ou de faits indépendants de la volonté de la compagnie.

TITRE IV.

TAXES ET CONDITIONS RELATIVES AU SERVICE DES MARCHANDISES.

———

Tarifs à percevoir.

Art. 17. Pour indemniser la compagnie des travaux qu'elle s'engage à faire par le présent cahier des charges, et sous la condition expresse qu'elle en remplira toutes les obligations, le gouvernement lui accorde l'autorisation de percevoir, pendant toute la durée de la concession, des prix de transport et des droits de péage qui sont fixés ci-après, sous réserve des modifications ultérieures prévues par l'article 19 du présent cahier des charges.

1° TRANSPORTS FAITS PAR LA COMPAGNIE.

Tarif par tonne, quelle que soit la longueur du parcours, applicable aux marchandises de toute nature par wagon complet en provenance ou à destination du réseau de la compagnie de l'Ouest.

	PRIX PAR 1,000 kil.	CONDITIONS spéciales.
1ʳᵉ CATÉGORIE. Marchandises autres que celles qui sont dénommées dans la 2ᵉ catégorie......................	0ᶠ 60ᶜ	Les prix de la 2ᵉ catégorie sont applicables aux marchandises de la 1ʳᵒ catégorie par expéditions d'au moins 20,000 ou en payant comme pour 20,000 kilog.
2ᵉ CATÉGORIE. Ardoises. — Argile............................ Betteraves. — Biscuit de mer. — Bitumes. — Bois de chauffage. — Bois de charpente. — Bois de charronnage, de menuiserie et d'ébénisterie non façonnés. — Bois exotiques en billes ou bûches. — Bois de marine. — Bois de teinture. — Boues. — Brais. — Briques.............................. Cachou brut. — Carreaux de meule. — Carreaux en terre cuite. — Céruse. — Châtaignes. — Chaux. — Ciment. — Coke. — Colophane. — Craie. — Cristaux de soude...................... Eau de mer. — Échalas. — Émeri. — Engrais. — Extraits tinctoriaux...................... Farines alimentaires. — Fécule de pommes de terre... Galipot. — Générateurs. — Goudron. — Graines. — Grains. — Granits...................... Houilles...................... Issues de grains...................... Lignite. — Litharge. — Légumes secs............ Marrons. — Matériaux pour la construction et l'entretien des chaussées. — Matières résineuses. — Matières tinctoriales. — Meules. — Minium............ Os bruts. — Osiers...................... Perches. — Pierres et produits de carrières. — Plâtres. — Poires à cidre. — Pommes à cidre. — Pommes de terre. — Produits métallurgiques autres que les machines et les pièces de machines............ Sable. — Scories. — Sels gemmes et marins. — Sel hydraté. — Sels de soude et de potasse. — Soufre brut. — Suie...................... Terres employées dans l'industrie. — Terre végétale. — Tourbe. — Tourteaux. — Tuiles. — Tuyaux...... Verre cassé. — Wagons à terrassement............	Voies du bassin Vauban : 0ᶠ 30ᶜ Voies des bassins de la Barre, de la Citadelle et de l'Eure : 0ᶠ 40ᶜ	Le prix est réduit à 0ᶠ 20ᶜ pour les houilles et les plâtres. Il n'est perçu aucune taxe pour les houilles transportées dans des wagons appartenant aux expéditeurs.

Les prix ci-dessus comprennent le transport des wagons à charger ou à décharger, mais seulement jusqu'au point des voies de quai accessibles par aiguille le plus voisin du point désigné par les expéditeurs ou les destinataires. Les manœuvres et déplacements nécessaires pour amener les wagons, soit sur les voies non accessibles par aiguille, soit successivement, dans la même journée, à portée des mêmes points ou des mêmes engins de chargement ou de déchargement, ne sont pas à la charge de la compagnie et seront faits par les expéditeurs ou les destinataires, à leurs frais et sous leur propre responsabilité.

Les taxes ci-dessus seront calculées par poids de dix kilogrammes ou centième de tonne, en comptant un minimum de poids de quatre mille kilogrammes par expédition.

Les taxes à percevoir, dans les conditions ci-dessus indiquées, pour les expéditions en provenance ou à destination de la voie des quais, s'ajouteront aux taxes des tarifs généraux spéciaux ou communs applicables sur le chemin de fer pour transport, frais de gare, de chargement ou de déchargement et tous autres frais accessoires de toute nature, lesquelles taxes seront en conséquence perçues comme si la marchandise était en provenance ou à destination de la gare du Havre, sans autre modification que la réduction prévue au paragraphe ci-après.

Quelle que soit la nature de la marchandise à prendre ou à livrer sur les voies des quais, le chargement ou le déchargement de cette marchandise sur les wagons devra être effectué par les soins, aux frais et sous la responsabilité de l'expéditeur et du destinataire; en conséquence, pour cette opération il sera déduit trente centimes par tonne de la taxe du transport sur le chemin de fer, lorsque cette taxe comprendra les frais accessoires.

2° TRANSPORTS FAITS AVEC LEUR PROPRE MATÉRIEL PAR D'AUTRES ENTREPRISES, EN VERTU DU DEUXIÈME PARAGRAPHE DE L'ARTICLE 6 DE LA LOI DU 11 JUIN 1880.

Droit de péage pour marchandises de toute nature, quelle que soit la longueur parcourue, cinquante centimes (0^f 50^c).

La perception aura lieu par tonne avec minimum de perception de cinquante centimes, même pour un véhicule vide.

Moyennant le payement du droit de péage ci-dessus, la compagnie de l'Ouest devra laisser passer librement les trains appartenant aux entreprises qui réclameraient ce passage, mais seulement sur les voies de circulation définies au paragraphe A de l'article 1er du présent cahier des charges et sous réserve de l'observation de certaines prescriptions concertées entre les administrations en cause et, en cas de désaccord entre elles, fixées par l'administration supérieure.

Sur les voies de manœuvre et de manutention définies aux paragraphes B, C, D de l'article 1er du présent cahier des charges, l'exploitation devra être assurée exclusivement par la compagnie de l'Ouest.

Les conditions de l'usage de ces voies par une entreprise étrangère à ladite compagnie de l'Ouest seront réglées comme en matière de gare commune, soit par convention spéciale conclue entre les parties intéressées, soit, à défaut d'entente entre elles, par le Ministre des travaux publics. Le règlement sera basé sur le loyer correspondant aux frais d'établissement desdites voies et sur les dépenses de leur exploitation.

Taxes exceptionnelles.

ART. 18. Les taxes indiquées à l'article 17 ci-dessus pourront être majorées dans la même proportion que les taxes des tarifs appliqués sur le chemin de fer lui-même, dans les cas où les conditions d'application de ces tarifs et les arrêtés ministériels réglant les tarifs exceptionnels édictent des majorations.

Modification et homologation des tarifs.

ART. 19. Les propositions de la compagnie visant, soit le relèvement, soit l'abaissement des prix fixés à l'article 17 ci-dessus (sous réserve que les nouveaux prix ne dépasseront pas les taxes légales qui résulteraient de l'application du cahier des charges général de la compagnie des chemins de fer de l'Ouest en date du 11 juin 1859 au réseau des voies ferrées objet de la présente convention), soit les conditions de l'application desdits prix, et en général toutes les propositions de la compagnie relatives aux tarifs concernant l'exploitation des voies ferrées faisant l'objet du présent cahier des charges, devront être soumises à l'homologation du Ministre des travaux publics, dans les mêmes conditions que les tarifs de transport sur les chemins de fer de l'Ouest.

La perception des taxes devra être faite indistinctement et sans aucune faveur.

Délais.

ART. 20. Les délais de transport, tels qu'ils sont ou seront réglés pour le transport sur les chemins de fer de l'Ouest, soit par l'arrêté ministériel du 12 juin 1866 ou par tous autres arrêtés à intervenir en remplacement de ce dernier, soit par les conditions d'application des tarifs spéciaux en vigueur sur le chemin de fer, seront augmentés de quarante-huit heures pour toutes les marchandises en provenance ou à destination des voies ferrées faisant l'objet du présent cahier des charges.

Cas d'encombrement.

ART. 21. En cas d'encombrement sur les voies faisant l'objet du présent cahier des charges, les délais stipulés à l'article 20 peuvent être augmentés, sur la demande de la compagnie et l'avis de l'ingénieur en chef du contrôle, par un arrêté préfectoral affiché dans la ville du Havre.

Exécution des transports.

ART 22. Au moyen des prix réglés ainsi qu'il a été dit ci-dessus, la compagnie contracte l'obligation d'exécuter constamment avec soin, exactitude, célérité et sans tour de faveur, à ses frais et par ses propres moyens, le transport des marchandises qui lui seront confiées. Elle sera tenue à cet effet de fournir le nombre de wagons, de chevaux ou de machines réclamé par les besoins du service, en se conformant aux prescriptions de l'administration.

TITRE V.

CLAUSES DIVERSES.

Sujétions diverses.

ART. 23. Aucune indemnité ne pourra être réclamée par la compagnie pour les causes ci-après :

Dommages aux voies ferrées ou à leurs accessoires occasionnés par le roulage ordinaire ;

État de la chaussée et influence pouvant en résulter pour l'entretien de ces voies ;

Ouverture de nouvelles voies de communication et établissement de nouveaux services de transport en concurrence avec celui du concessionnaire ;

Trouble et interruption du service qui pourraient résulter, soit des mesures d'ordre et de police, soit de travaux exécutés sur ou sous la voie publique, tant par l'administration que par les compagnies et les particuliers dûment autorisés ;

Enfin, toute circonstance résultant du libre usage de la voie publique.

Les indemnités qui seraient dues à des tiers pour tous dommages pouvant résulter de la construction ou de l'exploitation des voies ferrées, et imputables à la faute ou à la négligence de la compagnie, seront à sa charge.

Interruption des voies ferrées.

ART. 24. En cas d'interruption des voies ferrées par suite des travaux exécutés sur la voie publique ou sur le port, la compagnie pourra être tenue de rétablir provisoirement les communications en déplaçant momentanément ses voies.

Assermentation. — Agents de la compagnie.

ART. 25. Les agents et les cantonniers qui seront chargés de la surveillance et de l'entretien des voies ferrées pourront être présentés à l'agrément du préfet et assermentés ; ils auront, dans ce cas, qualité pour dresser des procès-verbaux.

Prolongements et embranchements.

Aʀᴛ. 26. L'administration se réserve le droit d'autoriser, la compagnie entendue, des prolongements ou embranchements faisant suite aux voies de la compagnie ou y aboutissant, sans que celle-ci puisse prétendre à aucune indemnité.

L'exploitation de ces prolongements ou embranchements sera à la charge de leurs propriétaires et n'incombera pas à la compagnie, dont le service se bornera à transporter, dans les conditions prévues au présent cahier des charges, les marchandises en provenance ou à destination du chemin de fer, jusqu'à ou depuis l'origine, sur les voies du port, de ces prolongements ou embranchements.

Elle percevra, en outre, pour la location de son matériel en circulation sur lesdits prolongements ou embranchements, douze centimes par tonne pour le premier kilomètre et quatorze centimes pour tout autre kilomètre en sus du premier, avec un minimum de tonnage de cinq mille kilogrammes.

Les wagons devront être restitués à la compagnie à l'origine de l'embranchement avant six heures du soir, le jour même où ils auront été livrés par elle, mais à la condition expresse qu'ils auront été mis à la disposition de l'intéressé avant huit heures du matin. Passé ce délai, il sera dû, par journée indivisible de vingt-quatre heures et par wagon non restitué, les droits de stationnement édictés par l'arrêté ministériel qui règle annuellement le tarif des frais accessoires sur le chemin de fer.

Il ne pourra circuler sur les voies ferrées faisant l'objet du présent cahier des charges, en dehors du matériel des chemins de fer de l'Ouest, que du matériel remplissant les conditions de construction et de bon état d'entretien de nature à en permettre la circulation dans les trains de la compagnie des chemins de fer de l'Ouest.

Dans le cas de difficultés pour l'exécution du présent article entre la compagnie et les propriétaires de prolongements ou d'embranchements, l'administration statuera sur ces difficultés.

Jugement des contestations.

27. Les contestations qui s'élèveraient entre la compagnie et

l'administration au sujet de l'exécution ou de l'interprétation du présent cahier des charges seront jugées administrativement par le conseil de préfecture du département de la Seine, sauf recours au Conseil d'État.

Approuvé l'écriture :
Signé J. Delarbre.

Approuvé l'écriture :
Signé N. Duchâtel.

Approuvé l'écriture :
Signé H. Varoy.

Certifié conforme au cahier des charges annexé au décret en date du 6 août 1882, enregistré sous le n° 421.

Pour le chef de la division du secrétariat :

Le Chef du premier bureau,

Signé RAIMOND HULIN.

VOIES FERRÉES SUR LES QUAIS DE FÉCAMP.

CONVENTION.

Entre le Ministre des travaux publics, agissant au nom de l'État, et sous la réserve de l'approbation des présentes par décret délibéré en Conseil d'État,

D'une part ;

Et la société anonyme établie à Paris sous la dénomination de *compagnie des chemins de fer de l'Ouest*, ladite compagnie représentée par MM. le vicomte *N. Duchâtel* et *J. Delarbre*, vice-présidents du conseil d'administration, élisant domicile au siège de ladite société, à Paris, rue Saint-Lazare, n° 110, et agissant en vertu des pouvoirs qui leur ont été conférés par délibération du conseil d'administration en date du 13 juillet 1882,

D'autre part,

A été dit et convenu ce qui suit :

ARTICLE 1er. Le Ministre des travaux publics concède, au nom de l'État, à la compagnie des chemins de fer de l'Ouest, qui accepte cette concession, les voies ferrées établies ou à établir pour transporter entre la gare et les quais de Fécamp, à l'aide soit de locomotives, soit de chevaux, au gré de la compagnie concessionnaire, les marchandises par wagon complet en provenance ou à destination du réseau de ladite compagnie de l'Ouest, après ou avant leur transport sur le chemin de fer.

Cette concession est faite aux clauses et conditions déterminées par le cahier des charges annexé à la présente convention.

ART. 2. Les travaux nécessaires à l'établissement des voies ferrées dont il s'agit ayant le caractère des travaux complémentaires que la compagnie de l'Ouest peut être autorisée à exécuter en vertu des conventions approuvées par les lois des 4 juillet 1868 et 31 décembre 1875, les dépenses qui seront faites pour leur établissement et leur exploitation, ainsi que les recettes qui en proviendront, seront comprises dans les comptes de la compagnie et l'imputation en sera faite conformément aux dispositions desdites conventions.

Fait double, à Paris, le 24 juillet 1882.

Approuvé l'écriture :
Signé *J. Delarbre.*

Approuvé l'écriture :
Signé *N. Duchâtel.*

Approuvé l'écriture :
Signé : *H. Varoy.*

CAHIER DES CHARGES.

TITRE Ier.

TRACÉ ET CONSTRUCTION.

Objet du cahier des charges. — Tracé des voies ferrées.

ARTICLE 1er. Le présent cahier des charges a pour objet le maintien, l'extension et l'exploitation des voies ferrées des quais du port de Fécamp concédées à la compagnie des chemins de fer

23.

de l'Ouest, dont l'exécution a été précédemment autorisée et qui sont désignées ci-après, savoir :

A. Une voie de circulation sortant de la gare à côté du chemin d'accès à la cour des voyageurs, suivant le quai de Bérigny et le quai de la Vicomté (côté ouest de l'avant-port) et se terminant en cul-de-sac à l'extrémité de ce quai ;

B. Une voie de manœuvre et de manutention reliée à la voie de circulation par des aiguilles et destinée à desservir les postes d'accostage du quai de Bérigny.

Le tracé de l'ensemble des voies ci-dessus sera conforme aux indications des lignes bleues, rouges et vertes du plan présenté par la compagnie le 24 juillet 1882.

Ces voies seront affectées au service des marchandises ; la traction y sera faite à l'aide de locomotives ou de chevaux.

Délai d'exécution.

Art. 2. Les nouvelles voies tracées en rouge sur le plan sus-visé pourront n'être établies que successivement, dans la mesure déterminée par le Ministre des travaux publics.

Elles devront être posées et le service d'exploitation devra y être établi dans un délai maximum d'un an à partir de la notification de l'approbation des projets de détail.

Modifications ou additions de détail.

Art. 3. En cours d'exécution et pendant toute la durée de la concession, la compagnie aura la faculté de proposer des modifications ou additions aux dispositions de détail adoptées. Ces modifications et additions ne pourront être effectuées qu'avec l'approbation de l'administration supérieure.

De son côté, l'administration pourra ordonner d'office, dans la disposition des voies ferrées, après avoir entendu la compagnie, les modifications de détail dont l'expérience ou les changements à faire sur les voies publiques feraient connaître la nécessité.

En aucun cas ces modifications ne pourront donner lieu à indemnité.

Établissement des voies ferrées.

ART. 4. Les voies ferrées seront posées au niveau du sol, sans saillie ni dépression, suivant le profil normal de la voie publique prête à les recevoir, et sans aucune altération de ce profil, soit dans le sens transversal, soit dans le sens longitudinal, à moins d'une autorisation spéciale. Il en sera de même pour les aiguilles, plaques tournantes et autres accessoires.

Des contre-rails devront être établis sur tous les points où ils seront reconnus nécessaires par l'administration.

Écoulement des eaux.

ART. 5. La compagnie sera tenue de rétablir et d'assurer à ses frais les écoulements d'eau qui seraient arrêtés, suspendus ou modifiés par ses travaux.

Elle rétablira de même les communications publiques ou particulières que ses travaux l'obligeraient à modifier.

Exécution des travaux.

ART. 6. La démolition des chaussées et des terre-pleins et l'ouverture des tranchées pour la pose et l'entretien des voies seront effectuées avec toute la célérité et toutes les précautions convenables.

Qualité des matériaux.

ART. 7. Le déchet résultant de la démolition et du rétablissement des chaussées sera couvert par des fournitures de matériaux de la nature et de la qualité de ceux qui sont employés dans lesdites chaussées.

Les vieux matériaux provenant des anciennes chaussées remaniées ou refaites à neuf, et qui n'auront pas trouvé leur emploi dans la réfection, seront laissés à la libre disposition de la compagnie.

Les fers, bois et autres éléments constitutifs des voies ferrées, ainsi que leurs accessoires, devront être de bonne qualité et propres à remplir leur destination.

Contrôle et surveillance des travaux.

ART. **8.** Les travaux d'établissement seront exécutés sous le contrôle des ingénieurs de l'État.

Ils seront conduits de manière à nuire le moins possible à la liberté et à la sûreté de la circulation.

On devra observer pour l'éclairage et la garde des chantiers les règles ordinaires de la voirie.

En cas de négligence, de retard ou de mauvaise exécution, il y serait immédiatement pourvu aux frais de la compagnie, après mise en demeure par le préfet du département, sans préjudice des poursuites qui pourraient être exercées contre elle pour contravention aux règlements de grande voirie et des dommages-intérêts dont elle pourrait être passible envers les tiers.

Le montant des avances faites pour travaux exécutés d'office sera recouvré au moyen de rôles rendus exécutoires par le préfet.

Reconnaissance et réception des travaux.

ART. 9. A mesure que les travaux seront terminés sur des parties de voie assez étendues pour être livrées à la circulation, il sera procédé à la reconnaissance et, s'il y a lieu, à la réception des travaux par les ingénieurs chargés du contrôle, de concert avec ceux des autres services intéressés. Sur le vu du procès-verbal de cette reconnaissance, l'administration autorisera, s'il y a lieu, la mise en exploitation des voies dont il s'agit.

Après cette autorisation, la compagnie pourra mettre en service lesdites parties de voie et y percevoir les prix ci-après déterminés.

TITRE II.

ENTRETIEN ET EXPLOITATION.

Entretien des voies

ART. 10. Les voies ferrées et leurs accessoires devront être entretenus constamment en bon état, de manière que la circulation soit toujours facile et sûre, tant pour les wagons circulant sur les rails que pour les voitures qui les franchissent et pour le public.

Cet entretien comprendra non seulement la surface comprise entre les rails de chaque voie ferrée, mais encore, à droite et à gauche, une largeur de cinquante centimètres bordant chaque rail.

Lorsque, pour la construction ou la réparation des voies ferrées, il sera nécessaire de démolir des parties pavées ou empierrées de la voie publique situées en dehors de la zone ci-dessus indiquée, il devra être pourvu à l'entretien de ces parties pendant six mois à dater de la réception provisoire des ouvrages exécutés. Il en sera de même pour tous les ouvrages souterrains, lorsqu'ils auront été modifiés du fait de la pose des voies.

Surveillance et règlements de police.

Art. 11. L'entretien et les réparations des voies ferrées, avec leurs dépendances, et le service de l'exploitation seront soumis au contrôle et à la surveillance de l'administration.

Le service de l'entretien et de l'exploitation est d'ailleurs assujetti aux règlements généraux de police et de voirie intervenus ou à intervenir, et notamment à ceux qui seront rendus pour régler, la compagnie entendue, la circulation et le stationnement des wagons et des machines et les limites d'heures entre lesquelles cette circulation ne pourra pas avoir lieu.

TITRE III.

DURÉE ET DÉCHÉANCE DE LA CONCESSION.

Durée de la concession.

Art. 12. La concession des différentes voies ferrées mentionnées à l'article 1er du présent cahier des charges prendra fin de plein droit avec celle de l'ensemble des lignes concédées à la compagnie des chemins de fer de l'Ouest, au terme légal assigné à cette dernière concession.

Elle expirera également en même temps que cette concession, si l'État use de la faculté de rachat qu'il s'est réservée par l'article 37 du cahier des charges qui la régit.

Droits de l'État à l'expiration de la concession.

Art. 13. A l'époque prévue par le premier alinéa de l'article précédent, et par le seul fait de l'expiration de plein droit de la concession, l'État sera subrogé à tous les droits de la compagnie sur les voies ferrées et leurs dépendances, et il entrera immédiatement en jouissance de leurs produits.

La compagnie sera tenue de lui remettre en bon état les voies ferrées et leurs dépendances.

Les dispositions qui précèdent ne sont applicables qu'au cas où le Gouvernement déciderait que ces voies doivent être maintenues en tout ou en partie.

Dans le cas où il déciderait, au contraire, qu'elles doivent être supprimées en tout ou en partie, les voies à supprimer seront enlevées et les lieux seront remis dans l'état primitif par les soins et aux frais de la compagnie, sans qu'elle puisse prétendre à aucune indemnité.

Rachat de la concession.

Art. 14. A toute époque le Gouvernement aura la faculté de racheter la concession, conformément au paragraphe 3 de l'article 6 de la loi du 11 juin 1880. Dans ce cas, l'indemnité due à la compagnie sera liquidée comme il est dit au dernier alinéa dudit article 6.

Dans le cas prévu au deuxième alinéa de l'article 12 ci-dessus, il n'y aura pas lieu à la fixation d'une indemnité spéciale.

Retrait de la concession.

Art. 15. A toute époque le Gouvernement aura la faculté de supprimer ou de modifier une partie du tracé des voies, lorsque la nécessité en aura été reconnue après enquête. Dans ce cas, le retrait de la concession sera opéré dans les formes suivies pour la concession elle-même et la compagnie sera indemnisée, comme en matière de rachat de la concession, suivant les dispositions de l'article 14 qui précède.

Déchéance.

Art. 16. Faute par la compagnie d'avoir entièrement pourvu à l'exécution et à l'achèvement des travaux dans les délais fixés à l'article 2, faute aussi par elle de remplir les diverses obligations qui lui sont imposées par le présent cahier des charges, elle pourra être déchue de la concession.

Dans ce cas, les ouvrages seront démolis et les lieux remis dans leur état primitif par les soins et aux frais de la compagnie, si mieux n'aime le gouvernement conserver les travaux déjà exécutés et en payer la valeur à la compagnie sur l'estimation qui en sera faite à dire d'experts.

Les dispositions du présent article ne seront pas applicables à la compagnie, si le retard ou la cessation des travaux, ou l'interruption de l'exploitation, proviennent d'un cas de force majeure dûment constaté ou de faits indépendants de la volonté de la compagnie.

TITRE IV.

TAXES ET CONDITIONS RELATIVES AU SERVICE DES MARCHANDISES.

Tarifs à percevoir.

Art. 17. Pour indemniser la compagnie des travaux qu'elle s'engage à faire par le présent cahier des charges et sous la condition expresse qu'elle en remplira toutes les obligations, le gouvernement lui accorde l'autorisation de percevoir, pendant toute la durée de la concession, des prix de transport et des droits de péage qui sont fixés ci-après, sous réserve des modifications ultérieures prévues par l'article 19 du présent cahier des charges.

1° TRANSPORTS FAITS PAR LA COMPAGNIE.

Tarif par tonne, quelle que soit la longueur du parcours, applicable aux marchandises de toute nature par wagon complet en provenance ou à destination du réseau de la compagnie de l'Ouest.

	PRIX PAR 1,000 kil.	CONDITIONS spéciales.
1re CATÉGORIE. Marchandises autres que celles qui sont dénommées dans la 2e catégorie...................	0^f 60^c	
2e CATÉGORIE. Ardoises. — Argile........................ Betteraves. — Biscuit de mer. — Bitume. — Bois de chauffage. — Bois de charpente. — Bois de charronnage, de menuiserie et d'ébénisterie non façonnés. — Bois exotiques en billes ou bûches. — Bois de marine. — Bois de teinture. — Boues. — Brais. — Briques................................ Cachou brut. — Carreaux de meule. — Carreaux en terre cuite. — Céruse. — Châtaignes. — Chaux. — Ciment. — Coke. — Colophane. — Craies. — Cristaux de soude....................... Eaux de mer. — Échalas. — Émeri. — Engrais. — Extraits tinctoriaux.................... Farines alimentaires. — Fécule de pommes de terre... Galipot. — Générateurs. — Goudron. — Graines. — Grains. — Granits...................... Houille.................................. Issues de grains........................ Lignite. — Litharge. — Légumes secs........... Marrons. — Matériaux pour la construction et l'entretien des chaussées. — Matières résineuses. — Matières tinctoriales. — Meules. — Minium......... Os bruts. — Osiers......................... Perches. — Pierres et produits de carrières. — Plâtres — Poires à cidre. — Pommes à cidre. — Pommes de terre. — Produits métallurgiques autres que les machines et les pièces de machines........... Sable. — Scories. — Sels gemmes et marins. — Sel hydraté. — Sels de soude et de potasse. — Soufre brut. — Suie............................. Terres employées dans l'industrie. — Terre végétale. — Tourbe. — Tourteaux. — Tuiles. — Tuyaux... Verre cassé. — Wagons à terrassement...........	0 30	Le prix est réduit à 0^f 20^c pour les houilles et les plâtres. Il n'est perçu aucune taxe pour les houilles transportées dans des wagons appartenant aux expéditeurs.

Les prix ci-dessus comprennent le transport des wagons à charger ou à décharger, mais seulement jusqu'au point des voies de quais accessibles par aiguille le plus voisin du point désigné par les expéditeurs ou les destinataires. Les manœuvres et déplacements nécessaires pour amener les wagons soit sur les voies non accessibles par aiguille, soit successivement, dans la même journée, à portée des mêmes points ou des mêmes engins de chargement ou de déchargement, ne sont pas à la charge de la compagnie et seront faits par les expéditeurs ou les destinataires, à leurs frais et sous leur propre responsabilité.

Les taxes ci-dessus seront calculées par poids de dix kilogrammes ou centième de tonne, en comptant un minimum de poids de quatre mille kilogrammes par expédition.

Les taxes à percevoir, dans les conditions ci-dessus indiquées, pour les expéditions en provenance ou à destination de la voie des quais, s'ajouteront aux taxes des tarifs généraux, spéciaux ou communs, applicables sur le chemin de fer pour transport, frais de gare, frais de chargement ou de déchargement et tous autres frais accessoires de toute nature, lesquelles taxes seront en conséquence perçues comme si la marchandise était en provenance ou à destination de la gare de Fécamp, sans autre modification que la réduction prévue au paragraphe ci-après.

Quelle que soit la nature de la marchandise à prendre ou à livrer sur les voies des quais, le chargement ou le déchargement de cette marchandise sur les wagons devra être effectué par les soins, aux frais et sous la responsabilité de l'expéditeur et du destinataire ; en conséquence, pour cette opération, il sera déduit trente centimes par tonne de la taxe du transport sur le chemin de fer, lorsque cette taxe comprendra les frais accessoires.

2° TRANSPORTS FAITS AVEC LEUR PROPRE MATÉRIEL PAR D'AUTRES ENTREPRISES, EN VERTU DU DEUXIÈME PARAGRAPHE DE L'ARTICLE 6 DE LA LOI DU 11 JUIN 1880.

Droit de péage pour marchandise de toute nature, quelle que soit la longueur parcourue, cinquante centimes (0ᶠ50ᶜ).

La perception aura lieu par tonne, avec minimum de

perception de cinquante centimes, même pour un véhicule vide.

Moyennant le payement du droit de péage ci-dessus, la compagnie de l'Ouest devra laisser passer librement les trains appartenant aux entreprises qui réclameraient ce passage, mais seulement sur les voies de circulation définies aux paragraphes A et D de l'article 1er du présent cahier des charges et sous réserve de l'observation de certaines prescriptions concertées entre les administrations en cause et, en cas de désaccord entre elles, fixées par l'administration supérieure.

Sur les voies de manœuvre et de manutention définies aux paragraphes B, C, E, F de l'article 1er du présent cahier des charges, l'exploitation devra être assurée exclusivement par la compagnie de l'Ouest.

Les conditions de l'usage de ces voies par une entreprise étrangère à ladite compagnie de l'Ouest seront réglées comme en matière de gare commune, soit par convention spéciale conclue entre les parties intéressées, soit, à défaut d'entente entre elles, par le Ministre des travaux publics. Le règlement sera basé sur le loyer correspondant aux frais d'établissement desdites voies et sur les dépenses de leur exploitation.

Taxes exceptionnelles.

Art. 18. Les taxes indiquées à l'article 17 ci-dessus pourront être majorées dans la même proportion que les taxes des tarifs appliqués sur le chemin de fer lui-même, dans les cas où les conditions d'application de ces tarifs et les arrêtés ministériels réglant les tarifs exceptionnels édictent des majorations.

Modification et homologation des tarifs.

Art. 19. Les propositions de la compagnie visant soit le relèvement, soit l'abaissement des prix fixés à l'article 17 ci-dessus (sous réserve que les nouveaux prix ne dépasseront pas les taxes légales qui résulteraient de l'application du cahier des charges général de la compagnie des chemins de fer de l'Ouest en date du 11 juin 1859 au réseau des voies ferrées objet de la présente convention), soit les conditions de l'application desdits prix, et en général toutes propositions de la compagnie relatives aux tarifs concernant l'exploitation des voies ferrées faisant l'objet du présent cahier des charges, devront être soumises à l'homologation du Ministre des travaux publics, dans les mêmes conditions que les tarifs de transport sur les chemins de fer de l'Ouest.

La perception des taxes devra être faite indistinctement et sans aucune faveur.

Délais.

ART. 20. Les délais de transport, tels qu'ils sont ou seront réglés pour le transport sur les chemins de fer de l'Ouest, soit par l'arrêté ministériel du 12 juin 1866 ou par tous autres arrêtés à intervenir en remplacement de ce dernier, soit par les conditions d'application des tarifs spéciaux en vigueur sur le chemin de fer, seront augmentés de quarante-huit heures pour toutes les marchandises en provenance ou à destination des voies ferrées faisant l'objet du présent cahier des charges.

Cas d'encombrement.

ART. 21. En cas d'encombrement sur les voies ferrées faisant l'objet du présent cahier des charges, les délais stipulés à l'article 20 peuvent être augmentés, sur la demande de la compagnie et l'avis de l'ingénieur en chef du contrôle, par un arrêté préfectoral affiché dans la ville de Fécamp.

Exécution des transports.

ART. 22. Au moyen des prix réglés ainsi qu'il a été dit ci-dessus, la compagnie contracte l'obligation d'exécuter constamment avec soin, exactitude, célérité et sans tour de faveur, à ses frais et par ses propres moyens, le transport des marchandises qui lui seront confiées. Elle sera tenue, à cet effet, de fournir le nombre de wagons, de chevaux ou de machines réclamé par les besoins du service, en se conformant aux prescriptions de l'administration.

TITRE V.

CLAUSES DIVERSES.

Sujétions diverses.

Art. 23. Aucune indemnité ne pourra être réclamée par la compagnie pour les causes ci-après :

Dommages aux voies ferrées ou à leurs accessoires occasionnés par le roulage ordinaire ;

État de la chaussée et influence pouvant en résulter pour l'entretien de ces voies ;

Ouverture de nouvelles voies de communication et établissement de nouveaux services de transport en concurrence avec celui du concessionnaire ;

Trouble et interruption du service qui pourraient résulter, soit des mesures d'ordre et de police, soit de travaux exécutés sur ou ou sous la voie publique, tant par l'administration que par les compagnies et les particuliers dûment autorisés ;

Enfin toute circonstance résultant du libre usage de la voie publique.

Les indemnités qui seraient dues à des tiers pour tous dommages pouvant résulter de la construction ou de l'exploitation des voies ferrées, et imputables à la faute ou à la négligence de la compagnie, seront à sa charge.

Interruption des voies ferrées.

Art. 24. En cas d'interruption des voies ferrées par suite des travaux exécutés sur la voie publique ou sur le port, la compagnie pourra être tenue de rétablir provisoirement les communications en déplaçant momentanément ses voies.

Assermentation. — Agents de la compagnie.

Art. 25. Les agents et les cantonniers qui seront chargés de la surveillance et de l'entretien des voies ferrées pourront être présentés à l'agrément du préfet et assermentés ; ils auront, dans ce cas, qualité pour dresser des procès-verbaux.

Prolongements et embranchements.

Art. 26. L'administration se réserve le droit d'autoriser, la compagnie entendue, des prolongements ou embranchements faisant suite aux voies de la compagnie ou y aboutissant, sans que celle-ci puisse prétendre à aucune indemnité.

L'exploitation de ces prolongements ou embranchements sera à la charge de leurs propriétaires et n'incombera pas à la compagnie, dont le service se bornera à transporter, dans les conditions prévues au présent cahier des charges, les marchandises en provenance ou à destination du chemin de fer, jusqu'à ou depuis l'origine, sur les voies du port, de ces prolongements ou embranchements.

Elle percevra, en outre, pour la location de son matériel en circulation sur lesdits prolongements ou embranchements, douze centimes par tonne pour le premier kilomètre et quatorze centimes pour tout autre kilomètre en sus du premier, avec un minimum de tonnage de cinq mille kilogrammes.

Les wagons devront être restitués à la compagnie à l'origine de l'embranchement avant six heures du soir, le jour même où ils auront été livrés par elle, mais à la condition expresse qu'ils auront été mis à la disposition de l'intéressé avant huit heures du matin. Passé ce délai, il sera dû, par journée indivisible de vingt-quatre heures et par wagon non restitué, les droits de stationnement édictés par l'arrêté ministériel qui règle annuellement le tarif des frais accessoires sur le chemin de fer.

Il ne pourra circuler sur les voies ferrées faisant l'objet du présent cahier des charges, en dehors du matériel des chemins de fer de l'Ouest, que du matériel remplissant les conditions de construction et de bon état d'entretien de nature à en permettre la circulation dans les trains de la compagnie des chemins de fer de l'Ouest.

Dans le cas de difficultés pour l'exécution du présent article entre la compagnie et les propriétaires de prolongements ou d'embranchements, l'administration statuera sur ces difficultés.

Jugement des contestations.

Art. 27. Les contestations qui s'élèveraient entre la compagnie et l'administration au sujet de l'exécution ou de l'interprétation du présent cahier des charges seront jugées administrativement par le conseil de préfecture du département de la Seine, sauf recours au Conseil d'État.

Approuvé l'écriture :

Signé *J. Delarbre.*

Approuvé l'écriture :

Signé *N. Duchâtel.*

Approuvé l'écriture :

Signé *H. Varroy.*

Certifié conforme au cahier des charges annexé au décret en date du 6 août 1882, enregistré sous le n° 421

Pour le Chef de la division du secrétariat :

Le chef du premier bureau,

Signé Raimond Hulin.

STATUTS

ET

RÈGLEMENTS RELATIFS AUX JUSTIFICATIONS

FINANCIÈRES.

DÉCRET DU 16 JUIN 1855

portant autorisation de la Société anonyme formée à Paris
sous la dénomination
de compagnie des chemins de fer de l'Ouest.

NAPOLÉON, par la grâce de Dieu et la volonté nationale, EMPEREUR DES FRANÇAIS, à tous présents et à venir, SALUT.

Sur le rapport de notre Ministre secrétaire d'État au département de l'agriculture, du commerce et des travaux publics;

Vu notre décret du 7 avril 1855, qui approuve la convention passée, les 2 février et 6 avril, entre le Ministre de l'agriculture du commerce et des travaux publics, au nom de l'État, et les compagnies concessionnaires des chemins de fer de Paris à Saint-Germain avec ses embranchements, de Paris à Rouen, de Rouen au Havre, de l'Ouest, et de Paris à Caen et à Cherbourg, pour la réunion en une seule concession desdits chemins de fer, et de celui de Dieppe à Fécamp, acquis par traité du 30 janvier 1855, ratifié par l'assemblée générale de Dieppe et Fécamp, le 2 avril suivant; ladite convention faisant, en outre, concession à la nouvelle entreprise,

1° D'un embranchement de Serquigny à Rouen;

2° D'un embranchement de Lisieux à Honfleur;

3° D'un embranchement dirigé d'un point, soit de la ligne de Paris à Caen, soit de la ligne de l'Ouest, sur la ligne de Mézidon au Mans;

OUEST.   24

4° D'un chemin de fer d'Argentan à Granville ;

5° Du prolongement de Rennes à Brest ;

6° Du prolongement de Rennes à Redon ;

7° De l'embranchement de Rennes à Saint-Malo ;

8° D'un chemin de fer du Mans à Angers ;

Vu les ratifications données respectivement par les compagnies de Paris à Saint-Germain, de Paris à Rouen, de Rouen au Havre, de l'Ouest, et de Paris à Caen et à Cherbourg, dans les assemblées générales des actionnaires en date des 1er mars 1855, 3 mai 1853, 31 mars 1853, 5 mars 1855 et 4 mai 1853 ;

Notre Conseil d'État entendu,

Avons décrété et décrétons ce qui suit :

Article 1er. La société anonyme formée à Paris sous la dénomination de *compagnie des chemins de fer de l'Ouest* est autorisée.

Sont approuvés les statuts de ladite société tels qu'ils sont contenus dans l'acte passé, le 13 juin 1855, devant Me *Ducloux* et son collègue, notaires à Paris, lequel acte restera annexé au présent décret.

Art. 2. La nomination du président du conseil d'administration de la société sera soumise à l'approbation de notre Ministre de l'agriculture, du commerce et des travaux publics.

Art. 3. La présente autorisation pourra être révoquée, en cas de violation ou de non-exécution des dispositions du présent décret et des statuts approuvés, sans préjudice des droits des tiers.

Art. 4. La société sera tenue de remettre, tous les six mois, un extrait de son état de situation au Ministre de l'agriculture, du commerce et des travaux publics, au préfet de police, à la chambre de commerce et au greffe du tribunal de commerce du siége de la société.

Art. 5. Notre Ministre secrétaire d'État au département de l'agriculture, du commerce et des travaux publics est chargé de l'exécution du présent décret, qui sera publié au *Bulletin des lois*, inséré au *Moniteur* et dans un journal d'annonces judiciaires du département de la Seine, et enregistré, avec l'acte d'association, au greffe du tribunal de commerce du département de la Seine.

Fait au palais des Tuileries, le 16 juin 1855.

Signé NAPOLÉON.

Par l'Empereur :

Le Ministre secrétaire d'État au département de l'agriculture , du commerce et des travaux publics,

Signé E. ROUHER.

———

Par devant M° *Ferdinand-Léon Ducloux*, et son collègue, notaires à Paris, soussignés,

Ont comparu :

1° M. *Joseph-François-Casimir* baron *de l'Espée*, président du conseil d'administration de la compagnie du chemin de fer de Paris à Rouen, demeurant à Paris, passage Sandrié, n° 7 ;

2° M. *Émile Pereire*, directeur de la compagnie du chemin de fer de Paris à Saint-Germain, demeurant à Paris, rue d'Amsterdam, n° 5 ;

3° M. *Jean-Charles Rivet*, président du conseil d'administration de la compagnie du chemin de fer de l'Ouest, demeurant à Paris, rue du Marché-d'Aguesseau, n° 8 ;

4° M. *Samuel-Justin-Napoléon-Prosper*, comte *de Chasseloup-Laubat*, président du conseil d'administration de la compagnie du chemin de fer de Paris à Caen et à Cherbourg, demeurant à Paris, rue de la Bienfaisance, n° 11 ;

5° M. *Charles-Pierre-Eugène Laffitte*, président du conseil d'administration de la compagnie du chemin de fer de Rouen au Havre, demeurant à Paris, place de la Concorde, n° 5,

Lesquels :

1° M. le baron *de l'Espée*, agissant au nom du conseil d'administration de la compagnie du chemin de fer de Paris à Rouen, auquel conseil les pouvoirs nécessaires ont été conférés par délibération de l'assemblée générale des actionnaires en date du 3 mai 1853, et en vertu de la délégation spéciale de pouvoirs que lui a donnée aux fins ci-après ledit conseil, par sa délibération en date du 21 mars 1855, desquelles délibérations des extraits, qui seront enregistrés en même temps que les présentes, sont demeurés ci-annexés, après avoir été certifiés valables par M. le baron *de l'Espée* ;

2° M. *Émile Pereire*, agissant au nom du conseil d'administration de la compagnie du chemin de fer de Paris à Saint-Germain, auquel conseil les pouvoirs nécessaires ont été conférés par délibération de l'assemblée générale des actionnaires en date du 1ᵉʳ mars 1855, et en vertu de la délégation spéciale de pouvoirs que lui a donnée aux fins ci-après ledit conseil, par sa délibération en date du 9 mars 1855, desquelles délibérations des extraits, qui seront enregistrés en même temps que les présentes, sont demeurés ci-annexés, après avoir été certifiés valables par MM. *d'Eicthal* et *Émile Pereire* ;

3° M. *Charles Rivet*, agissant au nom du conseil d'administration de la compagnie du chemin de fer de l'Ouest, auquel conseil les pouvoirs ont été conférés par délibération de l'assemblée générale des actionnaires en date du 5 mars 1855, et en vertu de la délégation spéciale de pouvoirs que lui a donnée aux fins ci-après ledit conseil, par sa délibération en date du 13 mars 1855, desquelles délibérations des extraits, qui seront enregistrés en même temps que les présentes, sont demeurés ci-annexés, après avoir été certifiés valables par M. *Charles Rivet* ;

4° M. le comte *de Chasseloup-Laubat*, agissant au nom du conseil d'administration de la compagnie du chemin de fer de Paris à Caen et à Cherbourg, auquel conseil les pouvoirs nécessaires ont été conférés par délibération de l'assemblée générale des actionnaires en date du 4 mai 1853, et en vertu de la délégation spéciale de pouvoirs que lui a donnée aux fins ci-après ledit conseil, par sa délibération en date du 29 mars 1855, desquelles délibérations des extraits, qui seront enregistrés en même temps que les présentes, sont demeurés ci-annexés, après avoir été certifiés valables par M. le comte *Prosper de Chasseloup-Laubat ;*

5° M. *Charles Laffitte,* agissant au nom du conseil d'administration de la compagnie du chemin de fer de Rouen au Havre, auquel conseil les pouvoirs nécessaires ont été conférés par délibération de l'assemblée générale des actionnaires en date du 31 mars 1853, et en vertu de la délégation spéciale de pouvoirs que lui a donnée aux fins ci-après ledit conseil, par sa délibération en date du 27 mars 1855, desquelles délibérations des extraits, qui seront enregistrés en même temps que les présentes, sont demeurés ci-annexés, après avoir été certifiés valables par M. *Charles Laffitte ;*

Ont exposé ce qui suit :

Par un traité arrêté le 30 janvier dernier, les compagnies anonymes du chemin de fer de Paris à Rouen, de Rouen au Havre, de l'Ouest, de Paris à Saint-Germain, et de Paris à Caen et à Cherbourg, ont formé, sous le titre de *compagnie des chemins de fer de l'Ouest et du Nord-Ouest,* une société ayant pour objet l'exploitation des chemins de fer de Paris à Saint Germain, Argenteuil, d'Auteuil, de Versailles (rive droite et rive gauche), de Paris à Rouen, de Rouen au Havre, de Rouen à Dieppe et à Fécamp, de l'Ouest, de Paris à Caen et à Cherbourg, ainsi que la construction de l'exploitation des lignes et prolongements qui seraient concédés à cette société.

Les cinq compagnies ont apporté toutes leurs concessions antérieures, leur actif et leur passif, sans aucune réserve.

La compagnie de Rouen a, en outre, fait apport des droits, résultant à son profit, du traité intervenu à la même date entre elle et les représentants de la compagnie des chemins de fer de Dieppe et de Fécamp pour l'achat des lignes faisant partie de ladite concession, lequel traité a été approuvé par une délibération de l'assemblée générale de la compagnie de Dieppe et de Fécamp en date du 2 avril 1855, délibération dont un extrait, qui sera enregistré en même temps que les présentes, est demeuré ci-annexé, après avoir été certifié valable par M. le comte *d'Alton-Shée,* président du conseil d'administration de la dite compagnie.

Puis, par une convention portant les dates des 2 février et 6 avril 1855, M. le Ministre des travaux publics, sous la réserve de la ratification du gouvernement, a approuvé ces traités, mais à la charge par les compagnies fusionnées, qui ont accepté, d'exécuter les lignes et embranchements suivants :

D'Argentan à Granville ;

De Serquigny à Rouen ;

De Lizieux à Honfleur ;

D'un point de la ligne de Mézidon au Mans, sur la ligne, soit de Mantes à Cherbourg, soit de l'Ouest ;

De Rennes à Brest ;

De Rennes à Saint-Malo ;

De Rennes à Redon ;

Du Mans à Angers.

Un décret, rendu le 7 avril 1855, a approuvé et rendu définitive cette convention.

Dans cet état, les comparants, ès qualités susdites, déclarent arrêter ainsi qu'il suit les statuts de la nouvelle société :

TITRE Ier.

FORMATION ET OBJET DE LA SOCIÉTÉ. — DÉNOMINATION. — SIÈGE. — DURÉE.

ARTICLE 1er. Il est formé par ces présentes entre les propriétaires des actions ci-après créées une société anonyme ayant pour objet,

1° L'exploitation des chemins de fer :

De Paris à Saint-Germain, Argenteuil, Auteuil,

De Paris à Versailles (rive droite et rive gauche),

De Paris à Rouen,

De Rouen au Havre,

De Rouen à Dieppe et à Fécamp,

De l'Ouest,

De Paris à Caen et à Cherbourg ;

Tous ces chemins concédés par lois et décrets des 19 juillet 1835, 15 juillet 1840, 11 juin 1842, 19 juillet 1845, 13 mai 1851, 16 juillet 1851, 8 juillet 1852 et 18 août 1852 ;

2° L'achèvement des travaux de ceux de ces chemins qui ne sont pas encore entièrement construits ;

3° La construction et l'exploitation des lignes et embranchements désignés dans la convention passée, les 2 février et 6 avril 1855, avec M. le Ministre des travaux publics, et définitivement concédés par le décret du 7 avril 1855 ;

4° La construction et l'exploitation de toutes autres lignes de prolongement ou d'embranchement qui pourraient être concédées à la société.

Toutes ces concessions sont apportées par les comparants en leur noms et qualités susdites, et appartiendront à la société, aux charges, clauses et conditions énoncées :

1° Dans le traité fait, le 30 janvier 1855, entre la compagnie du chemin de Paris à Rouen et la compagnie des chemins de fer de Dieppe et de Fécamp ;

2° Dans le traité de fusion fait, le 30 janvier 1855, entre les compagnies de chemins de fer de Paris à Saint-Germain, de Paris à Rouen, de Rouen au Havre, de l'Ouest, de Paris à Caen et à Cherbourg ;

3° Dans la convention arrêtée, les 2 février et 6 avril 1855, entre M. le Ministre des travaux publics et les cinq compagnies ; et dans le cahier des charges annexé au décret du 7 avril 1855.

Art. 2. La société prend la dénomination de *compagnie des chemins de fer de l'Ouest.*

Art. 3. Le siège de la société et son domicile sont établis à Paris.

Art. 4. La société commencera à partir de la date du décret qui l'aura autorisée et finira avec la concession.

TITRE II.

DE LA CONCESSION.

ART. 5. Les comparants ès noms ayant apporté les lignes de chemins de fer concédées aux sociétés de Paris à Saint-Germain, Argenteuil et Auteuil, Paris à Rouen, Rouen au Havre, Dieppe et Fécamp, l'Ouest, Paris à Caen et à Cherbourg, la compagnie se trouve entièrement au lieu et place desdites sociétés.

La concession comprend, en outre, en vertu du décret du 7 avril 1855, les lignes et embranchements suivants :

Embranchement de Serquigny à Rouen ;

Embranchement de Lizieux à Honfleur ;

Embranchement dirigé d'un point, soit de la ligne de Paris à Caen, soit de la ligne de l'Ouest, sur la ligne de Mézidon au Mans ;

Chemin d'Argentan à Granville ;

Prolongement de Rennes à Brest ;

Prolongement de Rennes à Redon ;

Embranchement de Rennes à Saint-Malo ;

Chemin du Mans à Angers.

TITRE III.

FONDS SOCIAL. — ACTIONS. — VERSEMENTS.

ART. 6. Le fonds social, composé des apports mentionnés à l'article 5 et des valeurs de toute nature servant à l'exploitation, est divisé en trois cent mille actions donnant droit chacune à un trois cent millième dans la propriété de l'actif social et dans les bénéfices nets de l'entreprise.

Les actions sont au porteur ; toutefois le conseil d'administration peut autoriser la délivrance de titres nominatifs.

ART. 7. Les titres définitifs ne seront remis aux propriétaires des actions de l'Ouest et de Cherbourg qui ont encore des versements à opérer, que sur les récépissés desdits versements.

Les actionnaires de ces deux compagnies qui n'opéreront pas leur versement aux époques déterminées devront l'intérêt, pour chaque jour de retard, à raison de cinq pour cent par an.

La société pourra exercer l'action personnelle contre les retardataires; elle pourra aussi, soit distinctement de la poursuite personnelle, soit concurrement avec elle, faire vendre les actions en retard

A cet effet, les numéros de ces actions seront publiés dans les journaux indiqués à l'article 32. A partir du quinzième jour après cette publication, la société, sans mise en demeure et sans autre formalité ultérieure, aura le droit de faire procéder à la vente des actions sur duplicata, à la bourse de Paris, et par le ministère d'un agent de change. La vente sera faite aux risques et périls de l'actionnaire retardataire.

L'imputation du prix à provenir de la vente, après déduction des frais et intérêts dus, s'opérera en commençant par les versements les plus anciennement exigibles; le déficit sera à la charge des obligés aux versements, mais dans les limites de l'article 12; l'excédent du prix de la vente, s'il y en a, appartiendra à l'actionnaire retardataire.

ART. 8. Les titres sont extraits d'un registre à souche, frappés du timbre sec de la compagnie et revêtus de la signature de deux administrateurs ou d'un administrateur et d'un employé délégué à cet effet par le conseil d'administration.

La cession des actions au porteur s'opère par la tradition du titre; celle des actions nominatives s'opère conformément à l'article 36 du Code de commerce.

ART. 9. Le conseil d'administration pourra autoriser le dépôt et la conservation des titres dans la caisse sociale ou dans toute autre caisse qu'il désignera; il déterminera la forme des certificats de dépôt, les frais auxquels ce dépôt pourra être assujetti, le mode de délivrance et les garanties dont l'exécution de cette mesure doit être entourée, dans l'intérêt de la société et des actionnaires.

ART. 10. Les actions sont indivisibles; la société ne reconnaît qu'un seul propriétaire pour chaque action. Tous les copropriétaires d'une action seront tenus, dès lors, de se faire représenter auprès de la société par une seule et même personne.

Art. 11. Les droits et obligations attachés à l'action suivent le titre dans quelques mains qu'il passe ; la possession d'une action emporte adhésion aux statuts de la société.

Les héritiers ou créanciers de l'actionnaire ne peuvent, sous quelque prétexte que ce soit, provoquer l'apposition des scellés sur les biens et valeurs de la société, ni s'immiscer en aucune manière dans son administration ; ils doivent, pour l'exercice de leurs droits, s'en rapporter aux inventaires sociaux et aux délibérations de l'assemblée générale.

Art. 12. Les actionnaires ne sont engagés que jusqu'à concurrence du capital de chaque action; au delà tout appel de fonds est interdit.

TITRE IV.

ADMINISTRATION.

Art. 13. La compagnie est administrée par un conseil composé de dix-huit membres.

Chaque administrateur doit être propriétaire de cent actions, qui sont inaliénables pendant la durée de ses fonctions.

Les titres de ces actions sont déposés à la caisse de la société.

Art. 14. Les administrateurs sont nommés par l'assemblée générale des actionnaires; leurs fonctions durent cinq années; ils peuvent être réélus; leur remplacement s'opère dans l'ordre fixé par un tirage au sort.

En cas de vacance, l'assemblée générale, lors de sa première réunion, et sur la proposition du conseil d'administration, procède au remplacement; dans le cas où, par suite de vacances survenues dans l'intervalle de deux assemblées générales, le nombre des administrateurs descendrait au-dessous de douze, il serait pourvu provisoirement au remplacement, par le conseil d'administration, jusqu'à concurrence de ce nombre.

ART. 15. Par dérogation à l'article 14 qui précède, le premier conseil d'administration sera composé des membres dont les noms suivent, savoir :

MM.

Le baron *Benoist d'Azy* (*Paul*),
Blount (*Edward*),
Chaplin (*William*),
le comte *de Chasseloup-Laubat* (*Prosper*),
Dailly (*Alfred*),
le vicomte *Duchâtel* (*Napoléon*),
Gervais (*Alexis*),
Glyn (*George-Grinfell*),
Jubelin (*Jean-Guillaume*),
le comte *de Kersaint* (*Charles*),
Laffite (*Charles*),
le baron *de l'Espée* (*Casimir*),
le duc *de Noailles*,
Pereire (*Émile*),
Rivet (*Charles*),
Rodrigues (*Édouard*),
Simons (*Ernest*),
Thurneyssen (*Auguste*).

Ce premier conseil ne sera soumis à aucun renouvellement jusques et y compris une année après l'époque fixée par le cahier des charges pour la mise en exploitation de la ligne principale de Rennes à Brest.

Après cette époque, il sera nommé conformément à l'article 14.

ART. 16. Le conseil d'administration est investi des pouvoirs les plus étendus pour l'administration de la société ;

Il passe et autorise les marchés de toute nature ;

Il autorise les achats de terrains et immeubles nécessaires pour l'exécution, l'exploitation du chemin de fer ;

Il règle les approvisionnements et autorise les achats de

matériaux, machines et autres objets nécessaires à l'exploitation ;

Il fixe les dépenses générales de l'administration ;

Il autorise tout achat ou vente d'objets mobiliers ;

Il autorise la vente des terrains et bâtiments inutiles, la recette des prix de vente ;

Il autorise toute mainlevée d'oppositions ou d'inscriptions hypothécaires, ainsi que tous désistements de privilèges avec ou sans payement ;

Il exerce toutes actions judiciaires et autorise tous compromis ou transactions ;

Il détermine le placement des fonds disponibles et règle l'emploi de la réserve ;

Il autorise tous retraits, transferts, transports et aliénation de fonds, rentes et valeurs appartenant à la société; il donne toutes quittances ;

Il arrête les règlements relatifs à l'organisation du service et à l'exploitation, sous les conditions déterminées par le cahier des charges ;

Il fait les traités relatifs à l'exécution de l'article 63 du cahier des charges annexé à la loi du 8 juillet 1852 ;

Il adresse au Gouvernement toutes demandes de prolongement ou d'embranchement et de concession de toute nature, sauf autorisation préalable ou ratification de ces demandes par l'assemblée générale ;

Il nomme ou révoque tous employés et agents, détermine leurs attributions et fixe leurs traitements ou salaires ;

Il traite, transige et compromet sur tous les intérêts de la compagnie ;

Il détermine, dans les conditions du cahier des charges, les modifications à apporter au tarif, les transactions y relatives et le mode de perception des prix du tarif ;

Il statue sur tous les intérêts qui rentrent dans l'administration de la société;

Il soumet à l'assemblée générale, sauf ce qui sera dit ci-après, article 17, toutes propositions d'emprunt, de prolongement ou d'embranchement, de fusion ou traités avec d'autres compagnies, de prolongation ou renouvellement de la concession, de modifications ou additions aux statuts, et notamment d'augmentation du fonds social et de prorogation ou dissolution de la société ;

Il présente chaque année à l'assemblée générale le compte de sa gestion.

ART. 17. Le conseil d'administration pourvoit à la négociation des emprunts votés par l'assemblée générale ; il en fixe le mode et les conditions.

Tous pouvoirs sont dès à présent donnés au conseil d'administration pour convertir les divers titres qui forment la dette des anciennes compagnies, comme aussi pour négocier, aux termes et dans les limites des articles 7 et 12 du cahier des charges de la concession, les emprunts que la société est autorisée à contracter sous la garantie de l'État.

Art. 18. Le conseil d'administration peut déléguer tout ou partie de ses pouvoirs à telle personne que bon lui semble, mais seulement par un mandat spécial et pour un objet déterminé.

Il peut aussi déléguer à un ou plusieurs de ses membres la totalité ou partie de ses pouvoirs généraux pour l'administration des affaires sociales.

ART. 19. Conformément à l'article 32 du Code de commerce, le membres du conseil d'administaationne contractent, à raison de leur gestion, aucune obligation personnelle ou solidaire relativement aux engagements de la société.

Ils ne répondent que de l'exécution de leur mandat.

ART. 20. Le conseil d'administration nomme chaque année un président.

En cas d'absence du président, le conseil désigne celui de ses membres qui doit en remplir les fonctions.

Le président peut être réélu.

ART. 21. Le conseil d'administration se réunit aussi souvent que l'intérêt de la société l'exige, et au moins deux fois par mois. Les décisions sont prises à la majorité des membres présents ; en cas de partage, la voix du président est prépondérante.

La présence de cinq administrateurs est nécessaire pour la validité des délibérations.

Dans le cas où cinq administrateurs seulement sont présents, les délibérations ne sont valables qu'autant qu'elles sont prises à l'unanimité.

ART. 22. Nul ne peut voter par procuration dans le conseil d'administration de la compagnie.

Dans le cas où deux membres dissidents sur une question demanderaient qu'elle fût ajournée jusqu'à ce que l'opinion d'un ou de plusieurs administrateurs absents fût connue, il pourra être envoyé à tous les administrateurs absents une copie ou un extrait du procès-verbal, avec invitation de venir voter dans une prochaine réunion, dont le jour sera fixé par la lettre d'invitation et à huitaine au plus tôt, ou d'adresser par écrit leur opinion au président. Celui-ci en donnera lecture au conseil; après quoi la délibération sera prise à la majorité des membres présents.

Dans aucun cas, l'application de la disposition qui précède ne peut retarder l'accomplissement des obligations imposées à la compagnie par le cahier des charges de la concession, ni l'exécution des injonctions qui seraient notifiées par le gouvernement, en vertu du cahier des charges.

ART. 23. Les délibérations du conseil d'administration sont constatées par des procès-verbaux signés par le membre qui aura présidé à la délibération.

Les copies ou extraits de ces délibérations, à produire en justice ou ailleurs, sont signés par le président ou par celui des membres qui en remplit les fonctions.

ART. 24. Les transferts de rentes et effets publics appartenant à la société, les actes d'acquisition, de vente et d'échange des propriétés immobilières de la société, les transactions, marchés et actes engageant la société, les acquits et endossements, ainsi que les mandats sur la banque et sur tous les dépositaires des fonds de la compagnie, doivent être signés par deux administrateurs, à moins d'une délégation expresse du conseil à un seul administrateur ou à toute autre personne.

Art. 25. Les fonctions des administrateurs sont gratuites; ils reçoivent des jetons de présence dont la valeur est déterminée par l'assemblée générale.

TITRE V.

ASSEMBLÉE GÉNÉRALE.

Art. 26. L'assemblée générale, régulièrement constituée, représente l'universalité des actionnaires.

Art. 27. L'assemblée générale des actionnaires se réunit chaque année avant le 1er mai. En outre, le conseil d'administration peut convoquer extraordinairement une assemblée générale toutes les fois qu'il en reconnaît l'utilité.

Art. 28. Tout titulaire ou porteur de vingt actions est de droit membre de l'assemblée générale.

Nul ne peut être porteur de pouvoirs d'actionnaires s'il n'est actionnaire lui-même. La forme des pouvoirs est déterminée par le conseil d'administration.

L'assemblée générale est régulièrement constituée lorsque les actionnaires présents sont au nombre de trente au moins, et représentent le vingtième du fonds social.

Art. 29. Dans le cas où, sur une première convocation, les actionnaires présents ne remplissent pas les conditions ci-dessus imposées pour constituer l'assemblée générale, il est procédé à une seconde convocation à vingt jours d'intervalle.

Les délibérations prises par l'assemblée générale dans cette seconde réunion sont valables, quel que soit le nombre des actionnaires présents et des actions représentées; mais elles ne peuvent porter que sur les objets mis à l'ordre du jour de la première réunion et indiqués dans les avis de convocation.

Art. 30. A l'exception du cas prévu par le paragraphe 2 de l'article 17, les délibérations relatives aux emprunts ne peuvent être prises que dans une assemblée générale réunissant le dixième au moins du fonds social.

Les délibérations relatives aux demandes d'embranchement ou de prolongement, ainsi que celles qui auraient pour objet des traités d'acquisitions, apports, réunions, fusions ou alliances avec d'autres compagnies, la modification des statuts et notamment l'augmentation du fonds social et la prorogation ou dissolution de la société, ou enfin d'autres concessions qui pourraient lui être faites en dehors de celles prévues en l'article 1er, ne peuvent être prises que dans une assemblée générale réunissant le cinquième au moins du fonds social.

Dans le cas où, sur une première convocation, les actionnaires présents ne rempliraient pas les conditions imposées par les paragraphes qui précèdent pour la validité des opérations de l'assemblée générale, il sera procédé à une seconde convocation à un mois d'intervalle.

Les délibérations de l'assemblée générale, réunie en vertu de cette deuxième convocation, seront valables, pourvu que les actionnaires, au nombre de trente, représentent au moins le dixième du fonds social.

Les décisions relatives aux objets mentionnés dans le présent article ne sont obligatoires qu'après avoir été approuvées par le gouvernement. Toutefois cette approbation n'est pas nécessaire pour tout emprunt de quinze millions et au-dessous.

Art. 31. Les convocations ordinaires et extraordinaires sont annoncées par un avis inséré, trente jours au moins avant l'époque de la réunion, dans deux journaux d'annonces légales à Paris; ce délai est réduit à quinze jours dans le cas de la seconde convocation.

La réunion a lieu à Paris, au lieu désigné par la convocation.

Lorsque l'assemblée générale a pour objet de délibérer sur les propositions mentionnées en l'article 30, les avis de convocation doivent en faire mention.

Art. 32. Les propriétaires d'actions domiciliés en France ou leurs fondés de pouvoirs doivent, pour avoir le droit d'assister à l'assemblée générale, déposer leurs titres et leurs procurations au siège de la compagnie à Paris, trois jours au moins avant l'époque fixée pour la réunion.

Les actionnaires domiciliés à l'étranger peuvent faire le dépôt de leurs titres entre les mains des personnes qui seront désignées par le conseil d'administration, et les certificats de dépôt, de même que les procurations, devront être déposés à Paris dans le délai ci-dessus indiqué.

Il est remis à chaque déposant une carte d'admission ; cette carte est nominative et personnelle. Les certificats de dépôt mentionnés à l'article 9 donnent droit, par le dépôt de vingt actions ou plus, à la remise des cartes d'admission à l'assemblée générale, pourvu que le dépôt des titres ait eu lieu plus de trois jours avant l'époque fixée pour l'assemblée générale.

ART. 33. L'assemblée générale est présidée par le président du conseil d'administration, et, en cas d'empêchement, par le membre que le conseil d'administration aura désigné à cet effet.

Les deux plus forts actionnaires présents à l'ouverture de la séance remplissent les fonctions de scrutateurs, et, sur leur refus, les deux plus forts actionnaires après eux jusqu'à acceptation.

Le secrétaire est désigné par le bureau.

ART. 34. L'assemblée générale entend et discute les comptes, et les approuve s'il y a lieu. Elle fixe les dividendes.

Elle nomme les administrateurs en remplacement de ceux dont les fonctions sont expirées, ou qu'il y a lieu de remplacer par suite de décès, de démission ou autre cause.

Elle statue sur les propositions d'acquisitions et aliénations d'immeubles autres que celles désignées aux paragraphes 3 et 7 de l'article 16.

Elle délibère sur les propositions qui doivent lui être soumises en exécution des présents statuts, et donne au conseil d'administration les pouvoirs nécessaires.

Elle prononce, enfin, en se renfermant dans les limites des statuts, sur tous les intérêts de la société.

ART. 35. Les délibérations de l'assemblée générale sont prises à la majorité des voix des membres présents ou représentés.

La majorité doit être des deux tiers dans le cas où les délibérations portent sur les objets spécifiés en l'article 30.

Vingt actions donnent droit à une voix, sans que le même actionnaire puisse avoir plus de dix voix, soit par lui-même, soit comme fondé de pouvoirs.

Le scrutin a lieu lorsqu'il est réclamé par dix membres au moins.

Art. 36. Les délibérations de l'assemblée générale, prises conformément aux statuts, obligent les actionnaires présents ou absents.

Elles sont constatées par des procès-verbaux signés par les membres du bureau, ou au moins par la majorité d'entre eux. Les extraits de ces procès-verbaux à produire en justice sont certifiés par le président du conseil d'administration.

Art. 37. Une feuille de présence destinée à constater le nombre des membres assistant à l'assemblée, et celui des actions représentées par chacun d'eux, demeure annexée à la minute de chacun des procès-verbaux, ainsi que les pouvoirs.

Cette feuille est signée par chaque actionnaire en entrant en séance.

TITRE VI.

INTÉRÊTS, COMPTES ANNUELS, DIVIDENDES, FONDS DE RÉSERVE, AMORTISSEMENT.

Art. 38. Un inventaire général de l'actif et du passif de la société sera dressé le 31 décembre de chaque année ; cet inventaire sera soumis à l'assemblée générale des actionnaires dans la réunion annuelle.

Art. 39. Les produits de l'entreprise serviront d'abord à acquitter les dépenses d'entretien et d'exploitation du chemin, ses frais d'administration, l'intérêt et l'amortissement des emprunts, et généralement toutes les charges sociales.

Art. 40. Après le payement des charges mentionnées dans l'article précédent, il est prélevé chaque année sur les bénéfices nets :

1° Une retenue destinée à constituer un fonds d'amortissement, et calculée de telle sorte que le capital de cent cinquante millions, dont l'intérêt à trois et demi pour cent est garanti par l'État, soit complètement amorti cinq ans avant l'expiration de la concession, l'amortissement devant s'opérer à raison de cinq cents francs par action;

2° Trois et demi pour cent dudit capital de cent cinquante millions, destinés à servir, pour les actions amorties ou non amorties, un intérêt annuel de trois et demi pour cent, la portion afférente aux actions amorties devant être versée au fonds d'amortissement afin de compléter l'annuité nécessaire pour amortir la totalité du capital dans le délai ci-dessus fixé.

A défaut de ressources suffisantes, il sera pourvu, jusqu'à concurrence de trois et demi pour cent, au payement de cet amortissement et de cet intérêt, au moyen des sommes qui seraient dues par l'État, à raison de la garantie d'intérêt accordée à la société.

Après l'époque fixée pour l'achèvement total des travaux, deux pour cent au moins du produit net de l'entreprise seront affectés ensuite à la constitution d'un fonds de réserve destiné à faire face aux dépenses imprévues.

Quand le fonds de réserve aura atteint quatre millions de francs, le prélèvement ci-dessus pourra être suspendu; il reprendra son cours aussitôt que le fonds de réserve sera descendu au-dessous de ce chiffre.

Le surplus des produits sera réparti entre toutes les actions amorties ou non amorties.

La portion afférente aux actions amorties sera distribuée aux propriétaires des titres qui auront été délivrés en échange de ces actions.

Art. 41. Lorsque l'État aura, à titre de garant, payé tout ou partie de l'annuité par lui garantie, les produits nets de l'entreprise excédant trois et demi pour cent seront, les années suivantes, exclusivement employés au remboursement des sommes par lui versées.

Art. 42. Lorsque l'État aura été ainsi remboursé des sommes qu'il aura pu payer en raison de sa garantie, s'il est arrivé que, dans le cours d'une ou de plusieurs années, les actions n'ont pas reçu l'intérêt de trois et demi pour cent, ou que le service de l'amortissement a éprouvé quelque altération, les produits libres, destinés à être répartis à titre de dividende, seront employés jusqu'à due concurrence, et avant toute répartition de dividende, à compléter le fonds d'amortissement et l'intérêt de trois et demi pour cent sur toutes les actions, pour les années où ce fonds et ces intérêts n'auraient été servis qu'incomplètement.

Art. 43. Le fonds d'amortissement se compose :

1° Du prélèvement annuel stipulé en l'article 4o qui précède ;

2° Des intérêts afférents aux actions amorties ;

3° De l'intérêt des sommes non encore employées à l'amortissement.

Ce fonds est employé chaque année, jusqu'à due concurrence, à compter de l'année qui suivra la mise en exploitation, au remboursement d'un nombre d'actions à déterminer, comme il est dit à l'article suivant.

Art. 44. La désignation des actions à amortir a lieu au moyen d'un tirage au sort qui se fait publiquement à Paris, chaque année, aux époques et suivant les formes déterminées par le conseil d'administration.

Les numéros des actions désignées par le sort pour être remboursées sont publiés dans les journaux indiqués en l'article 31.

Les propriétaires des actions désignées par le tirage au sort pour le remboursement recevront en numéraire le capital de leurs actions et les dividendes jusqu'au jour indiqué pour le remboursement, et, en échange de leurs actions primitives, des actions spéciales qui ne donnent plus droit qu'à la part proportionnelle des bénéfices mentionnés dans le dernier paragraphe de l'article 4o.

Ces actions conservent, pour les attributions relatives à l'administration et pour le vote aux assemblées, les mêmes droits que les actions non amorties.

Art. 45. Le payement des intérêts et des dividendes se fait aux époques et aux caisses qui seront désignées par le conseil d'administration.

Tous intérêts et dividendes qui n'ont pas été touchés à l'expiration de cinq années après l'époque de leur échéance sont acquis à la société, conformément à l'article 2277 du Code Napoléon.

TITRE VII.

DISPOSITIONS GÉNÉRALES. — LIQUIDATIONS. — CONTESTATIONS.

Art. 46. Si l'expérience faisait reconnaître la convenance d'apporter des modifications ou additions aux présents statuts, l'assemblée générale est autorisée à y pourvoir dans la forme déterminée par l'article 30.

Les délibérations qui seront prises en conséquence ne seront exécutoires qu'après l'approbation du Gouvernement.

Art. 47. Lors de la dissolution de la société, à quelque époque et pour quelque cause qu'elle advienne, le conseil d'administration convoque immédiatement l'assemblée générale, qui détermine le mode de liquidation à suivre et nomme, s'il y a lieu, des liquidateurs.

Art. 48. A l'expiration de la concession, toutes les valeurs provenant de la liquidation seront employées, avant toute répartition aux actionnaires :

1° A mettre le chemin en état d'être livré au Gouvernement dans les conditions déterminées par le cahier des charges de la concession ;

2° A compléter, s'il y a lieu, l'amortissement du fonds social.

Art. 49. Toutes les contestations qui pourront s'élever pendant la durée de la société ou lors de sa liquidation, soit entre les actionnaires et la société, soit entre les actionnaires eux-mêmes et à raison des affaires sociales, seront jugées par des arbitres, conformément aux articles 51 et suivants du Code de commerce.

Art. 50. Dans le cas de contestation, tout actionnaire doit faire élection de domicile à Paris, et toutes notifications et assignations sont valablement faites au domicile par lui élu, sans avoir égard à la distance de la demeure réelle.

A défaut d'élection de domicile, cette élection a lieu de plein droit, pour les notifications judiciaires et extrajudiciaires, au parquet du procureur impérial près le tribunal de première instance du département de la Seine.

Le domicile élu formellement ou implicitement, comme il vient d'être dit, entraîne attribution de juridiction aux tribunaux compétents du département de la Seine.

Art. 51. Tous pouvoirs sont donnés au porteur d'une expédition ou d'un extrait des présentes pour faire les dépôts et publications prescrits par la loi.

Dont acte :

Fait et passé à Paris, au siège de l'administration, rue d'Amsterdam,

L'an 1855, le mercredi 13 juin:

Et ont les comparants signé avec les notaires après lecture.

En marge est écrite la mention suivante :

Enregistré à Paris, troisième bureau, le 14 juin 1855, folio 33 recto, cases 1 et suivantes. Reçu cinq francs et cinquante centimes pour décime. Signé *Favre*.

Vu pour être annexé au décret du 16 juin 1855, enregistré sous le n° 401.

Le Ministre secrétaire d'État de l'agriculture,
du commerce et des travaux publics,

Signé E. ROUHER.

DÉCRET DU 6 MAI 1863

qui détermine, en ce qui concerne la garantie d'intérêt accordée par l'État, les formes suivant lesquelles la compagnie des chemins de fer de l'Ouest sera tenue de faire diverses justifications.

NAPOLÉON, par la grâce de Dieu et la volonté nationale, EMPEREUR DES FRANÇAIS, à tous présents et à venir, SALUT

Sur le rapport de notre Ministre secrétaire d'État au département de l'agriculture, du commerce et des travaux publics ;

Vu le décret du 7 avril 1855 et la loi du 2 mai de la même année, lesquels ont constitué le réseau des chemins de fer de l'Ouest ; ensemble la convention et les cahiers des charges y annexés ;

Vu la convention passée, les 27 juillet 1858 et 11 juin 1859, avec la compagnie des chemins de fer de l'Ouest ;

Vu les clauses de l'article 11 de ladite convention ainsi conçues :

« Un règlement d'administration publique déterminera, en ce qui concerne la garantie d'intérêt accordée par la présente convention, les formes suivant lesquelles la compagnie sera tenue de justifier, vis-à-vis de l'État, et sous le contrôle de l'administration supérieure :

« 1° Des frais de construction ;

« 2° Des frais annuels d'entretien et d'exploitation ;

« 3° Des recettes.

. . . .

« Le même règlement d'administration publique déterminera les dispositions destinées à régler l'exercice du droit de partage des bénéfices. »

Vu le décret du 11 juin 1859, qui approuve la convention ci-dessus visée ;

Vu la loi, en date du 11 juin 1859, qui ratifie les engagements mis à la charge du Trésor public par ladite convention ;

Vu l'avis du comité consultatif des chemins de fer en date des 8 et 22 février et 1er mars 1862 ;

Vu le décret du 17 juin 1854, sur les inspecteurs généraux des chemins de fer ;

Notre Conseil d'État entendu,

AVONS DÉCRÉTÉ et DÉCRÉTONS ce qui suit :

TITRE Ier.

JUSTIFICATION DES FRAIS DE PREMIER ÉTABLISSEMENT.

ARTICLE. 1er. Le capital affecté au rachat ou à la construction des lignes du nouveau réseau désignées en l'article 6 de la convention du 11 juin 1859 est établi, tant pour l'application de la garantie d'intérêt que pour l'exercice du droit de partage des bénéfices, par un compte général qui comprend :

1° Toutes les sommes que la compagnie justifie avoir dépensées dans un but d'utilité pour le rachat, la construction et la mise en service de chaque ligne et de ses dépendances jusqu'au 1er janvier qui a suivi l'ouverture de la ligne ;

2° Les dépenses d'entretien et d'exploitation, jusqu'à la même époque, des parties du chemin successivement mises en service ;

3° Les trois cinquièmes de la dépense d'entretien de la voie et des terrassements pendant une année, à dater de la même époque, pour les parties du chemin qui n'auraient été mises en service que dans le cours de l'année précédente ;

4° Les sommes employées au payement de l'intérêt et de l'amortissement des titres émis pour le rachat ou la construction des lignes du nouveau réseau jusqu'à l'époque où commence, pour ces lignes, l'application de la garantie d'intérêt, et seulement pour la portion de cet intérêt et de cet amortissement qui ne serait pas couverte par les produits nets des lignes ou sections successivement mises en exploitation.

Art. 2. Sont déduits du compte général des frais de premier établissement :

1° Les produits bruts de toute nature afférents aux parties du chemin successivement mises en service, et réalisés jusqu'au 1er janvier qui a suivi l'ouverture de chaque ligne ;

2° Le produit des propriétés immobilières à aliéner, ainsi qu'il est prescrit ci-après (art. 6) ;

3° Le produit des capitaux affectés à l'établissement de chaque ligne, jusqu'au moment de leur emploi en travaux.

Art. 3. Le compte général par ligne est arrêté provisoirement, d'après les écritures de la compagnie, au 1er janvier qui a suivi la mise en exploitation de chaque ligne.

A ce compte est joint l'état des dépenses faites et constatées jusque-là, mais qui n'auraient pu être payées. Ces dépenses, ainsi que les frais extraordinaires d'entretien et de terrassement de la voie mentionnés au paragraphe 3 de l'article 1er, sont l'objet d'un compte supplémentaire arrêté trois mois après la fin de l'année évolue qui suit la date fixée pour l'achèvement complet des travaux.

Art. 4. Le compte général devient définitif cinq ans après le 1er janvier qui a suivi l'ouverture de chaque ligne. Jusqu'à cette époque la compagnie peut porter au compte des frais de premier établissement les dépenses nécessaires pour compléter la construction et la mise en service de la ligne.

Art. 5. Après l'expiration de ce délai de cinq ans, la compagnie peut être autorisée, par décrets délibérés en Conseil d'Etat, à ajouter audit compte, mais seulement pour l'exercice du droit de partage des bénéfices, les dépenses faites pour l'exécution des travaux qui sont reconnus de premier établissement.

Dans ce cas, la compagnie n'a droit qu'au prélèvement, sur les produits nets, des intérêts et de l'amortissement desdites dépenses.

Art. 6. La compagnie doit procéder, dans le délai de deux années après l'achèvement complet des travaux de la ligne, à l'aliénation de toutes les propriétés immobilières qu'elle a acquises et qui ne sont pas affectées au service du chemin de fer.

Dans le cas où l'aliénation n'a pas lieu avant la clôture du compte général définitif, la valeur d'acquisition desdites propriétés immobilières est déduite du compte de premier établissement.

Le produit des aliénations est porté, à mesure qu'elles s'opèrent, à un compte spécial qui reste ouvert jusqu'à la clôture du compte général et qui vient en déduction de ce dernier compte.

Art. 7. Le compte général, tant provisoire que définitif, présente, pour chaque ligne, le développement des dépenses conformément aux tableaux dont les modèles sont déterminés par le Ministre de l'agriculture, du commerce et des travaux publics.

Art. 8. Le compte général définitif sera produit, avec les pièces à l'appui, dans les six mois de la date du présent décret, pour celles des lignes qui ont été mises en exploitation depuis plus de cinq ans.

Pour les autres lignes, le même compte sera fourni cinq ans après le 1er janvier qui aura suivi l'ouverture de chacune d'elles.

Le compte provisoire et l'état des dépenses restant à payer seront fournis avec les pièces à l'appui, savoir :

Pour les lignes ouvertes depuis moins de cinq ans, dans les six mois de la date du présent décret ; et pour les lignes encore en construction, le 1er janvier qui suivra la mise en exploitation de chacune d'elles.

Art. 9. Les comptes de premier établissement sont soumis à l'examen d'une commission instituée par notre Ministre de l'agriculture, du commerce et des travaux publics. La commission est composée d'un conseiller d'État, président, et de six membres, dont trois au choix de notre Ministre des finances.

La compagnie est tenue de représenter les registres, pièces comptables, correspondances et tous autres documents que la commission juge nécessaires à la vérification des comptes.

La commission peut se transporter au besoin, par elle-même ou par ses délégués, soit au siège de la compagnie, soit dans les gares, ateliers et bureaux de toutes les lignes.

Elle adresse son rapport, avec les comptes et les pièces justificatives, à notre Ministre de l'agriculture, du commerce et des travaux publics, qui, après communication à notre Ministre des finances, arrête, sauf le recours au Conseil d'État, le montant des sommes dépensées qu'il reconnaît devoir faire partie du capital auquel est applicable la garantie d'intérêt.

TITRE II.

JUSTIFICATION ANNUELLE DES DÉPENSES D'EXPLOITATION ET DES RECETTES.

ART. 10. A dater de l'année 1865, la compagnie est tenue de remettre, dans les trois premiers mois de chaque année, à notre Ministre de l'agriculture, du commerce et des travaux publics, le budget de ses dépenses et de ses recettes pour l'exercice commençant au 1er janvier suivant, et de lui communiquer, dans le cours de l'exercice, les modifications qu'il y aurait lieu d'apporter à ce budget.

ART. 11. Le compte des dépenses et le compte des recettes de chaque exercice sont établis d'après les registres de la compagnie, distinctement pour l'ancien et pour le nouveau réseau, chaque année, dans les quatre premiers mois de l'exercice suivant.

Les dépenses et les recettes propres à chacune des sections du nouveau réseau successivement mises en exploitation sont séparément établies jusqu'à l'époque où commence pour ces sections l'application de la garantie d'intérêt.

ART. 12. Sont compris dans les frais annuels d'entretien et d'exploitation :

1° Toutes les dépenses qui, à partir du 1er janvier qui a suivi la mise en service de chaque ligne, ont été faites dans un but d'utilité pour les réparations ordinaires et extraordinaires, l'exploitation et l'administration du chemin de fer et de ses dépendances, à l'exclusion des dépenses à porter au compte de premier établissement;

2° Les contributions de toute nature payées par la compagnie;

3° Les frais d'entretien et d'exploitation des propriétés immobilières jusqu'à leur aliénation;

4° Le prélèvement opéré pour la réserve, conformément aux statuts;

5° Les prélèvements ou versements faits au profit des employés de la compagnie.

N'y sont pas compris :

1° L'intérêt et l'amortissement des emprunts, notamment de ceux que la compagnie aurait contractés pour l'achèvement des travaux, en cas d'insuffisance du capital garanti par l'État, aux termes de l'article 11 de la convention du 11 juin 1859;

2° Les frais concernant des établissements qui ne servent pas directement à l'exploitation du chemin de fer.

ART. 13. Le compte des recettes comprend, distinctement pour l'ancien et le nouveau réseau, les produits bruts de toute nature autres que ceux provenant d'établissements qui ne servent pas directement à l'exploitation du chemin de fer.

Les produits des immeubles à aliéner y sont portés jusqu'au jour de l'aliénation.

ART. 14. A dater de l'exercice 1865, les comptes annuels font ressortir :

1° Le produit net kilométrique de l'exploitation des lignes terminées de l'ancien réseau;

2° La portion de ce produit net qui doit, s'il y a lieu, couvrir, concurremment avec les produits nets de l'exploitation du nouveau réseau, l'intérêt et l'amortissement garantis par l'État;

3° Le montant du capital employé en dépenses de premier établissement du nouveau réseau, ainsi que le montant des intérêts et de l'amortissement garantis;

4° Le montant des produits nets de l'exploitation du nouveau réseau à affecter au service des intérêts et de l'amortissement, concurremment avec l'excédent des produits nets de l'ancien réseau.

Art. 15. A dater de l'exercice 1872 inclusivement, les comptes d'exercice font ressortir, d'après les bases déterminées par l'article 10 de la convention du 11 juin 1859, l'excédent des produits nets à partager par moitié entre l'État et la compagnie.

Art. 16. Le Ministre de l'agriculture, du commerce et des travaux publics détermine, la compagnie entendue, les justifications à produire à l'appui des comptes dont les développements par articles sont présentés conformément aux modèles arrêtés par lui.

Art. 17. Les comptes des recettes et des dépenses de chaque exercice sont adressés, dans les quatre premiers mois de l'année suivante, à notre Ministre de l'agriculture, du commerce et des travaux publics.

TITRE III.

APPLICATION DE LA GARANTIE D'INTÉRÊT ET PARTAGE DES BÉNÉFICES.

Art. 18. A dater de l'exercice 1865, s'il paraît résulter des comptes des recettes et des dépenses d'un exercice qu'il y a lieu de réclamer la garantie de l'intérêt et de l'amortissement, notre Ministre de l'agriculture, du commerce et des travaux publics soumet lesdits comptes à l'examen de la commission mentionnée dans l'article 9.

A dater de l'exercice 1872, les comptes sont, dans tous les cas, soumis à l'examen de la commission.

Art. 19. Notre Ministre de l'agriculture, du commerce et des travaux publics, après avoir communiqué à notre Ministre des finances les comptes portant liquidation, soit d'avances à la charge du Trésor, soit de bénéfices à partager entre l'État et la compagnie, en arrête le règlement définitif sur le rapport de la commission.

Art. 20. Immédiatement après la fin de chaque année et avant le règlement définitif des comptes des recettes et des dépenses, arrêtés conformément aux articles 18 et 19, si les produits nets de l'exercice affectés au payement de l'intérêt et de l'amortissement garantis par l'État paraissent insuffisants, notre Ministre de l'agriculture, du commerce et des travaux publics peut, sur la demande de la compagnie, sur le rapport de la commission, et après communication à notre Ministre des finances, arrêter le montant de l'avance à faire à la compagnie.

Dans le cas où le règlement définitif des comptes de l'exercice ferait reconnaître que l'avance a été trop considérable, la compagnie sera tenue de rembourser immédiatement l'excédent au Trésor avec les intérêts à quatre pour cent.

Art. 21. Lorsque l'État a payé, à titre de garant, tout ou partie d'une annuité, il en est remboursé, avec les intérêts à quatre pour cent par an, conformément aux dispositions de l'article 9 de la convention du 11 juin 1859.

A cet effet, le règlement de compte arrêté par notre Ministre de l'agriculture, du commerce et des travaux publics, ainsi qu'il est dit en l'article 19 qui précède, contient, s'il y a lieu, la liquidation et le prélèvement des avances du Trésor.

TITRE IV.

CONTRÔLE ET SURVEILLANCE.

Art. 22. Un inspecteur général des chemins de fer, désigné chaque année par notre Ministre de l'agriculture, du commerce et des travaux publics, est chargé, sous son autorité, de surveiller, dans l'intérêt de l'État, tous les actes de la gestion financière de la compagnie.

ART. 23. La compagnie lui communique, à toute époque, les registres de ses délibérations, ses livres journaux, ses écritures, sa correspondance et tous documents qu'il juge nécessaires pour constater la situation active et passive de la compagnie.

ART. 24. L'inspecteur général des chemins de fer désigné par notre Ministre de l'agriculture, du commerce et des travaux publics, ainsi qu'il vient d'être dit, a le droit d'assister à toutes les séances de l'assemblée générale de la compagnie.

ART. 25. Il reçoit de la compagnie pour les transmettre, avec son avis, à notre Ministre de l'agriculture, du commerce et des travaux publics, tous les comptes et documents qu'est tenue de fournir la compagnie, aux termes du présent décret.

ART. 26. La comptabilité de la compagnie est soumise à la vérification périodique de l'inspection générale des finances, qui a, pour l'accomplissement de cette mission, tous les droits dévolus à l'inspecteur général des chemins de fer par l'article 23 du présent décret.

TITRE V.

DISPOSITIONS GÉNÉRALES.

ART. 27. La forme des obligations à émettre par la compagnie, la quotité, le mode de négociation et les conditions de chaque émission partielle doivent être préalablement approuvés par notre Ministre de l'agriculture du commerce et des travaux publics.

ART. 28. Dans le cas où la compagnie se croit lésée par les règlements de compte arrêtés ainsi qu'il est prescrit ci-dessus, elle conserve son recours au Conseil d'État par la voie contentieuse.

ART. 29. Sont abrogées les dispositions des décrets et ordonnances antérieurs, en ce qu'elles auraient de contraire aux dispositions du présent décret.

ART. 30. Notre Ministre secrétaire d'État au département de l'agriculture, du commerce et des travaux publics et notre Ministre secrétaire d'État au département des finances sont chargés, chacun en ce qui le concerne, de l'exécution du présent décret.

Fait au palais des Tuileries, le 6 mai 1863.

Signé NAPOLÉON.

Par l'Empereur :

Le Ministre secrétaire d'État au département de l'agriculture, du commerce et des travaux publics,

Signé E. ROUHER.

TABLE DES MATIÈRES.

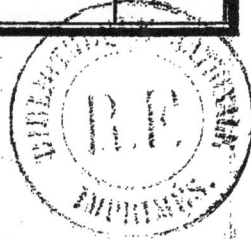